百年文创力

两岸文化创意产业经典案例（第三辑）

Centennial Cultural and Creative Power:
The Case Study of Cross-strait Cultural and Creative Industries

李凤亮　佘日新　主编

中国文联出版社

http://www.clapnet.cn

图书在版编目（CIP）数据

百年文创力：两岸文化创意产业经典案例．第三辑 /
向勇，李凤亮，佘日新主编． -- 北京 ：中国文联出版社，
2021.12

ISBN 978-7-5190-4706-1

Ⅰ．①百… Ⅱ．①向… ②李… ③佘… Ⅲ．①文化产
业－案例－中国－选集 Ⅳ．① G124

中国版本图书馆 CIP 数据核字（2021）第 227363 号

主　　编　向　勇　李凤亮　佘日新
责任编辑　冯　巍
责任校对　李丹歌
封面设计　谭　锴

出版发行　中国文联出版社有限公司
社　　址　北京市朝阳区农展馆南里 10 号　　　邮编　100125
电　　话　010-85923025（发行部）　　010-85923076（编辑部）
经　　销　全国新华书店等
印　　刷　中煤（北京）印务有限公司

开　　本　710 毫米 ×1000 毫米　　1/16
印　　张　17.25
字　　数　273 千字
版　　次　2021 年 12 月第 1 版第 1 次印刷
定　　价　60.00 元

编 撰 单 位：北京大学文化产业研究院

深圳大学文化产业研究院

台湾逢甲大学跨领域设计学院

主　　　编：向　勇　李凤亮　佘日新

执 行 主 编：白晓晴

编委会成员：曹林菁　李尽沙　潘　罡　汪　卷　温　雯

吴淑玲　于国华　钟雅琴　周志民

撰　　　稿：干国华　干柏钧　周志民　王　凛　吴子燕　童静莹

马中良　李尽沙　潘　罡　温　雯　杨　庆　王　青

钟雅琴　陈良璧　秦　晴　贾鸿鸣　吴淑玲　叶明亮

白晓晴　刘　睿　罗　怡　张尔泽　孙　铜　钟俊彦

本书为 2017 年度国家社会科学基金重大项目"丝绸之路经济带沿线国家文化产业合作共赢模式及路径研究"（课题编号 17ZDA043）阶段性成果

　　文化产业学科是艺术学与管理学的交叉学科。如何将难以量化和评估的艺术创意与充满理性和逻辑的商业管理结合在一起，是文化产业研究一直致力解决的核心问题，同时更是学科理论建设的难点。案例分析是管理学研究中常用的方法。在文化产业理论的基础上引入经营管理者的实践运作，可以帮助读者通过生动翔实的现象理解抽象艰深的理论，在现实场景中体会艺术与管理的融合碰撞。成功的案例分析可以使成功者的思考和智慧为入场者驱散商业困境的迷雾，让先行者的宝贵经验照亮后来者前行的道路。《百年文创力》系列图书源自建设"中国百大文化产业案例库"的远大目标，希望通过汇集经典文化产业案例，分析文化资源开发、创意产业管理、文化品牌塑造和全产业链版权开发等文化产业的重要环节，可以帮助文化产业从业者和研究者更深入理解文创企业的商业模式和运营策略。

　　本系列图书基于实证，探索了文化、创意、企业管理与产业创新之间的内在互动机制与实践举措，涵盖的案例遍及各类文化产业和部分传统产业，从而将研究视野的广度和深度提升到整体社会文化经济的层面之上。每个案例都经由实地调研、企业访谈、田野调查等方法，以确保探索的深入度和准确性。案例整合在板块化的结构框架之中，用以对比和呈现不同政治、经济、文化背景之下的城市文化创意发展途径及其经验启示。本系列图书旨在分享和传播文化、创意与经济发展的互动关系及实践策略，以推进我国文化产业的创意思考和管理实践。对于从业者、学习者和各类创意人士而言，它们是一系列糅合各方前沿视角的解码之书。

在《百年文创力——两岸文化创意产业经典案例（第三辑）》中，来自北京大学文化产业研究院、深圳大学文化产业研究院和台湾暨南国际大学的学者选取了近年来文创产业界最具代表性和影响力的 15 个案例进行解析，为广大文化创意产业的从业者提供商业模式的借鉴和运营策略的参考。本辑所选案例包括故宫文创、腾讯互动娱乐、长隆集团、华山 1914 园区、越众影视等。通过案例学习，你将惊叹于成功者如何巧妙创新、破解迷阵、冲破局限、坚持不懈，你也将在历史发展的时间线上看到一个成功企业的起起伏伏，以及经过时间检验的企业成功线索。本辑探索的问题广泛且前沿，如传统产业如何借助文化与艺术的内涵而实现产业升级和价值链的再造？经典文化产业如何凭借独特的商业模式和管理策略而在市场竞争中屹立不倒？新媒体和新科技如何助力文化艺术创作进而拓展文化产业界域？通过在不同的成功案例中获取感悟，这些问题都可以在一定程度上迎刃而解。

为了增强本书的可读性，每个案例的作者都尽量让关键信息集中化，让商业策略更加纯粹和明晰，以便读者能够更快地掌握案例信息，并运用文化产业的相关理论知识来做出分析。希望每一位读者在阅读本辑的案例时，能够代入案例去切身体会，并融合自身工作或生活消费场景，通过辩证分析和比较判断，有效地加以学习借鉴。

希望你们能喜欢这本书，并从中受到启发和鼓舞。

《百年文创力》编委会
2019 年 11 月 29 日

❯❯ 目 录

上编 传统产业的文化转型

002 / 新型社区创意群聚的经营策略——以华山 1914 创意文化园区为例

023 / 乐园集群的产业融合之路——以长隆集团为例

046 / 餐饮文创的美学经济——以小王子的古典玫瑰园为例

058 / 传统产业文创的 DNA+3 力 +3C 模式——以雄狮旅游集团为例

中编 文化产业新路径

078 / 文博文创开发的创意培养模式——以故宫博物院为例

097 / 台湾京戏重生的文学剧场策略——以国光剧团为例

110 / 推动多元发展的创客文化平台——以柴火创客空间为例

123 / 人文坚守下的纪录片制作新探索——以深圳越众影视为例

137 / 多位一体的创意社区搭建策略——以风火创意为例

152 / 开放式创新的个人品牌成长之路——以 APUJAN 为例

下编　文化新经济模式

174 / 创意生态系统的逻辑与构建——以腾讯互娱事业群为例

187 / 科技与人文交融的产业集聚新模式——以深圳天安云谷智慧园区为例

211 / 日常生活审美化与审美日常生活化——以家传品牌为例

227 / 体验经济下的传统文化开发新象——以妙云新中式生活为例

242 / 文化聚落与创意社群的新范式——以范特喜台湾文创空间为例

CONTENTS

I Part Cultural Transition of Traditional Industry

002 / Management Strategy of New Type Community Creativity Bunching

— Taking Huashan1914 Creative Park as an Example

023 / Industrial Convergence of Theme Park Cluster

— Taking Chimelong Group as an Example

046 / Aesthetic Economy of Catering Cultural Creativity

— Taking Rose House as an Example

058 / The "DNA+3 Forces+3C" Cultural Creativity Model of Traditional Industry

— Taking Lion Travel as an Example

II Part New Route of Cultural Industry

078 / The Creative Cultivation Model of the Development of Museum Cultural And Creative Products

— Taking The Palace Museum as an Example

097 / The Literature Theater Strategy for Peking Opera Renascence in Taiwan

— Taking National Guoguang Theater as an Example

110 / The Cultural Platform for Promoting Pluralistic Development

— Taking Chaihuo Maker Space as an Example

123 / A New Exploration of Documentary Production with the Persistence of Humanity

— Taking Yuezhong Film as an Example

137 / The Establishing Strategy of a Multi-integrated Creative Community

— Taking FlaHalo as an Example

152 / Personal Brand Growth Path of Open Innovation

— Taking APUJAN as an Example

III Part New Economic Model of Culture Development

174 / The Logic and Construction of Creative Ecosystem

— Taking Tencent Interactive Entertainment Group as an Example

187 / A New Industrial Agglomeration Model Combining Science and Humanity

— Taking Cloud Community of Cloud Park as an Example

211 / Aestheticization of Life and Life-oriented Aestheticity

— Taking Successor as an Example

227 / The New Image of Traditional Culture Development under Experience Economy

— Taking Miaoyun as an Example

242 / New Paradigm of Cultural Settlements and Creative Communities

— Taking Fantasy Story as an Example

上编

传统产业的文化转型

新型社区创意群聚的经营策略
——以华山 1914 创意文化园区为例

于国华　王柏钧①

台湾"产业园区"发轫于 1980 年 12 月设立的新竹科学园区（以下简称"竹科"），不但成功地带动了高科技发展，并且成为台湾产业转型的关键。

竹科的成功，研究普遍认为与"产业群聚"（industry cluster）有关②，透过地理区位邻近性（geographical proximity），将产业链相互依赖的厂商、教育与研究机构、中介机构客户结合，世界范围内不乏产业园区群聚成功的案例。③

台湾发展文化创意产业之初，计划援引科学园区成功经验设立"文创园区"，于是在 2002 年开始的文化创意产业发展计划中，编列计划和经费发展"创意文化园区"，包括位于台北市（华山）、台中市、嘉义市、台南市、花莲县的五处基地，其前身均为酒厂。但在初期计划中，产业发展机制并不完善，以致遭到批评，认为空泛地引用产业集群概念，无助于文化创意产业发展。④

华山 1914 创意文化园区（以下简称"华山文创园区"）显然不适用竹科的产业园区概念。与目前拥有六个卫星基地、总开发面积 1348 公顷的竹科相较，华山文创园区仅有 7 公顷且位于台北市中心。其发展的文化创意产业和竹科培育、扶持的科技产业，又有根本差异。向勇、刘静的研究指出，虽

---

① 于国华，澳门理工学院艺术高等学校客座副教授，台北艺术大学艺术行政与管理研究所专任助理教授；王柏钧，台湾诚品生活股份有限公司展演场地企划主任。
② 蔡伟铣：《新竹科学园区政策过程的重新检视》，《人文及社会科学集刊》第二十六卷第三期，台北"中央研究院"，2014 年 9 月，第 427 页。
③ 台湾智库两岸与区域经济论坛：《科学园区在产业政策与区域发展之定位再检视》，《台湾智库》，2013 年 12 月，第 53 页。
④ 汉宝德、刘心圆：《漫无目标的创意文化园区》，2008 年 12 月。参见 http://www.npf.org.tw/2/4292，2016 年 12 月 5 日。

然从马歇尔（Alfred Marshall）到波特（Michael Eugene Porter）的众多经济学家基于不同视角指出"产业群聚"对产业发展的重要，但近年对于文化创意产业园区的研究，却指出另一个重要观点即"文化集群"。这一观点强调文化创意产业所在的文化或生活环境，包括地理、文化艺术活动、文化认同、鼓励创新的气氛，对其发展有显著影响。[1] 两者相较，"文化集群"更适合描述在都市中吸引"创意阶层"（Creative Class）[2] 群集所形成的文创区域。

蒙哥马利（John Montgomery）从都市"文化区"（Cultural Quarters）概念，将都市文化创意产业园区视为"文化区"的一种形式。他引用坎特（David Canter）的地方发展项目：活动、建筑形式、意义，建构文化区成功指标；其中，蒙哥马利特别强调文化活动，它同时是生产也是消费，为地方带来活力和创意，也产生新的行业、带来经济收入，吸引创意人群聚改变区域生活形态（lifestyle），甚至创造地方感（sense of place）和地方认同。[3]

目前的华山文创园区于2007年由台湾行政事务主管部门的文化建设委员会（简称"文建会"）委托台湾文创发展股份有限公司（以下简称"台湾文创公司"）经营。初期连年亏损，直到2015年出现盈余，经营开始好转。观察华山文创园区发展历程，从"产业群聚"走向了"文化集群"；华山文创园区并没有成为文创产业生产基地，反而透过"会、展、演、店"的功能布局，以大量的活动创造了文化产业的展示橱窗，带动相关产品和服务的通路。分析此地一年能够吸引接近三百万人次人流量，"体验"是其中核心价值。

本文透过文献研究法，厘清华山文创园区的发展背景，并分析其经营经验。在两岸众多的文化产业园区中，华山文创园区的经验只是单一个案，但多年摸索的发展策略，或许可以作为其他产业园区的借鉴。此外，对比于近年零售通路遭到电子商务崛起的挑战甚至替代，华山文创园区的经营经验，也可以作为传统零售通路面对电商竞争的参考范例。

① 向勇、刘静：《中国文化创意产业园区实践与观察》，《红旗》，2012年4月，第1—6页。
② ［美］理查德·佛罗里达：《创新新贵》，邹应瑗译，台北实鼎出版有限公司，2003年10月。
③ John Montgomery，"Cultural Quarters as Mechanisms for Urban Regeneration. Part1: Conceptualising Cultural Quarters," *Planning*, *Practice & Research*, Vol 18, No. 4, 2003, pp. 293-306.

一、历史与沿革

1. 华山酒厂历史

"华山"一词最早出现在 1922 年。日据时期，台湾总督府废除台北市旧有地名，改以日式"町"名。现今台北市中正区梅花里范围，当时改称"华山町"，纪念首任台湾总督桦山资纪。

华山文创园区坐落于忠孝东路、八德路与金山南路交叉口，前身是台湾地区烟酒公卖局台北酒厂（以下简称"台湾酒厂"）。这里最早为日据时期民营"芳酿株式会社"酒造厂，始建于 1916 年；1922 年被台湾总督府专卖局收购，改称"台湾总督府专卖局台北酒厂"，直到 1975 年更名为"台北酒厂"。

由于经济快速发展，酒厂所在市区地价昂贵，加上水污染问题难以克服，酒厂在 1983 年配合都市发展计划迁至林口工业区，华山酒厂原址则被闲置。

2. 艺文界争取华山作艺文用途

酒厂荒废许多年后，1992 年，台湾地区立法事务主管部门有意将该地区指定为自己新办大楼的建筑用址，将土地公告为"机关预定地"，但因为迁址兴建需花费数百亿工程费导致争议，直到 1999 年作罢。

旧酒厂的工业风与颓废的空间美感，受到艺术家注意。1997 年汤皇珍、魏雪娥等艺术家发现华山酒厂，争取将这里改作艺文空间。此后的两年内，艺术家积极整合，组成"华山艺文特区促进会"，透过联署与陈情，争取华山酒厂作为艺文展演空间。

1997 年，小剧场"金枝演社"进入华山演出《古国之神·祭特洛伊》，结果导演王荣裕以非法侵占公有土地之名，遭警方拘提。事件引起社会关注，华山艺文特区促进会、民意代表等多人参与协调，华山议题连日登上媒体版面。随后经过华山艺文特区促进会连着一年半举行座谈、陈情、请愿等各种活动，1998 年获得当时台湾地区文化处积极响应，与华山产权拥有者台湾地区烟酒公卖局协调，同意出借华山酒厂供艺文界使用。

2000 年台湾地区烟酒公卖局将华山委托台湾地区文化处代管，文化处再委托"台湾艺术文化环境改造协会"①营运，改称"华山艺文特区"，提供艺文界、非营利团体及个人使用。台北市都市发展局于 2001 年公布华山地区都市更新计划，整合周边闲置货运车站成为艺文公园，旧酒厂区保留作为艺文空间。

3. 文创园区的政策确立

华山配合政策需要，由艺文空间逐渐转型文化创意产业园区。2002 年，"文化创意产业"（Cultural and Creative Industries）纳入台湾发展六年计划《挑战 2008》②之中，成为经济发展政策；其中又以设置"创意文化园区"③最受瞩目。"文建会"参考台湾地区过去推动科学园区的成功模式，加入工业遗址空间活化再利用概念，提出"五大创意文化园区"计划，将五处闲置工业遗址用地指定为创意文化园区。该计划是华山文创园区后续发展的关键拐点，随后华山采用了由艺术家聚落转移到"产业园区"思维模式。

艺文界对于设立文创园区意见纷陈。即使如此，华山作为创意文化园区领头羊的政策目标已经形成，在五大创意文化园区中成为指标案例。

二、华山基地与市场概况

1. 八德商圈：从信息产业到创意产业的转型

华山创意文化园区基地邻近台北市著名的八德商圈，是 3C 信息产品重要的集散地。20 世纪 80 年代，台湾经济转型以科技信息产业为主，大专院校纷纷成立相关科系；随着计算机及 3C 产品普及，电子零件需求应运而生，八德商圈蓬勃发展，见证了台湾经济转型的历程。

八德商圈缘起于光华陆桥下的光华商场。光华陆桥 1971 年完工，联结松江路和新生南路，陆桥下的空间规划成了光华商场。因为牯岭街的道路工

---

① 台湾艺术文化环境改造协会（简称"环改会"）是一家非营利民间团体，成立于 1998 年，目的在于保存华山酒厂作为艺文空间，由一群艺术文化人组成。1999 年至 2003 年期间，环改会经营管理华山艺文特区，使华山艺文特区成为前卫实验艺术的实验场。

② 文化创意产业为台湾重点发展计划之一，为强化文化创意产业发展环境，加速推动文化创意产业发展计划，应建置横跨产、官、学、研领域及与跨部会之总协调机制。在组织方面，透过台湾跨机构的经济事务主管部门"文化创意产业推动小组"，协调推动文化创意产业发展计划并落实政策推动。

③ 2011 年 1 月，"创意文化园区"改称"文化创意产业园区"，参见 www.moc.gov.tw/information_302_34100.html，http://www.moc.gov.tw/information_302_34100.html。

程，当地 58 家旧书摊集体迁移至光华商场营业，从此光华商场取代牯岭街，成为台北旧书市场。后来旧书产业萎缩，商场业者调整营业内容，转而销售影音产品、电影海报、运动器材等青少年商品，同时逐渐集合电子零件和电子产品店家，终于成为多功能的商场。

2006 年，台北市政府拆除老旧陆桥，光华商场的商家迁至附近新建"光华数位新天地"营业。市政府把光华数位新天地大楼旁与华山文创园区仅隔一条马路的空地，规划为新建电子产品卖场的用地，2010 年公开招标，委托鸿海集团投资经营。该集团投入新台币 38 亿元的资金，兴建了地上 12 层的商场大楼，于 2015 年完工启用。除了原定的信息设备商场外，还加入了"文化创意 +3C 通路"的崭新定位，具有"创意、创新及创业"合一的功能，因此命名为"三创数位生活园区"（简称"三创园区"）。三创园区连接着台湾两次产业转型的主轴，象征着八德商圈另一波的发展契机。

2. 华山文创园区空间设置

"文建会"为推动文化创意产业政策，将华山园区定位为"台湾文化创意产业旗舰基地"，规划成三个区域，以不同的方式委托民间投资经营（如电影艺术馆 OT 案、文化创意产业引入空间 ROT 案、文创产业旗舰中心 BOT 案）[①]。其中，园区主要区域用 ROT 案，包括华山主要古迹、历史建筑和仓库，2007 年 11 月 6 日由台湾文创公司取得整建及经营权，自签约日起期限 15 年、期满后经双方同意可以再延长 10 年。由于园区建筑并非同时完成，原有厂区建筑功能各异，造成华山多元的建筑风格与空间组合。

（1）硬件空间配置

华山文创园区基地占地 72000 平方米（共约 7 公顷，其中含代管公园绿地 3.5 公顷），主要建筑物为四连栋仓库、乌梅酒厂、办公室、果酒礼堂、行政大楼、艺术大街及尚未开发的部分。目前的整体空间规划，除公共空间及公园绿地外，大致可分为两个区域，以场地租借的"可租用展演空间"（见表 1）及营业项目"店家空间"（见表 3）为主，其中店家空间将在下一章分析。

---

① 在台湾，促进民间参与公共建设办法有几种主要合作模式，比如，OT：Operate-Transfer；BOT：Built- Operate-Transfer；ROT：Reconstruction-Operation-Transfer；BOO：Build- Operate-Own。

表 1　外租空间总表

空间名称	位置	适合活动	面积（m²）
东二 A	四连栋 A	展演、记者发表会	462
东二 B	四连栋 B	展演、记者发表会	623.7
东二 C	四连栋 C	展演、记者发表会	759
东二 D	四连栋 D	展演、记者发表会	623.7
中四 B–1 1F–1	中四 B1F	记者会、座谈会、小型研习会、音乐会、教育训练	495
中四 B–1 2F–1	中四 B2F	记者会、座谈会、小型研习会、音乐会、教育训练	528
中四 B–1 2F–2	中四 B2F 演讲厅	记者会、座谈会、小型研习会、音乐会、教育训练	198
东三	乌梅酒厂	展演、记者发表会	874.5
中三 1F	Lab–22	视觉艺术、摄影展览、演讲厅	72.6
中三 2F	拱　厅	记者会、座谈会、小型研习会、音乐会、教育训练	339.9
西一（A）	红砖六合院西 1 馆	大型记者会、颁奖典礼、国际展演会场、教育训练会场	702.9
西二（B）	红砖六合院西 2 馆	记者会、颁奖典礼、国际展演	310.2
西五（E）	红砖六合院西 5 馆	记者会、颁奖典礼、国际展演	280.5
户外	华山剧场	音乐会、演唱会、园游会、记者会、户外活动	1485
中五 B	锅炉室	动态、静态影片 / 平面拍摄	234.3
忠孝三角	户外	户外小型宣传活动、放置户外宣传广告物	330
中二 2F	果酒练舞场	艺文活动排练	207.9
共计			8527.2

资料来源：参考 2015 年华山年报，研究者自行整理绘制

（2）空间灵活弹性使用

　　华山根据园区内各个空间的历史、属性及大小，分别规划了不同用途[①]，但由于空间多半是空厂房，可以灵活弹性使用，形成园区最大的特色。所有

---

① 关于空间介绍，参见华山 1914 官方网站，http://www.huashan1914.com/，2016 年 10 月 2 日。

可用空间计 8527.2 平方米。

①连栋空间宽阔，催生大型展会

东二的四连栋 ABCD 仓库，四栋相连共 2468.4 平方米。原建于 1933 年，室内为长廊式空间，四座相连构成园区最大的室内空间；大跨距铁桁架屋顶形成挑高空间，可以弹性隔间使用，适合中、大型展演活动，可依不同的空间规划容纳 200—2000 人。

②中三、四活络中小型活动

中四 B 米酒作业场 1 楼建于 1933 年，为砖造钢筋梁柱结构两层楼建筑，二楼地板因为原先设置发酵槽而留下多处直径五米的圆形孔。中三清酒工坊空间无梁柱、格局方正，方便小型会展活动。中三清酒工坊二楼拱厅 339.9 平方米，为华山酒厂第一批建筑，位在园区前沿，建筑别具特色，适合各种教育训练、课程、座谈或小型活动。

③西一、二、五空间独立具特色

西边的一、二、五馆空间，一般称"红砖区"，距华山核心区域较远，平时相当幽静。这里原为樟脑工厂，建筑约在 1918 年至 1930 年间陆续完工，见证台湾樟脑产业兴衰，已核定为历史建筑物群。建筑物空间可以独立使用，也可以联结室内与室外，延伸至华山公园草坪。

④华山剧场、忠孝三角户外空间面向大众

华山剧场临近忠孝东路，是园区内最大型户外空间，2003 年经重新造景，成为具有舞台及步道的休闲广场，适合户外演出、艺术市集等展演活动。忠孝三角占地约 330 平方米，位于忠孝东路和八德路交叉口，适合户外小型活动或市集。

⑤中五、中二为艺文特色场馆

指定古迹中五锅炉室建于 1931 年，是园区内最有特色的建筑。铁骨屋架挑高二层砖造建筑，内有砖砌炉口、锅炉机具等，曾是酒厂动力核心。中二馆果酒工厂兴建于 1959 年，目前二楼果酒礼堂原为酒厂集会堂，目前作为实验剧团、舞团演出或排练的场所。

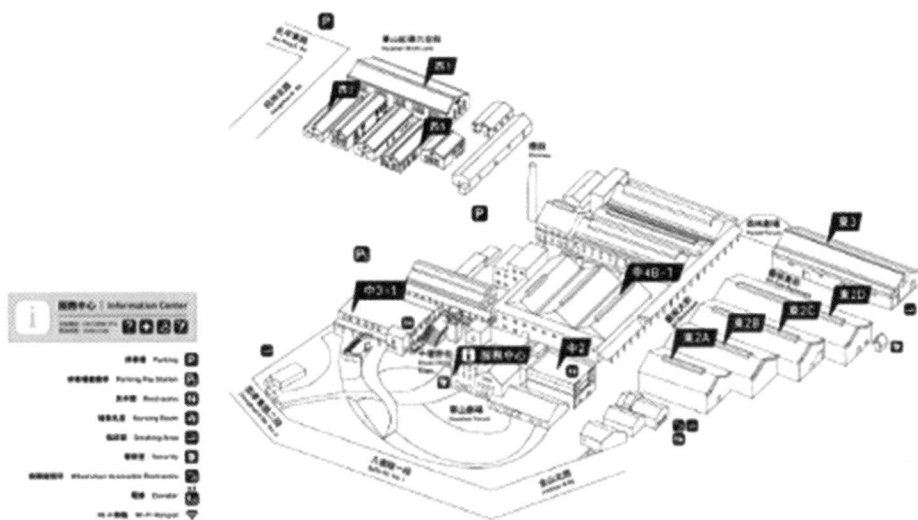

图 1　华山空间配置图

3. 经营挑战：公共与商业的平衡

（1）经营方向争议：文创？商业？

作为台湾第一个文创园区，华山文创园区的经营内容格外受到关注。2015 年，台北市都发局长林洲民一席评论登上新闻版面，他批评华山、三创、大巨蛋、松烟等文创园区，都是餐厅林立的"假文创园区"。一场"真假文创"之争于是掀起。台湾文化事务主管部门在舆论压力下要求修改合约，下调全区餐饮空间比例，规定"纯餐饮"空间只能占总楼地板面积 10%。为避免餐饮空间扩张，同时规定纯餐厅和复合式餐饮空间面积加总，不得超过全区 15%。①

华山是否餐厅过多的争议，凸显了经营上的两难。作为文化创意产业旗舰基地，社会期待以较高"公共责任"；作为主管部门委托经营项目，又必须缴出合理的经营绩效。如何在变动的市场条件中得到两者的平衡，是相当大的挑战。

（2）经营绩效两把尺："公共"与"获利"

华山文创园区的保存，经过民众争取而成功，文化艺术界尤其珍惜，而且期待更多空间和时间提供给艺术家创作使用。华山文创园区以 ROT 方式

① 参见《工商时报》，http://www.chinatimes.com/newspapers/20150715000169-260204，2016 年 10 月 2 日。

委托经营之前，在 1999 年至 2003 年之间，曾经由环改会代管，当时的活动以艺术家创作展演为主。当时华山尚未完整修缮，空间条件简陋，虽然四年间举办了大约 3500 场次活动，但多半都是艺文展演，观众有限。市区精华空间如此低度使用，主管单位"文建会"曾经颇受指责。如今却每年带进数百万游客 ①，又因此被认为有过度商业化之嫌，的确相当为难。

华山的营运目标，被社会严格检视。华山 2015 年报总编辑郑林钟指出了经营挑战：华山是以 ROT 方式促进民间参与经营的政府物业，政府与民间经营团队之间仿佛房东与房客，租金订得低，有图利厂商之嫌；租金订得高，经营团队必须增加收入，不小心就触碰"过度商业化"红线。

华山还承担着"文创产业旗舰基地"的政策目标，必须起示范作用，引导其他几处园区发展。如何在公共与商业取得平衡，华山必须面对大众检视，同时必须维持自身营运的永续，这正是团队从开始经营就需要克服的挑战。

三、经营理念与绩效

1. 关键 2015：转亏为盈

2015 年，是华山财务转亏为盈的关键一年。华山经营团队面对的是公共性及经营绩效双重目标的挑战，在毫无前例与经验的状况下，从 2007 年接手经营，不断调整策略，终于在 2015 年出现转机。华山调整最初作为产业园区的方向，将空间以最大的弹性出租，由承租单位引入各种创意活动，充实华山的内在。2015 年，全年"会、展、演、店"四大类型举办了 800 档、约 2300 场会展演活动（其中 151 档由餐饮店家自行策划），总共吸引 268 万人次参与。这样的经营成绩，来自团队面对困难和挑战不断实验和转变所得到的愿景与方向。

华山文创公司董事长王荣文许下"创意人的江湖"这一使命，请作家金庸题字"华山今论剑 创意起擂台"，象征各种不同创意都能借由华山平台孕育、激荡。华山的努力方向不只成就自己，更期望打造汇流平台，从多元展

---

① 2016 年，全年估计约 360 万人次进入华山文创园区。

演活动累积大数据，再从其中分析与发现趋势，最后成为文化创意产业的推手，将创作者或品牌推向更大的市场，创造更高的价值。

华山也具体为自己订下评量指标：是否成为文创明星汇聚的地方？是否成为文化观光热门景点？是否成为创投来寻找投资标的之处？这三个发问，提醒检视华山经营，也引领华山在公共与商业之间寻找平衡点。

表 2　华山经营理念

华山经营核心理念	
愿景	·华山今论剑 创意起擂台 （金庸）
努力方向	·发现趋势 ·打造平台 ·成就品牌
角色定位	·文创产业的旗舰基地 ·创意人的江湖 ·文创活动的消费体验聚落 ·一种风景、一所学校、一座舞台、一本大书
评量标准	·文星汇聚之地 ·文化观光热点 ·创投基金寻找标的之处

资料来源：参考 2015 年华山年报，研究者自行整理绘制

华山文创园区的商业模式，透过场地收取租金，或抽取商业空间营业利润作为佣金。①华山文创园区容纳的内容包括"会、展、演、店"四个项目。"会"是各种主题的会议活动，"展"为展览与展售等活动，"演"是各种表演，如戏剧、音乐等，"店"为提供零售、餐饮等服务的商业空间。

分析"会、展、演、店"经营形式，可再区分为两种类别："会、展、演"提供"活动"，"店"提供产品。"活动"和"店"都具有主动集聚客人的效果，但"会、展、演"与"店"并非互斥或平行。"店"里可以策划"会、展、演"活动在其中发生，例如 2016 年新开幕的青鸟书店，靠着举办

___
① 2016 年暂估，华山文创园区来自园区内房租和商家抽成佣金的收入大约新台币 2 亿元；园区内整体文化创意产业的产值大约 30 亿元。资料来自王荣文媒体访谈，参见 https://buzzorange.com/2016/12/20/huashan1914-interview-with-jung-wen-wang/，2016 年 12 月 25 日。

各种活动号召人气；"会、展、演"活动也通常包含"店"的零售形态，销售文创产品、展演纪念品或餐饮服务，形成"店里有展演，展演中有店"的跨界经营形态。由于华山文创园区特有的灵活空间，造成弹性使用的条件，使得华山呈现独特风貌。

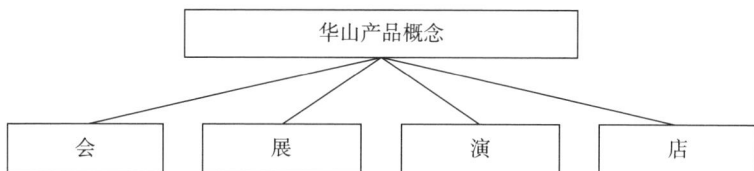

图 2　华山产品概念图

（1）会、展、演：多元的主题

　　会展演活动创造丰富内容，每一档活动都是独一无二的体验过程。2015年，有许多独具意义的活动在此发生，其中部分活动由华山文创园区经营单位自行策划主办。例如，以书、作家和出版为主题的"华文朗读节"，集合小型书展场市集、论坛、演讲等活动，透过活泼的内容规划，透过"节庆"的营销包装对社会号召，如同一场"文化运动"。台湾设计商品电子商务平台 Pinkoi 举办"Pinkoi 圣诞市集"，集结许多设计师商品实物展示，让原本在网络上以照片呈现的产品，可以看见、摸到，带来感官多元的触动。"披头士展"是首次以披头士为主题的大型规模展览，由著名 DJ 及作家马世芳与五月天主唱马莎联合策展，结合座谈与小型演出，不到 3 个月的展期，吸引了 4 万人次观展。此外，华山也推出"365 艺术计划"，于 2013 年开始每月邀请一位艺术家轮流进驻园区创作和展览，针对园区各空间自由观察、发想、创作，让艺术在这里产生，最后由艺术家选择适合的位置展出，形成一个内容不断变动的公共艺术展，提供参与者不同的视觉经验。

　　"会、展、演"涵盖众多大小型展览、座谈、讲座、论坛、会议等类型，主办单位包括不同形态的公司、组织与非营利机构，各有不同诉求与目的，营造出与传统商展、会展完全不同的氛围。由于空间特性，参与者从踏入会场开始进入"展示体验"，透过感官体验得到娱乐、教育、审美甚至参与其中。不断推陈出新的"会、展、演"，带动人潮也创造话题，为着不同目的来到华山的民众，同时参与或感受不同活动的氛围，让这里充满变化与创意。正是由于这样多元丰富的特性，华山文创园区才能够不断带动人潮流量。

（2）店：售、展、演复合经营

华山长期合约的"店"，除了满足观众基本餐饮、消费需求的消费服务功能，也提供更多体验内涵。截至 2015 年底，长期合约店家（见表 3）共22 家，占地面积 4554 平方米。① 无论是餐厅还是零售店，本身的产品或服务已经提供基本体验（如饮食、文创商品），这些店家在 2015 年自行策划了353 档活动，带动 11 万 4 千余人次参与。

这些品牌商店充分结合华山的文创个性，安排的活动也都具有文创精神。Fab Café 擅长执行小型工作坊，透过创客族群的推荐和支持，除了日常的餐饮服务，一年也有近 400 人次的活动参与。绘本作家几米授权"几米概念店"，在空间中体验几米的天真趣味，场地专注在绘本及旅游等文化讲座，带动不同族群参与。风潮音乐旗舰店设计了身心灵音乐体验，让参与者借由音乐释放生活压力，同时策划音乐主题讲座和丰富的现场音乐试听。Easyoga 贩卖专业运动机能服饰，也以瑜伽学习为号召，一年带来六百多人次参与。台北最具规模 live house 空间 Legacy，一年内聚集约 9 万人次参与现场音乐或戏剧表演。结合餐厅和书店、工艺和文创商品的"好样思维"，展售商品陈列内容如同展览一般丰富有趣，更经常举办展览、工作坊、讲座。除了餐饮消费者，每年带动了近万人次参与各种活动。

华山文创园区的店家不只提供给消费者产品和服务，更充分利用主题和空间特性安排活动，带来消费者，提升品牌价值，也丰富华山文创园区内容，创造更多的"体验与记忆"。

表3　2015 年华山长期合约店家品牌总表

店名	位置	业种	面积（m²）
Marula 时尚艺廊	东一 A 馆	艺品展售、餐饮	82.5
Alleycat's	东一 B 馆	餐饮	217.8
Trio Café	南一馆	餐饮	59.4

---

① 2016 年，因为部分商家合约到期，已经陆续调整替换。

续表

店名	位置	业种	面积（m²）
Easyoga	中一 A 馆	机能服饰、餐饮	198
几米品牌概念店	中一 B 馆	文创商品、餐饮	254.1
约茶不夜	中一 C 馆 2F	文物展售	161.7
顽石创意育成空间	中二馆 1F	文创商品展售	264
Fab Café	中三 A 馆 1F-1	3D 打印、餐饮	118.8
小确幸红茶牛奶合作社	中三 B 馆 1F-2	餐饮	16.5
Deja-vu	中四 A 馆 1F-1	餐饮	514.8
小器食堂	中四 B 馆 1F-2	餐饮	75.9
小器生活	中四 B 馆 1F-2	文创用品展售	155.1
风潮音乐概念店	中四 B 馆 2F-3	有声出版品、餐饮	214.5
点金管理顾问	中四 B 馆 2F-6	产业平台	82.5
义面坊	中四 D 馆 1F-1	餐饮	82.5
小酒	中四 D 馆 1F-2	餐饮	132
Legacy	中五 A 馆	音乐会、展演活动	775.5
青叶新乐园	中七馆	餐饮	455.4
好样思维 - 餐饮	西三馆 1F	餐饮	221.1
好样思维 - 复合式概念店	西三馆 2F	书、文具、艺品展售	148.5
台北红馆	西四馆	展演	240.9
脱机咖啡	西七 A 馆	餐饮	82.5
共计			4554

资料来源：参考 2015 年华山年报，研究者自行整理

华山园区内另设有"光点华山电影院"，是台湾文化事务主管部门 2012 年委托社团法人台湾电影文化协会经营的专业电影空间。协会同样位于华山园区内，却是独立经营主体。光点华山电影院有两个电影厅（175 席、133 席）、一间文创商店"光点生活"以及餐饮空间"光点咖啡时光"，平日以放映艺术电影、纪录片和举办独立影展为主要活动内容。经营团队活跃积极，2015 年放映电影 3800 余场、举办电影相关活动 178 场。这些活动和附设餐

饮、电影文创商品空间共计带来 43 万人次，其中将近 19 万人次是电影观众，21 万人次因为相关活动和讲堂课程而来。①

2016 年底，华山文创园区改造乌梅酒厂，装设座椅和舞台设备，成为固定小型表演空间的"乌梅剧场"。过去乌梅酒厂经常作为表演艺术的演出场地，但由于每次演出都必须重新搭设舞台，导致成本过高；但乌梅酒厂的空间条件和大小，却是中小型表演艺术团队非常合适的空间。乌梅剧场未来可以通过演出活动，在较冷清的晚上时段带来观众。

（3）灵活变化的弹性经营：期间限定店体验

华山经营策略灵活，创造了充满变化的体验。除了长租店以外，华山 2015 年创新尝试"期间限定店（Pop-up Shop）"，即在不特定地点开设"非常态经营"商店，店面在限定期间届满结束，性格兼具"店"与"展"的双重特质。

这一计划源自容纳更多新锐品牌的考虑。新创品牌规模较小，缺乏长期经营专卖店的能力，于是华山用"快闪"模式协助这些品牌设立临时店；除了时间上的临时，在空间上也善用了零碎的区域，让参观者得到不期而遇的感受。

华山从筹划到邀请，以 9 个月时间接触 125 组 Pop-up Shop 团队，最后选择了其中的 12 个品牌，发展出 50 款独家商品，举办 62 场文创手作工作坊；虽然都是新锐品牌，但整个计划创造了大约 3500 万元新台币营业额，具体包括"草间弥生限定店"，以咖啡餐饮和艺术展衍生商品卖店形式，呈现日本艺术家草间弥生作品融入生活的想象，从室内装潢、家具、甜点咖啡到商品，完全传递着草间弥生的强烈风格；"Have a nice…"期间限定店，特选许多小型品牌文创商品参与，利用工作坊活动制造体验，让参与者更亲切这些文创商品的创作者或是材质；人气插画 Emma Aparty 的"做个白日梦"期间限定店，透过与华山文创园区品牌合作的联名限定限量商品、主题工作坊、插画讲座和新作特展，两个半月带来 350 万元交易金额。这些期间限定店融合了"店"与"展"，给华山文创园区带来多变的形象，提供大众差异化体验，构成华山文创园区创意氛围的新鲜元素。

---

① 这里的相关数据由台湾电影文化协会提供。

2. 滋生创意："人"的群聚

华山文创园区的体验操作，可用同心圆概念分析。透过"会、展、演"及"店"的内容经营，核心都是创造"体验"。无论是参加展览、表演，还是讲座、工作坊、会议、发表会，都是因某种目的前来，这些活动都与文化、创意相关。另外，来这里休闲的民众，多半为着这里的氛围，除了进行消费也接触新的事物。在这些人的参与下，华山文创园区营造出独特的"创意氛围"。这样的气氛不仅有利于园区经营，而且正向循环地吸引更多文创人在此活动。

华山文创园区并不是科学园区的复刻。王荣文也指出，以华山文创园区有限的空间条件，并不适合作为文创业群聚的产业聚落，形成有机的"创意群聚"。① 华山文创园区位于都市中心的地理条件及其丰富多元的活动内容，反而因为形成了"文化集群"，吸引创意者来此聚集和活动。

伊丽莎白·裘芮讨论纽约市的创意经济发展时，注意到城市各种艺文设施如剧场、画廊和数量庞大的各种活动，吸引各种创意领域的人穿梭其间、相互认识，并且在附近的酒吧和餐厅进一步交流；这种人际关系的"弱联结"（Weak Ties）创造各种合作可能，支持纽约成为创意产业发达城市。② 依照珍·雅各布的观点，城市的持续发展不能依赖单一产业或少数大型企业，而是许许多多小型公司甚至个人，他们各自从不同的产业结构中分离出来，形成创造新产业、新工作的力量，带动产业的创新发展。③ 这样的描述，格外适用于规模小且分散、多半以个人创意为主要资源的文创产业。从城市发展的角度来看，文创产业园区所创造的文化集群效果，可以让城市增加创意氛围，也可以成为制造"弱链接"的场域，滋生创意、促成创意者合作。文创产业的产值未必发生在园区内，而是扩散至城市各处，造成城市整体的文创产业产值和工作机会的增加。

---

① 王荣文媒体访谈，参见 https://buzzorange.com/2016/12/20/huashan1914-interview-with-jung-wen-wang/，2016 年 12 月 25 日。

② ［美］伊丽莎白·裘芮：《安迪沃荷经济学：纽约夜店引爆的亿万创意生产线》，李佳纯译，台北原点文化事业有限公司，2008 年 11 月。

③ ［美］珍·雅各布：《城市经济学》，梁永安译，台北早安财经出版社，2016 年 10 月。

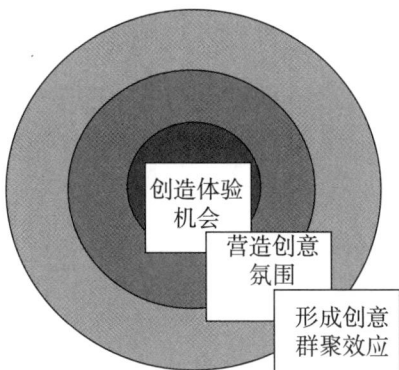

资料来源：研究者自行绘制

图3 创意群聚模型

四、结论

1. 成功经营创意氛围形成群聚

华山文创园区选择的经营路线，即创意群聚，创造了它今天的繁荣局面。从其发展过程检视，其间也曾经尝试过不同的可能，最后则是以"展现创意"，或为台湾文创产业橱窗的策略，定位了自己的使命。

华山肩负的"公共责任"重大且复杂。这里曾经计划作为台湾地区"立法机构"预定地，但因工业遗址空间特殊的美感，在艺文界的争取之下成功保留，得到主管部门作为艺文使用的承诺。这段历史让华山承载了众多艺文界人士的期待，因而在此后的发展历程里，文化艺术成为它不可或缺的使命。2002年之后，因应台湾经济转型，以及文化创意产业政策的提出，华山作为第一个成立的文化创意产业园区，不再只有文化艺术基因，而更被赋予了产业发展责任。在各种"文化创意产业"的定义辩论里，华山始终被高度关注，是动见观瞻的案例。

处于"华山今论剑 创意起擂台"场域，华山受到公共性的责任规范，除了经营业种比例（如餐厅的占比）受限，品牌研发、培育微型文创、推广文创理念等使命落在空间经营实务上，都是不符合成本效益的业务计划。但华山文创园区土地取自于人民，各种角度对于华山"公共性"的检视和批判始终严肃，这既是华山的天命，也是经营团队必修的课题。

从华山 2015 年的经营成果分析，即便检讨声浪不曾停过，这一年的年财务转亏为盈使其成为关键的一年。经过 8 年经营的实验过程，华山成功地操作创意氛围（creative milieu），形成创意群聚（creative clusters），展现与"科学园区"（提供土地租税优惠，吸引厂商进驻，降低经营成本）概念不同的"创意园区"（以人为主的群聚形态，充满体验与感觉，并建立体验的消费形态）。华山成功地意识到，创意的驱动力来自多元、有趣、充满变化的"会、展、演"活动。这个平台凝聚"人、活动、空间"三种元素的流动，链接了文化体验的消费者，创造了文化创意产业的消费市场。

2. 实体空间受网络电商冲击的转向方案

华山的成功不仅指出文创产业园区变迁的一条路径，也在实务上带给受网络电商冲击的实体通路以转型启发。

中国联商网发布的《2015 年主要零售企业（超市、百货）关店统计》指出，主要超市和百货在 2015 年关店 138 家。其中，万达百货关店 48 家，马莎百货关店 5 家，金鹰商贸关店 5 家，天虹商场关店 4 家，百盛百货关店 3 家。马云 2016 年在杭州·云栖大会的演讲指出，未来将进入"新零售"时代，线下要走到在线、在线也要走到线下，整合物流和在线与线下。[1] 电子商务的蓬勃发展，取代了消费者到实体通路消费的需求；旧有的通路，必须加强体验、创造差异化，才能在电子商务的洪流中突围。[2] 华山位于八德商圈，随着 3C 信息产品受网络电商冲击，商圈也不如过去繁荣了。华山却在 8 年期间不靠原本既有商圈的 3C 消费者，而是借由文化创意产业定位的经营操作，将一处毫无人潮的大面积的工业遗址区域到 2015 年聚集了接近 300 万人次，甚至因此为附近商圈形成转型助力，带动"鸿海集团"于此开设结合"创意体验"的 3C 通路商场。除了八德商圈的三创之外，台北市的主流百货通路，近年也出现放弃成本效益力求转型的创新作为。如信义区新光三越百货推出定目剧，2015 年 500 多场戏为新光三越吸引了不少新客群，促使新光三越打造"信义剧场"，将信义商圈中的 1320 平方米商业空间改成剧场。表面看来，这是一年可能牺牲至少 4 亿元营收的豪赌，但对新光三越而言，目的却是创造差异化的体验型消费。

---

① 参见联商网，http://www.linkshop.com.cn/web/archives/2016/347181.shtml，2016 年 10 月 2 日。
② 参见数位时代，http://www.linkshop.com.cn/web/archives/2016/347181.shtml，2016 年 11 月 15 日。

华山成功的创意群聚经营，实现了工业化遗址活化的功能，辅助了文化创意产业的市场。更值得一提的，就是在网络化经济转型的过程中，提供了实体通路创造差异化的启示。

【案例解析】

本文以两个视角，分析华山 1914 创意文化园区这一案例的经营特点。第一，华山文创园区的经营战略，体现了"体验经济"效果；第二，华山创意文化园区突破"产业群聚"的园区概念，营造"创意群聚"。这两者相辅相成，丰富的体验吸引创意者参与，创意者的聚集丰富了园区的体验与内涵。

1. 体验经济视角分析：体验展示与剧场

无论"会、展、演、店"哪一类商业模式，华山文创园区提供的内容都可以视为"体验"。透过不同的体验，让参与者留下印象。

"体验经济"（The Experience Economy）由约瑟夫·派恩（B. Joseph Pine）和詹姆斯·吉尔摩（James H. Gilmore）于 1999 年提出。他们认为，在"初级产品""商品""服务"之外，还有第四种经济产物"体验"。[①] 不同产业的价值，随着提取初级产品、制造商品、提供服务、展示体验的顺序递增（见图 4）。

体验是一段感官过程，过程结束会给体验者留下印象。体验不只是娱乐，任何一种体验都是个人心智状态与经验过程的互动结果。不同的个人，即使经历相同的过程，也不会有完全相同的体验。

体验必须"参与其中"。派恩和吉尔摩发展出四个象限的体验模型，分析"参与其中"的不同类型。在体验的过程，个人处在被动接受的位置，凭借参与程度的高低，可以区分为"教育的"（educational）或"娱乐的"（entertainment）两种体验。"教育的"体验如同上课或参与学习活动，个人面对讲者的解说或示范，主动思考并做出回应，参与度较高；"娱乐的"体验如看电影、欣赏表演，个人面对画面或舞台演出只是被动欣赏，参与程度较低。如果人"融入"了体验的环境中，凭借参与程度的高低可以区分成

---

① ［美］约瑟夫·派恩、詹姆斯·吉尔摩：《体验经验时代》，夏业良、鲁炜译，台北经济新潮社，2003 年 9 月，第 31 页。

"逃避现实的"（escapist）、"审美的"（esthetic）两种体验。"逃避现实的"体验如互动或实境游戏，人与所体验的外在世界产生互动，并且可以改变周围发生事件的结果；或者参与实践活动，透过身体力行而达成某些目标或环境状态的改变。"审美的"体验如进入名山大川所感受到的真实情境，个人得到了审美的感动，并且也身在其中，但不会造成环境改变。所以，"参与教育体验是想学习，参与遁世体验是想去做，参与娱乐体验是想感觉，参与审美体验是想到现场"①。

体验经济超越服务经济。除了提供服务，它还透过服务过程的展示和体验，融入戏剧（剧场）的效果，给顾客创造更高层次的满足感，以及在消费过程中的自我体验，因此体验经济可以创造比服务经济更高的价值。以华山文创园区而言，"会、展、演、店"四种内容，就提供了丰富的体验类型。

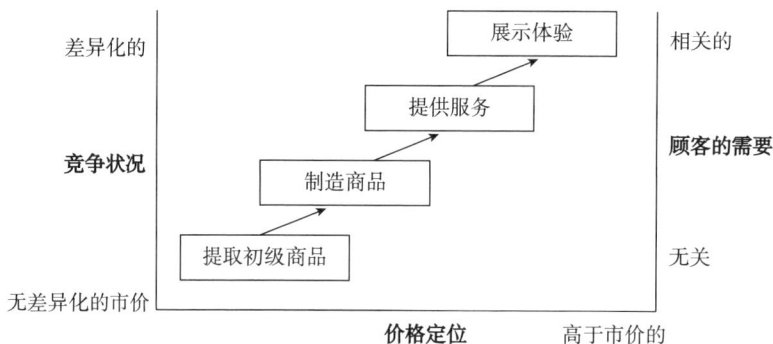

资料来源：参照《体验经济时代》，研究者自行绘制

图 4　经济价值递进图

观察华山文创园区提供的体验，"会、展、演"的大量活动，是华山多元多样的内容来源。2015 年，这三类共有 426 档、合计 1891 场次活动在此发生，超过 274 万人次参与。无论是商业性质或文化性质的活动，对体验者而言，每个活动的现场都是展演内容与旧有空间互相融合，营造了独特的参与过程。这种超乎日常经验的体验，带给观众犹如进入剧场的感受；如同派恩和吉尔摩所强调的体验，参与者既是观众，也是演员。与一般常设形态商

---

① ［美］约瑟夫·派恩、詹姆斯·吉尔摩：《体验经验时代》，夏业良、鲁炜译，台北经济新潮社，2003 年 9 月，第 80 页。

场主要的差异是，这里的空间气氛与台北市现代氛围的反差，以及多样活动、多变空间所营造的新鲜感，让参与者的感官保持了对周遭讯息的关注状态。

2. 产业群聚转型到创意群聚

兰德利在《创意城市》中首先提出了"创意氛围"（creative milieu）概念[①]，用来解释创意人才群聚有别于一般的产业集聚。创意氛围是空间的概念，可以是建筑群或城市的某个区域，具备足以激发源源不绝的创意点子与发明的软硬件条件。这类环境是实质的，可以让关键多数企业家、知识分子、社运人士、艺术家、行政官员、政治掮客或学生等，置身其间建立各种关系，制造创新可能。这也是许多城市热衷于规划文化区、文化产业区的原因。在世界许多城市，的确发生了明显的效果，甚至这样的文化氛围可以为城市带来新的产业可能性。

创意已成为目前经济发展的主导力量，创意者因而成为这股经济潮流中的重要资源。但是，这并非代表地理因素不再重要，而是地理条件必须改变；这也是佛罗里达在《创意新贵》中的主要论点：哪里有创意人才，哪里就有创新的现代公司，"创意人不会只在有工作的地方聚集，他们聚集在创意的中心，或他们喜欢生活的地方"[②]。成功吸引这些创意人的地方总是多样化的，不会只迎合某一产业或某一族群，而是充满刺激与创意互动。

产业群聚的核心目的是降低成本，创意集群的核心目的则是聚集人群。创意氛围吸引创意人聚集，而更多的创意人带来更丰沛的创意能力，刺激城市进一步产生更有利于滋生创意的空间和软件条件。

华山文创园区舍弃"产业集聚"，在台北特殊的时空背景下，形成以"人"为本的"创意群聚"，呼应了兰德利的分析。文创园区的产业聚集不必仅固守工业生产思维，成本并非产业的唯一考虑，而是取而代之从"人"的角度，思考创意产业群聚的必要，指出文创园区不同的价值面向。如同郝金斯对于"创意产业"名称的讨论，他认为"产业"两个字带来误导，会被认

---

① ［美］查尔斯·兰德利：《创意城市》，杨幼兰译，台北马可孛罗出版社，2008 年 10 月，第 210、214 页。

② ［美］理查德·佛罗里达：《创意新贵》，邹应瑗译，台北实鼎出版有限公司，2003 年 10 月，第 13 页。

为是重复性的制造业；创意产业必须摆脱产业的思维，将关注点转移到活动，由以产业为中心的机构转向到以人为中心的流程。[①]

佛罗里达把创意阶级选择地点的因素称作"地方质量"（quality of place），包括三个要点：适合创意生活的"环境"、多元和不同角色互动的"人物"，以及包括各种活动、餐饮文化、艺术等的"事件"，这些事件创造出活泼、刺激和有意义的生活。[②] 所以，成功的创意群聚必须靠无形"氛围""感觉""开放""多元"等价值的驱动，并非以优惠等成本诱因吸纳人。

华山成功地以"会、展、演"活动与"店"，群聚创意工作者、微型创业家、文化消费者、政府官员、创投家、非营利组织工作者，最终这里形成特殊的"华山景象"，并非依赖低成本的租税或金融条件，而是氛围造成创意者的聚集使然。

---

① ［英］约翰·郝金斯：《创意生态》，李明译，台北典藏出版社，2010年3月，第51页。

② ［美］理查德·佛罗里达：《创意新贵》，邹应瑗译，台北实鼎出版有限公司，2003年10月，第324页。

乐园集群的产业融合之路

——以长隆集团为例

周志民　王凛　吴子燕 [①]

一提到主题公园，多数人首先想到的是迪士尼乐园。然而，近几年，来自广东的长隆集团如一匹黑马异军突起，越来越引人瞩目，成为一个世界级的主题公园品牌。这家创立于 1989 年的旅游集团，涉足主题公园、豪华酒店、高档餐饮、娱乐休闲、商务会展等几大业务板块，坚持"高举高打，以世界眼光谋求企业自身发展"的经营战略，创造了多个世界第一和行业奇迹。来自美国主题娱乐协会（Themed Entertainment Association，TEA）与美国第三方旅游研究机构 AECOM 联合发布的数据显示，长隆集团在 2014 年首次进入了全球十大入园人数最多的主题公园榜单，位列第九，而到了 2015 年和 2016 年，排名均稳居第七，游客增幅达 16%，增速在全球排名前 10 位中位列第二（增速第一的是中国的华强方特集团，高达 37%）。长隆集团旗下现有的广州和珠海园区都表现不俗。广州长隆旅游度假区作为亚洲的唯一代表位列"全球最佳主题乐园"前三名；珠海长隆海洋王国获得 2014 年度唯一的"主题公园杰出成就奖"，2016 年又在全球主题公园中排名第十二，前 11 位都是国外的主题公园；广州长隆水上乐园则在 2016 年全球水上乐园排名中，以 253.8 万人次的游客量高居榜首，且连续四年位列第一。毫不夸张地说，长隆一路狂奔，已成为名副其实的世界级主题公园品牌。我们不禁要问，这个世界级品牌是怎么炼成的？

[①]　周志民，深圳大学文化产业研究院副院长；王凛，深圳大学管理学院硕士研究生；吴子燕，深圳大学管理学院硕士研究生。

一、主题公园的发展概况

中国如今已逐渐步入"全民旅游"时代。国家旅游局的统计数据显示，2016 年全年，国内旅游 44.4 亿人次，同比增长 11%；国内旅游总收入 3.9 万亿元，同比增长 14%；出境旅游 1.22 亿人次，同比增长 4.3%，中国连续 5 年在出境旅游消费国排名中位列世界第一，为全球旅游收入贡献了 13% 以上。旅游消费日益成为老百姓的一种常态化生活方式，而主题公园也成为主要的旅游目的地。

主题公园早在古希腊和古罗马时期就已存在。17 世纪，西方兴起娱乐花园，其表现形式是绿地、花园、广场等组合设施，同时配以表演、背景音乐和展览活动。19 世纪后期，机械及工艺技术的发展使得游乐园增添了许多游玩设施，以过山车、大摆锤等刺激性游乐设施为主体的乐园在美国遍地开花。此后，其他国家纷纷效仿美国式主题乐园形式，结合本国特色和文化传统，发展了许多新的主题公园类型。

在中国，2000 年以前的主题公园呈现"一年兴，二年盛，三年衰，四年败"的周期现象。1949 年之前，中国的人造娱乐场所最初是建在设有租界的大城市，其中上海的楼外楼是由中国人最早创办的游乐场所。1949 年之后，在中国大陆，机械游乐园起步于 1982 年建立在广东中山的"长江乐园"，它也是中国第一家大众游乐园。台湾最早的主题公园则是建于 1983 年的亚哥花园，之后建造的"小人国"、八仙乐园、九族文化村等不断丰富和发展了台湾主题；1989 年，华侨城集团在深圳建成中国首家大型主题公园——锦绣中华，此后，中国大地掀起了主题公园的旅游热潮。投资少、收益快，促使中国主题公园最初发展得很成功，但到了 20 世纪，大量的主题公园由于低端简陋的机械游乐设施、激烈的市场竞争，以及不合理的市场定位等不利因素，逐渐走向衰落甚至倒闭。倒闭的主题公园包括上海环球乐园、广州东方乐园、杭州未来城等，它们普遍占地面积 400—1200 亩，累计投资 4—10 亿元人民币。

华侨城集团前 CEO 任克雷认为："中国主题公园，1990 年到 2000 年是开创期和探索期；2000 年到 2010 年是它的自觉发展期。"2009 年，国家相继出台《国务院关于加快发展旅游业的意见》和《文化产业振兴规划》，明确鼓励大型主题公园的发展，并提出"加快建设拥有自主知识产权、高技术含量和中国文化特征的主题公园"。这些政策为新时期中国主题公园的发展提供了战略指引。21世纪初也成为中国主题公园新一轮的大规模开发建设时期，出现了许多总投资为10—100亿元人民币、占地面积广阔的大型主题公园，如常州恐龙园、西安大唐芙蓉园、广州长隆国际海洋度假区等。更有不少主题乐园向其他城市进一步扩张，比如，截至2015年底，华侨城品牌复制到6个城市，华强方特扩张到19个城市。这一时期，中国主题公园的类型也更为丰富，钟士恩等人将其主题类型划分成4种：以拥有过山车、摩天轮和大摆锤等刺激性游乐设施为主体的主题公园，如常州恐龙园、长隆欢乐世界和芜湖方特等；以突显生态旅游为主题，展示天然动植物的主题公园，如上海野生动物园、长隆野生动物园和大连极地海洋馆等；以影视剧和电脑游戏的场景模拟为代表的主题公园，如横店影视城；以文化为主体，结合当地民俗村和宗教圣地等特色的主题公园，如海南三亚南山文化旅游区、杭州宋城景区和西安大唐芙蓉园等。从《2016年全球主题公园游客大数据报告》来看，主题公园游客数量一直是稳中有升，从2010年的3.211亿人次到2015年的4.204亿人次，6年的平均增长率为5.6%（见图1）。

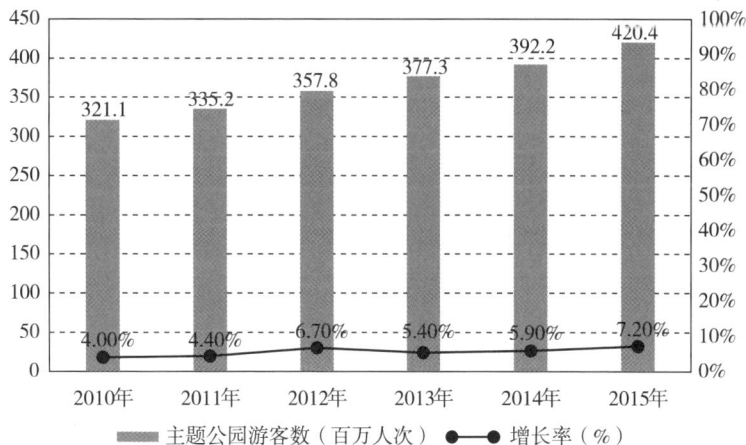

图1　2010-2015年主题公园游客数据

从全球主题公园市场份额来看，2015年，亚洲的市场份额已经增长到42%，较10年前增长了7个百分点；欧洲、中东及非洲市场份额仍然较小，比重仅占 11%，较 2005 年略微有所下降；北美市场主题公园的市场份额，则从 2005 年的 52% 跌落至 2015 年的 47%。由此看来，亚洲日益成为全球主题公园市场的重心。但从总体上来看，亚洲和北美地区主题公园接待量的增长方式有很大不同：在亚洲，开发商和地方政府主要以公园面积和数量的增长来提高主题公园的接待量；在北美地区，则以技术创新和知识产权 IP 化带动接待量增长。中国主题公园在"公园＋地产"的传统模式下，多以模仿、微缩和集中组合为主，游览价值相对较低，游客重游率较低。因此，在国外主题公园强势入驻的背景下，中国主题公园的行业竞争必将进一步加剧，而要提升国内主题公园的游览价值，加强市场竞争力，需要顺势而行，发展以演艺、科技等强文化内容为核心的竞争方式。

从全球主题公园集团竞争力来看，根据《2016 年全球 TOP10 主题公园集团报告》显示，迪士尼集团、默林娱乐集团、环球影城娱乐集团继续领衔前三位；中国的主题公园集团占据三席，而且增速强劲，华侨城集团稳居第四，华强方特集团从 2015 年的第八位挤进第五（增速高达 37%，位列全球第一），长隆集团位列第七（见表 1）。2016 年全球 10 强主题公园集团发展态势良好，共接待游客 4.38 亿人次，同比增长了 4.3%。在 2016 年娱乐／主题公园评比过程中，亚太地区排名前 20 位的主题公园中有 13 家来自中国，其中长隆海洋王国在亚太地区排名第四（前三位均为日本的主题公园），当年累计接待游客 847.4 万人次，同比 2015 年增长 13.2%；方特欢乐世界增长率也高达 24.1%，排在亚太区娱乐／主题公园增长率首位（见表 2）。

表 1　2016 年 Top10 全球主题公园集团

排名	公司名称	增长率	2016 年游客量（万人次）	2015 年游客量（万人次）
1	迪士尼集团，美国	1.8%	14040.3	13790.2
2	默林娱乐集团，英国	1.2%	6120	6050
3	环球影城娱乐集团，美国	5.5%	4735.6	4488.4
4	华侨城集团，中国	11.9%	3227	2883
5	华强方特集团，中国	37.0%	3163.9	2309.3
6	六旗公司，美国	5.4%	3010.8	2857.7
7	长隆集团，中国	16.0%	2736.2	2358.7
8	雪松会娱乐公司，美国	2.7%	2510.4	2444.8

续表

排名	公司名称	增长率	2016 年游客量（万人次）	2015 年游客量（万人次）
9	海洋世界娱乐集团，美国	-2.1%	2200	2247.1
10	团聚公园集团，西班牙	-6.0%	2082.5	2215.4

资料来源：TEA/AECOM《2016 年主题公园报告和博物馆报告：全球主题景点游客报告》

表 2 亚太地区排名前 20 位的娱乐 / 主题公园

排名	公园	增长率	2016 年游客量（万人次）	2015 年游客量（万人次）
1	东京迪士尼乐园	-0.4%	1654	1660
2	日本环球影城	4.3%	1450	1390
3	东京迪士尼海洋	-1.0%	1346	1360
4	长隆海洋王国	13.2%	847.4	748.6
5	韩国乐天世界	11.5%	815	731
6	韩国爱宝乐园	-3.0%	720	742.3
7	香港迪士尼乐园	-10.3%	610	680
8	香港海洋公园	-18.8%	599.6	738.7
9	日本长岛温泉乐园	-0.3%	585	587
10	上海迪士尼乐园	—	560	N/A
11	新加坡环球影城	-2.4%	410	420
12	东部华侨城	0.5%	396	394
13	深圳世界之窗	13.7%	391	344
14	深圳欢乐谷	18.8%	386	325
15	长隆欢乐世界	6.0%	383.6	361.9
16	北京欢乐谷	2.4%	383	374
17	方特欢乐世界	24.1%	350.9	282.8
18	方特东方神画	—	344.1	N/A
19	成都欢乐谷	-1.5%	255	259
20	上海欢乐谷	2.1%	239	234

资料来源：TEA/AECOM《2016 年主题公园报告和博物馆报告：全球主题景点游客报告》

二、长隆集团的发展历程

1. 广州长隆旅游度假区的前世今生

长隆集团创始人苏志刚出生于广州番禺的一个普通农民家庭，1989年白手起家创办香江海鲜酒家。其间，中国经济方兴未艾，香江海鲜酒家只能算得上一家规模较大的"农家乐"，但凭借口口相传的味道鲜美、待客周到，香江的招牌很快便在番禺打响，生意也逐步红火起来。1994年，番禺新建了一条更宽阔的城市干道——迎宾路，依靠香江酒家赚到第一桶金的苏志刚发现其中商机，在路边自建8层大楼，香江大酒店就此开张，并成为广州南入口的地标之一。针对广东食客偏爱野味的特点，香江大酒店自建场地，人工养殖鳄鱼、鸵鸟，各式野味大餐挑动着游客的味蕾，酒店的生意十分兴隆。作为当时番禺最大的集餐饮和旅游业于一体的综合酒店，以三星级标准打造的香江大酒店，是长隆集团初涉旅游业的起点。自此，长隆开始了在业内高歌猛进的发展历程。

20世纪90年代初，珠三角经济飞速发展，旅游需求日益旺盛，各式主题公园如"世界之窗"等应运而生。当时香江大酒店的一位常客向苏志刚建议用搞养殖积累的经验来办一家野生动物园，尽管审批严格、动物引进手续复杂，但每个城市政府一般只批准建一两家，一旦办成就会形成很强的商业壁垒。历经立项、考察和论证，1996年，苏志刚下定决心，正式启动广州长隆野生动物世界项目（原名香江野生动物世界），并于1997年12月开始对外营业。长隆野生动物世界是国内第一家私营的国家级野生动物园，集动植物的保护研究、旅游观赏、科普教育为一体，拥有中国国宝大熊猫、澳洲国宝考拉、马来西亚国宝黄猩猩、泰国国宝亚洲象、洪都拉斯国宝食蚁兽等世界各国国宝在内的500余种20000余只珍奇动物。长隆在国内首创自驾车观赏动物模式，拥有方舟剧场、大象剧场、河马剧场、花果山剧场等四大剧场，被誉为"中国最具国际水准的野生动物园"，是全世界动物种群最多、最大的野生动物主题公园。

2001年，长隆集团投资建成中国首家动物主题生态酒店——长隆酒店。以"人与动物、人与自然和谐相处"为经营理念的长隆酒店，开创了酒店中庭放养野生动物的全新模式，从一开业就受到各界追捧。2009年，长隆酒店升级完成，建筑面积达 30 万平方米，有 1500 间各式生态主题客房和 3000 平方米国际会展中心，一举成为国内最大的生态酒店。新长隆酒店的建成，不仅进一步提升了长隆的综合服务水平，也树立了国内酒店业的新标杆。

2004 年，占地数千亩的广州鳄鱼公园开业，集鳄鱼观赏、科普教育、生态农庄、各类动物表演于一体，现已发展成为世界上最大的鳄鱼养殖基地。2016 年 7 月 1 日，长隆宣布拥有近 10 万条鳄鱼和种类过百种、总数过万只珍稀鸟类的广州鳄鱼公园正式更名为"长隆飞鸟乐园"。作为国内最大的生态湿地公园，长隆的这次更名意在充分利用飞鸟乐园现有鸟类资源，打造中国内地综合性的鸟类保育、展示中心。2005 年，投资过亿打造的全球最大马戏表演场、承载诸多美誉的长隆国际大马戏正式独立经营，成为长隆集团旗下独立的文化娱乐品牌，国际大马戏每年接待游客超过 150 万人次，已成为名副其实的广州文化名片。

2006 年，长隆欢乐世界正式营业。该项目由国际顶级的加拿大 FOR-REC 公司主持设计，集世界顶尖游乐和演艺于一体，拥有游乐设施 70 余套。大部分游乐设备均从欧洲原装进口，是目前国内在设备上投入最多、引进最多的全球大型游乐园，堪称新一代游乐园的典范之作。2007 年，全球最大、最先进、水上游乐项目最多的长隆水上乐园开业，凭借超大的游玩空间、顶尖的配套设施、优质温馨的服务，吸引了来自五湖四海的游客，连续多年成为全球接待游客数量最多的水上乐园。

经过多年发展，广州长隆旅游度假区从最初的单个旅游项目，完成了向综合性休闲度假区的转型，并于 2008 年 8 月正式获评首批国家 5A 级旅游景区，这也是广州首个国家 5A 级旅游景区。2013 年，长隆集团"广州长隆旅游生态城"项目正式启动，在广州长隆已有的近 5 平方公里的版图上，新增投资 200 多亿元，力图打造一个以旅游产业为龙头，商业、居住相配套的超大型旅游生态城市综合体。主题公园、演艺娱乐、餐饮酒店相辅相成的事业格局使广州长隆稳步上升，"不到长隆玩，不算到过广州"的说法在旅游业内口口相传，广州长隆旅游度假区已发展成为广州的城市名片。

2. 珠海横琴长隆国际海洋度假区的飞速崛起

2009 年，珠海横琴新区成立，成为继上海浦东新区、天津滨海新区后第三个国家级新区。横琴岛由澳门和珠海共同开发，当地政府为吸引投资开发横琴岛，在银行授信和土地招拍挂等政策方面为入驻企业提供"绿色通道"。在诸多利好因素的推动下，长隆集团第一次走出番禺，先后拿下横琴岛300万平方米的旅游综合用地开发权。

2010年11月，珠海横琴长隆国际海洋度假区首期工程正式启动，标志着长隆集团在打造中国的世界级民族旅游品牌的发展道路上迈出重要一步。2014年1月，珠海长隆横琴湾酒店、长隆国际马戏城同时开放试营业。横琴湾酒店拥有1888间客房，是目前国内最大的海洋生态主题酒店，并推出国内唯一的酒店水上乐园——横琴湾水上乐园，游客可与海豚一起"玩水"，首创人与海豚互动的全新玩水模式。长隆国际马戏城是目前"面积最大的永久性马戏建筑"吉尼斯世界纪录保持者，科技感强，融入诸多时尚元素，硬件设施全面升级，汇聚众多全球金奖马戏团和节目。同年3月，全球最大的海洋主题度假区——珠海横琴长隆国际海洋度假区全面开放（见图2）。开业仪式上，还特别举行了中华白海豚保护专项基金1000万捐赠仪式和吉尼斯世界纪录授证仪式，世界最大的水族馆、水族箱、亚克力板、水族馆展示窗、水底观景穹顶五项吉尼斯世界纪录被长隆收入囊中。

2015年2月，长隆马戏酒店和企鹅酒店相继对外营业，横琴湾酒店的1888间客房，加上企鹅酒店的2000间和马戏酒店的700间，使得珠海横琴长隆国际海洋度假区主题酒店的接待客房数量已接近5000间，原本就突出的游客接待能力再次获得质的飞跃。同年12月，长隆海洋世界项目启动，建成后将成为珠海横琴长隆国际海洋度假区内的第二座主题公园，"长隆速度"在横琴湾再次彰显。

图2 珠海长隆海洋王国

3. 清远长隆国际森林度假区的蓄势待发

横琴长隆国际海洋度假区的成功，让长隆"走出去"的脚步更加坚定。2013 年 12 月 31 日，清远市人民政府和长隆集团正式签署了清远长隆国际森林度假区（国家级世界珍稀动植物种源基地）项目的合同。长隆打造旗下第三个世界级旅游综合体的计划被提上日程，投资将达 300 亿元，届时将会建成一个世界级的森林旅游综合体。清远森林生态环境的优美和 2017 年广清轻轨开通后交通的便利，是长隆选址于此的重要原因。森林度假区的建设，打破以往以主题公园和单一酒店为单位的传统度假区组合模式，结合山水走势，打造包括银盏板块、迎咀板块和华侨农场板块在内的三大不同的主题地域。至此，长隆傍城（广州）、靠海（珠海）、依山（清远）的发展路径，形成了旗下三大旅游度假胜地"主题各异、优势互补、相互促进、共同发展"的格局，也彰显了长隆打造世界级民族旅游品牌的豪迈雄心和坚定决心。

从首次创业经营香江酒家，到兴建国内规格最高的主题旅游景区，长隆集团逐步发展壮大成为中国旅游业的龙头企业。近三十年的一步一个脚印，长隆创造了诸多世界第一和行业奇迹，书写了属于自己的辉煌历程。多项行业权威奖项和荣誉同时花落中国，不仅是对长隆在旅游业界地位的肯定，也标志着中国主题公园和旅游品牌已经跻身世界先进行列。

三、长隆集团的产品创新

在长达近三十年的时间里，长隆集团成功地塑造了自己的特色，成了名副其实的旅游王国。长隆集团旗下广州和珠海园区都有主题公园、演艺娱乐和餐饮酒店等三大系列产品，基于此建立起一条自己独特的产业链（见图3）。广州长隆旅游度假区拥有长隆野生动物世界、长隆欢乐世界、长隆国际大马戏、长隆水上乐园、长隆飞鸟乐园和长隆酒店等多家主题公园及酒店，每年接待游客超过 1600 万人次；珠海横琴长隆国际海洋度假区现已开放五大项目，分别是长隆海洋王国、长隆横琴湾酒店、企鹅酒店、马戏酒店、长隆国际马戏城，开业两年左右累计接待游客超过 2500 万人次；清远长隆项目，作为清远首个大型商业性旅游项目，将建成为全球首创的世界级森林综合体。清远长隆国际森林度假区主要包括银盏、迎咀和华侨农场三大板块，分别形成以森林、湖泽和原野为特色的世界级森林旅游综合体。清远长隆的开发，将与万达文化旅游城和海上丝路文化旅游区，共同构建华南第一大旅游产业集群。以"森林"为主题的清远长隆，以"城市"为主题的广州长隆和以"海洋"为主题的珠海横琴岛长隆，这三个超大型的主题旅游度假区优势互补，纵向平铺在粤港澳90分钟生活圈内，南北呼应，连成全球顶级的旅游目的地组合体。

1. 顶级产品，满足极致体验

长隆的一位负责人曾说过，"做什么项目，我们都看准全球最顶尖的技术，不是一流和领先的项目，绝不会引进。同时虚心向别人学习，并且站在游客的角度思考问题，以游客的身份去体验，了解游客的需求"。正是在这样的理念下，长隆不断加大对产品的投入，使产品达到中国乃至世界的领先地位。

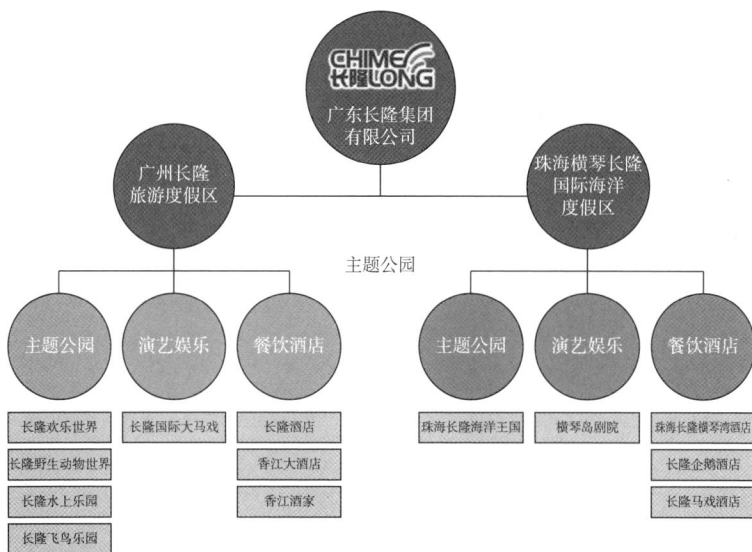

图3　长隆集团现有的主题产品架构

位于广州番禺的香江野生动物世界是1997年开始营业的（后更名为"长隆野生动物世界"），占地2000多亩，园区内拥有10只大熊猫、150多只白虎（世界上最多）、23头亚洲象（中国最大人工饲养种群）、50只考拉（中国大陆独家展出），以及黑犀牛（中国独家展出）、大食蚁兽、倭河马等世界各国国宝在内的 500 多种 20000 余只珍奇动物，是目前国内最大的野生动物园（见图 4）。园区开创了全国首个自驾车看动物模式（自驾园区占地面积近 100 万平方米），同时拥有全世界表演阵容最强大的动物表演秀。2014 年 7 月，全球唯一存活的熊猫三胞胎和全球唯一的考拉双胞胎在这里诞生；2017 年春节期间，可近距离观赏熊猫、考拉在内的各种珍稀动物的世界罕见的全景缆车在这里亮相，这使得长隆野生动物世界的游览方式增加了从空中俯瞰的角度。长隆集团不断革新旅游设施和旅游资源，方便游客全方位观览，以"与名禽齐飞、看众兽慢行"的全方位、立体化的方式令"长隆野生动物之旅"越发具有返璞归真的特色。

图 4　长隆野生动物世界

广州鳄鱼公园于 2004 年开业，后更名为长隆飞鸟乐园。乐园有近十万条来自世界各地的数十种不同种类、不同形状的鳄鱼，占全国鳄鱼总量的 70% 以上，是世界上最大的鳄鱼养殖场。不仅如此，它还是全国最大的鸟类湿地公园，拥有丹顶鹤、火烈鸟、黑颈天鹅、金刚鹦鹉等数十种珍稀鸟类；此外，还是全国最大的爬行类动物公园，拥有黄金蟒、变色龙、象龟等多种珍稀爬行动物。

长隆欢乐世界于 2006 年由长隆集团耗资逾 10 亿打造而成，集全球顶尖游乐设施和大型演艺于一体，创造了八项亚洲及世界之最，是目前国内设备最先进、科技含量最高、游乐设备最多的超级游乐园（见图5）。其中，"全球最顶尖过山车之王"的垂直过山车、荣获吉尼斯世界纪录的十环过山车和东半球首台摩托过山车、世界最大U形滑板、号称"全球最大摆锤"的超级大摆锤、世界最大水陆空特效剧场即国际特技剧场和号称"世界水上游乐之王"的超级水战，都是在亚洲首次引进，极大地满足了年轻游客寻求惊险、刺激的体验需求。

长隆水上乐园于2007年创办，目前已成为全球游客接待量最多的水上乐园。园区内的各类设备几乎都来自国外进口，堪称极致。比如，世界上最大的漂流河、世界上最大的人工造浪池、荣获国际旅游行业"金票奖——最佳新项目"的滑道"超级大喇叭"、荣获国际旅游行业"金票奖——最佳水上项目奖"的喷射滑道"水上过山车"、荣获"全球最佳新水上游乐设备"奖项的超级巨兽碗，以及荣获国际旅游行业协会"荣誉推荐项目"的世界上最大的单一设施主题式的玩水区"夏威夷水城"。

2001年开业的长隆酒店是主题公园的配套设施。该酒店是中国首家按五星级标准建设的生态主题式酒店，于酒店里营造园林，注重自然生态，首次引入"生物岛"，把活的白虎和火烈鸟搬进酒店中庭，并在2009年完成升级，成为国内最大的生态酒店。

图5　长隆欢乐世界

长隆高尔夫练习中心于 2003 年投入使用，是世界最大的高尔夫练习中心，占地面积 500 多亩，场内面积 25 万平方米，拥有 280 条国际标准的超宽私人打道，打位全部采用美国制造的高级人造草皮打击垫。

长隆国际大马戏不仅有全球最大的马戏场，还有由 20 多个国家马戏精英和众多动物明星联袂打造的全球最大的马戏表演。2016 年 1 月，长隆集团董事长苏志刚获得由世界马戏联合会颁发的世界马戏个人最高奖"2016 马戏艺术大使奖"。这也意味着累计超过 2500 万人次观看的长隆国际大马戏作为中国文化名片，已经正式走向世界。

珠海长隆海洋王国于 2014 年 3 月 29 日正式开业，一举拿下了五大吉尼斯世界纪录。园区拥有最大的水族箱（单个水池容量为 2270 万升）、最大的水族馆（总容量为 4875 万升）、最大的水族馆展示窗（单个展示窗尺寸为 39.6 米 ×8.3 米）、最大的亚克力板（单块亚克力板尺寸为 39.6 米 ×8.3 米）和最大的水底观景穹顶（直径为 12 米）。与海洋王国配套的长隆横琴湾酒店，拥有 1888 间客房，是目前国内最大的海洋生态主题酒店。2016 年，长隆海洋王国入园人数达到 847 万，这已大幅领跑全球其他海洋主题公园。

综上所述，为了带给游客极致的欢乐体验，长隆集团在产品开发上不惜代价，引进和建设全球顶尖的游乐设施、娱乐节目和主题乐园。这些"世界之最"为长隆带来了良好的品牌声誉。

2. 配套联结，打造丰富产业链

发展至今，长隆集团的"酒店餐饮—主题公园—演艺娱乐"产业链不断壮大。丰富的产业链完美地诠释了长隆的规模经济和范围经济效应的发展优势，是长隆成功的一个重要原因。

从 1989 年香江海鲜酒家的发起，到 1997 年香江野生动物世界的建立，再到 2006 年长隆欢乐世界的创办，长隆集团初步形成集酒店餐饮、旅游行业和娱乐行业于一体的旅游王国。具体来说，在酒店板块，1989 年的香江酒家以及 1994 年的香江大酒店尚属于传统酒店餐饮，且为公司主业；而后，长隆 1997 年创办了香江野生动物世界，标志着长隆业务从酒店餐饮行业扩张到主题公园行业。结合这个主题公园，长隆于 2001 年开业了中国首家动物主题生态酒店——长隆酒店，开始了酒店与旅游的结合。特别是 2014 年以后珠海横琴湾酒店、企鹅酒店、马戏酒店的相继推出，更是依托主题公园而开设的豪华酒店业务。

为了进一步深耕主题公园业务，长隆集团稳扎稳打，2003 年创办长隆夜间动物世界，2004 年开业广州鳄鱼公园，2003 年投入使用长隆高尔夫练习中心，2006 年耗资逾 10 亿打造长隆欢乐世界，2007 年又精心打造长隆水上乐园，2014 年盛大开业珠海长隆海洋王国，乃至最近开始建设清远长隆国际森林度假区，一步一个脚印，使长隆的主题公园业务板块不断得到丰富和充实。

除了主题公园业务，长隆集团还在马戏这一演艺娱乐领域颇有建树。2005 年，长隆国际大马戏正式独立经营，成为长隆集团旗下独立的文化娱乐品牌。2013 年，珠海长隆国际马戏城建成试营业，成为世界顶级的马戏表演舞台（见图 6）。为了配合马戏表演，由长隆发起并承办的中国国际马戏节，至今已圆满举办了 3 届。这一世界级水平的马戏节大大增强了长隆集团在演艺娱乐领域的影响力，也进一步诠释了其"欢乐与世界同步"的品牌理念。

图 6 长隆国际大马戏

3. 独树一帜，不走寻常路

在竞争日益激烈的主题公园市场上，长隆集团坚持经营思路独树一帜，不走寻常路。跟国内外几大著名的主题公园集团对比来看，在主题公园类型方面，长隆不同于迪士尼和华强方特的情景模拟类主题公园，也不同于华侨城单纯的游乐类型，而是集动物园和游乐于一体的主题类型，这使得长隆在动物世界、马戏表演等领域成为全球数一数二的品牌；在商业模式方面，迪士尼和华强方特都是"创意＋旅游"的全产业链模式，华侨城仍是传统的"旅游＋地产"，而长隆集团则突出其"乐园集群＋酒店"的特色，体现了对娱乐和旅游主业的坚持；在品牌愿景方面，长隆提出"欢乐与世界同步"的口号，既强调为游客带来欢乐体验，同时又突出自己的世界级品质和品位，这也与其对产品品质近乎苛刻的极致化要求一脉相承；在国内选址方面，长隆目前集中在广东选址，采用的是稳扎稳打的发展战略（见表3）。

表3　国内外几大主题公园对比分析

企业	乐园类型	商业模式	国内选址	品牌愿景	2016年游客量/同比增速	数量（座）
迪士尼	情景模拟类	创意设计＋研发生产＋经营管理全产业链	一线城市（香港、上海）	制造快乐，销售快乐	14040.3万 1.8%	6
长隆	动物园类＋游乐类	乐园集群＋酒店	广东省（广州、珠海、清远）	欢乐与世界同步	2736.2万 16%	7
华侨城	游乐类	旅游＋地产	一线城市（深圳）	让都市人回归自然	3227万 11.9%	6
华强方特	情景模拟类	创意设计＋研发生产＋经营管理全产业链	二三线城市	走向世界的"中国迪士尼"	3163.9万 37%	19

资料来源：各公司官网、TEA/AECOW报告、绿维创景旅游投融资研究院

四、长隆集团的营销之势

1. 顺势而为：移动互联，多元媒介

在移动互联网时代，微博和微信订阅号成为企业重要的营销传播渠道，长隆各种具有时效性的主题活动较多，通过这些新媒体来进行营销推广，必然能够在成本控制和精准营销上事半功倍。微博在信息传播的速度和广度上

具有明显优势，长隆能够将园区的风景、活动、趣事等碎片化信息实时传播出去，制造话题与粉丝互动；在微信端，长隆则提供了一些精品的、深度的内容，如活动咨询、内幕八卦、游玩攻略等。目前，长隆旗下的各主题乐园均拥有自己的认证微博，随时与游客互动，微信订阅号"欢乐长隆"则每日推送各种好玩有趣的长隆资讯。长隆双微的运营，以发现、挖掘新闻的手法，为读者和粉丝呈现"长隆的日常"。这种日常并非简单的企业"行为"，而是经过筛选，站在受众的立场上，根据社会热点进行"再加工"后产生的，大如中国国际马戏节的盛大召开，小如每日园区的动态，乃至野生动物百科普及知识等。

长隆还非常注重移动互联网时代营销活动线上线下的结合（O2O），通过线上引流、线下活动和线上购买、线下消费的联动，潜在顾客可以获取更丰富全面的长隆产品、服务的相关信息，也能更便捷地向长隆在线咨询并进行预购；对长隆而言，则在于获得了更多的宣传、展示机会，能够在线上聚集大量粉丝，通过与粉丝的交流更好地理解顾客心理，同时通过在线的销售、咨询有效缓解实体售票、现场指引的压力，以此降低运营成本。如每年的万圣节活动，长隆都会在线上的自有媒体和其他媒体进行大量宣传，围绕万圣节进行各种话题讨论，引导消费者在线上进行预订，对万圣夜的各种活动安排进行详细解说，方便消费者来到长隆之后能够直奔主题。这就在汇聚粉丝人气的同时，既降低了运营成本，又保证了消费者的游玩体验。

2. 借势而起：综艺合作，展现魅力

近年来，电视荧屏被各种火爆的综艺节目占据，中国似乎进入了一个全民娱乐的时代，志在为游客传递欢乐的长隆自然没有忽略这样一个与娱乐节目关联契合的良机。事实上，长隆多年来一直注重通过娱乐营销来传递品牌的欢乐文化，如与盛产王牌综艺栏目的浙江卫视和湖南卫视展开深度合作，而不只是简单的广告投放。与火爆节目的强强联手，成为拉动长隆品牌发展的一大利器。

（1）与浙江卫视的深度合作

2012年，长隆与浙江卫视《中国好声音》栏目合作，推出了"中国好声音长隆欢乐世界巡演活动"，在长隆欢乐世界举办11场巡演。这是名噪一时的好声音学员在内地的第一次公演，各方炒作沸沸扬扬，长隆借机赚足眼球。事实上，长隆在 11 场表演中仅投入 900 多万元，而此后"好声音"演出费每场都高达 1000 万。彼时"中国好声音"在选秀类节目的霸主地位，对于长隆品牌的传播知名度提升取得了突破性的效果。

图 7　长隆联手《奔跑吧，兄弟》

2015 年 5 月，王牌栏目《奔跑吧，兄弟》同样来到长隆，收视率创下当时近一个月的新高，再一次让长隆成为全国主题游乐园的焦点（见图 7）。同年 6 月，长隆再次联手浙江卫视推出大型明星亲子互动真人秀《爸爸回来了》。节目以明星爸爸与孩子的相处为主线，由常年在外的爸爸在妻子不在家的 48 小时里单独照顾孩子，如实地呈现父子互动过程中发生的所有状况。借由这个节目，长隆"适合同家人一起游玩"的品牌形象也变得更加生动具体。

2016 年 6 月，浙江卫视《挑战者联盟》录制横琴长隆海洋王国特辑，在全国观众面前揭开其神秘面纱。海洋王国在电视荧屏上得到全方位呈现，知名度迅速提升，并成为栏目官方唯一指定主题乐园。

（2）与湖南卫视的深度合作

2013 年底，电影《爸爸去哪儿》在长隆野生动物世界、长隆国际大马戏取景拍摄，引起游客的极大关注。长隆的品牌形象以非片前广告的形式在电影大银幕上精彩绽放，从营销的角度看，可以说电影版《爸爸去哪儿》就是长隆的长版定制广告。

2014 年，长隆集团更进一步，作为该节目全程拍摄地与湖南卫视合作推出了国内第一档原创动物真人秀节目《奇妙的朋友》，李宇春、倪妮、胡杏儿等明星参与节目。长隆野生动物世界不再只是拍摄的背景，而是摇身一变成为节目的"主演"。明星与动物的亲密互动不仅为观众呈现了无限欢乐，也传递了长隆品牌一贯主张的"人与动物和谐相处"的浓浓温情。

2015年圣诞节当天，长隆版《全员加速中》在湖南卫视播出。节目中首次出现"内奸"角色，再加上长隆的影响力，将收视推向新高度。长隆再次在电视屏幕上高调亮相。

2016年8月，长隆与金鹰卡通联合制作的52集长篇三维动画片《爸爸去哪儿2》之熊猫三胞胎童话次元大冒险，长隆熊猫三胞胎"萌帅酷"在电视荧屏上为长隆吸引了一大拨粉丝（见图8）。

此外，长隆的借势营销甚至上了2014年春晚，外景片中拍摄的各类动物，特别是小白虎，让全国观众印象深刻，也让长隆的品牌标志更加鲜明。借助综艺节目的火爆，长隆一次又一次地在各类荧屏上大放光彩，长隆乐园的魅力也借势在全国观众面前完美呈现。旨在打造"欢乐文化"的长隆集团和"传递欢乐"的综艺节目强强结合，将娱乐营销做到了极致。"在综艺节目里看长隆，到长隆看综艺明星足迹"，长隆的品牌形象愈发生动，在旅游业界的影响力和地位也愈加稳固。

图8　长隆的动画片《爸爸去哪儿2》

3. 造势而动：深挖题材，引爆话题

长隆的产品和服务丰富完善，在营销题材方面从不缺乏。在深挖题材、引爆话题上，长隆每一次大规模的造势宣传，都力求将某一营销题材放大成社会最火爆的话题，引发整个社会关注，形成堪称"盛事营销"的经典之作。

（1）深度挖掘题材，吸引持续关注

2006年，长隆引进澳大利亚国宝考拉，从考拉到中国、副市长看考拉，到考拉国宾馆落成、考拉之歌创作、考拉博客、考拉DV大赛，再到考拉首次生仔、二次生仔、双胞胎等新闻点的挖掘，长隆将考拉题材做到极致，赚足了各方眼球。

2014年，全球唯一存活的大熊猫三胞胎"萌帅酷"在长隆野生动物世界开始了它们的生命之旅。长隆为此专门开了一场新闻发布会，一瞬间吸引了世界目光（见图9）。围绕"萌帅酷"，长隆的营销造势可谓层出不穷。三胞胎从出生、开眼、周岁，再到每年的生日Party，长隆都会举行盛大活动来吸引游客，推出的周边产品如主题衫也受到消费者热捧。人气火爆的"萌帅酷"甚至吸引了好莱坞的目光，在年度巨作《功夫熊猫3》中友情出演，于全球大荧屏上为长隆强势吸粉。

（2）玩转事件营销，瞬间引爆话题

在欢乐世界完工之初，为了推广十环过山车，长隆策划了"十环过山车上的婚礼"活动。这一完美创意成功地将两个互不相关的元素组合在一起，各方媒体竞相报道，欢乐世界和十环过山车在短期内都受到高度关注，知名度迅速提升。2017年7月，长隆又举办空中世纪婚礼，227对新人共同乘坐空中缆车举办浪漫婚礼。动物世界作为婚礼主会场，海洋王国、欢乐世界、水上乐园、大马戏、长隆酒店作为蜜月分会场，围绕话题进行多位一体的营销布局，让长隆短期内在各类媒介上大量曝光。同样是在7月，长隆成为《变形金刚5》官方授权合作伙伴，为旅游高峰"暑期档"进行了完美铺垫。

图 9　大熊猫三胞胎"萌帅酷"

2008 年北京奥运会期间，长隆举办"万人比基尼"活动来为开业不久的水上乐园造势，近万名比基尼小姐在水上乐园组成五环图案，引起了媒体的蜂拥报道。"万人比基尼"活动至 2017 年已举办十次，每一次长隆都能引爆话题，吸引打动大量游客前来参与活动。

2009 年，长隆酒店占地 3000 平方米的国际会议中心落成。为了将"3000 平方米到底有多大"的概念清晰地传递给受众，长隆邀请中国女足到国际会议中心踢足球。"长隆国际会议中心大到可以踢足球"成为当时的热点话题，让受众直观体会到长隆酒店国际会议中心的规模，成功地推动了会议中心的口碑宣传。

2016 年父亲节，长隆打造了名为"618 父亲节"的概念，围绕"我爸爸很会玩"的主题展开，以此突出其近年来强调的亲子属性。"直播＋网红"的形式别出新意：全国三十名辣妈主播以妈妈直播奶爸带娃的形式，带领观众体验了乐园的"玩食住行"。话题在全网引爆，长隆再次成为业界焦点。

（3）打造娱乐地标，塑造强势品牌

2010 年长隆首届新年倒数音乐会，吸引了五千多人入场。在花费甚少的情况下，长隆从前期宣传到与电视台合作推出五个小时的现场直播，再到之后的媒体深度报道，新年倒数音乐会一直作为旅游界的热点话题，受到各方广泛关注。这逐渐成为长隆打造娱乐地标的传统策略，之后每年的万圣节、新年倒数等重要节日，长隆均通过举办音乐节等大型活动来凝聚粉丝，每次均能吸引万人参与。

2013 年年底，由国家文化部、广东省人民政府主办，长隆集团和珠海市人民政府承办的第一届中国国际马戏节在珠海长隆成功举办。这项国家级的大型文化赛事，旨在打造全球顶尖的马戏文化盛宴。围绕这一活动，长隆在各方媒介上的宣传造势可谓不遗余力，珠海横琴长隆国际海洋度假区开始在世界范围内崭露头角。国际马戏节至 2017 年已举办三次，已成为国际马戏界的盛事。长隆也借此机会展现自我魅力，吸引了世界目光。

长隆在造势宣传的过程中，不仅注重通过深挖营销题材、内容加创意来引爆话题，而且很好地传承了热点活动，如"万人比基尼"活动至 2017 年已举办十届、新年倒数音乐会传承至今、国际马戏节由此前的两年一届调整为一年一届。造势而动让长隆在消费者面前持续曝光，长期吸引受众眼球。这种对传承的重视，加深了长隆品牌文化的底蕴，让长隆成为一个更加多元的娱乐地标。

五、结语

纵观长隆集团打造世界级旅游品牌的辉煌历程，其成功可谓是天时、地利、人和的结果。"天时"在于珠三角经济的飞速发展和大陆旅游行业的逐渐成熟；"地利"在于"广州的城、珠海的海、清远的山"为长隆的扩张提供了完美的经营环境；"人和"不仅在于苏志刚和他的长隆团队在产品上精益求精、在推广上对营销之势精准把握，还在于地方政府对于民族旅游品牌的大力扶持。长隆在旅游行业的崛起，可以说是改革开放以来中国民营企业通过艰苦创业、励精图治与国外知名企业竞争并能站稳脚跟、建立强势品牌的一个缩影。"欢乐与世界同步"，长隆的欢乐帝国从未停止开疆拓土的征程，其未来的发展也让人更加期待。

【案例解析】

长隆集团在世界旅游产业的版图中无疑占据了重要地位，其品牌的发展速度和态势令人叹服。为什么长隆能够如此稳健地发展，进而成为一个世界级的品牌？究其原因，长隆的成功之道主要有以下三点：

1. 清晰定位，聚焦特色

定位是一个品牌发展战略的核心。受到发展阶段、需求变动、竞争干扰等多方影响，要想准确而清晰定位，并非易事。长隆的前身香江早年也只是定位为餐厅和酒店，随着香江野生动物世界的开办，才确定了旅游行业作为定位方向。或许以野生动物为突破口是歪打正着，但此后一直以"欢乐与世界同步"作为经营宗旨，建立主题公园、演艺娱乐和餐饮酒店三位一体的旅游产业链，特别是围绕动物来打造"长隆野生动物世界""广州鳄鱼公园（长隆飞鸟乐园）""长隆国际大马戏""长隆海洋度假区"等特色主题娱乐品牌，却是长隆集团得以持续发展的关键之所在。正是这种战略坚持，使得长隆在与动物有关的特色主题公园和演艺娱乐方面，成为中国乃至世界的顶级品牌。

2. 极致产品，完美体验

托夫勒在《第三次浪潮》中提出："服务经济的下一代是走向体验经济，商家将靠提供这种体验服务取胜。"文化产业本质上就是体验性的产业。只有为顾客带来完美的休闲娱乐体验，娱乐旅游类企业才能得到长足发展。长隆集团正是秉持为游客带来完美体验的原则，精心设计了产品体系。首先，长隆在主题公园、演艺娱乐和餐饮酒店各大领域建立起协同的产业体系，也在主题公园领域拥有城市、海洋、森林等三类超大型的主题旅游度假区，实现了优势互补和全面覆盖；其次，长隆的旅游产品一直是以"高精尖"为标准，在业内处于世界级水平。比如，长隆集团在亚洲首次引进"全球最顶尖过山车之王"的垂直过山车、荣获吉尼斯世界纪录的十环过山车和东半球首台摩托过山车、世界最大U形滑板、号称"全球最大摆锤"的超级大摆锤、世界最大水陆空特效剧场即国际特技剧场和号称"世界水上游乐之王"的超级水战，等等，这些极致产品都极大地满足了年轻游客寻求惊险、刺激的体验需求。世界级的品牌应有世界级的产品体验作为支撑，长隆集团正是最佳例证。

3.取势传播，引爆关注

当今的市场早已走出了"酒香不怕巷子深"的时代。即使长隆有极致的产品和完美的体验，但架不住竞争者的贴身追赶（如华强方特集团在全球主题公园榜单上从2015年的第8位挤进2016年的第5位，增速高达37%，位列全球第1），所以加大传播力度势在必行。从传播的特点来看，长隆特别重视对"势"的把握，形成了顺势、借势、造势等富有特色的传播体系。比如，在顺势方面，长隆充分利用微博和微信的传播渠道，将大如中国国际马戏节的召开、小如每日园区的动态及时传递出去，拉近了与游客的距离；在借势方面，加强与盛产王牌综艺栏目的浙江卫视和湖南卫视合作，通过深度的植入来全方位展现长隆的魅力；在造势方面，深挖题材，"无中生有"，力求将每一次的盛典活动都放大成社会最火爆的话题，引发社会关注。长隆的取势传播已形成传统、建立体系，长期积累，可持续推动长隆成为娱乐地标。

针对长隆集团的未来发展，我们提出以下几点建议仅供参考：（1）走出广东，布点全国。尽管长隆已成为世界级的旅游品牌，但在区域位置上过于局限，广州、珠海、清远几个广东园区使其尚处于一个区域品牌的角色。虽然稳扎稳打是长隆的战略风格，但在竞争者均在快速扩张的今天，单靠一个区域的布点，很难抵抗住竞争的压力。中国幅员辽阔，各地资源丰富、特色明显，长隆可考虑在华东、华北或华中布点，以增加利润增长点。（2）强化文化与科技融合。充分利用当前科技发展的趋势，在产品设计中引入更多的科技成分（如虚拟现实、人工智能等），使得产品体验再上新台阶，这也有利于缓解产品的老化。（3）打造更鲜明的品牌个性。以动漫作品、节目植入等多种形式来塑造强势的动物明星IP，让这些IP走进人们的日常生活，并通过这些IP的个性来建立长隆的品牌社群，培养长隆的品牌粉丝。（4）将品牌幸福感作为长隆品牌发展的终极目标。不仅要让游客在长隆享受到各种"欢乐时光"，还要让他们感受到生活的意义，这将是长隆屹立于世界旅游产业之林的法宝。

餐饮文创的美学经济

——以小王子的古典玫瑰园为例

童静莹　佘日新 [1]

餐饮业在台湾是持续成长又创意缤纷的产业，即便近三年来整体市场前景稍显疲软，但总体而言在汰旧换新的过程中还是小有佳绩。

根据台湾趋势研究的 2016 年产业报告，2011 年至 2015 年间，餐饮业的店家总数从 106287 家上升至 124124 家，销售额也从 3252 亿元台币成长至 4425 亿元（见图 1）。其中除了连锁商店的蓬勃发展之外，深具地方特色、主题特色或文创特色的小众餐饮也不遑多让。总部位居台中市的古典玫瑰园集团，便是不能忽略的艺术文化餐饮势力。

古典玫瑰园创始店在 1990 年凭依着油画家黄腾辉的独到艺术品位而诞生，如今已成长为拥有英国皇家御用名瓷安兹丽（Ayrsley）公司总经理约翰·瓦利斯（John Wallis）、伦敦德拉克斯茶（Drakes Tea of London）英国茶公司董事长克里斯·派克（Chris Parker）等世界知名英国茶权威作为顾问后盾的餐饮企业集团。黄腾辉每每说起自己，总是谈到他从小就有轻微的自闭倾向，特别喜爱一个人的独处时光。他认为这样的精神状态正与小王子在书中一人孤单穿梭星球的情景相呼应，但我们却好奇如此具有疏离感的艺术家是如何成就如此高格局的经营版图的。

① 童静莹，台湾暨南国际大学新兴产业策略与发展博士研究生；佘日新，台湾逢甲大学跨领域设计学院院长。

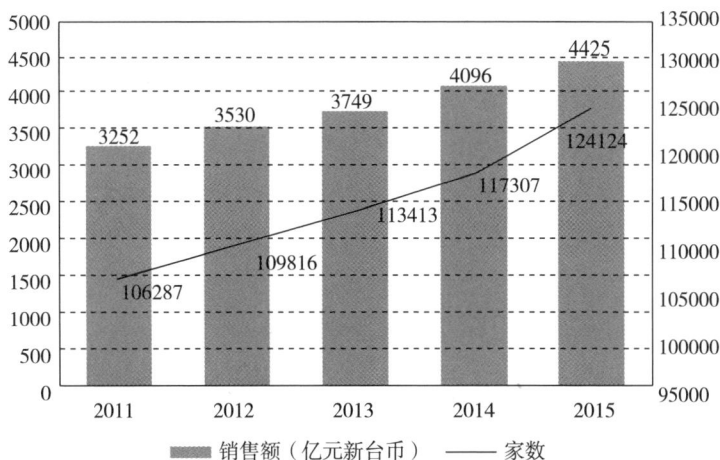

资料来源：台湾趋势研究餐饮业趋势报告整理财政事务主管部门数据中心数据（2016:2，3）

图1　台湾餐饮业2011年至2015年成长趋势图

一、小王子的玫瑰园

《小王子》是黄腾辉深爱的文学作品，也是引领他投入玫瑰世界的缪斯女神。

小王子曾经有一朵独特又娇贵的玫瑰，一天在旅途中经过了一个玫瑰园，发现遍地满是和星球上一样的美丽玫瑰，他疑惑了！解开小王子疑惑的是狐狸，它说玫瑰之所以独特，是因为有人为它付出了爱。

黄腾辉从这段故事中领悟到"付出"和"爱"是独特又娇贵的来源。小王子细心呵护玫瑰、每天浇水，并不是微不足道的小事，因为"价值"就是透过这样的日常行为建立起来的。于是，深爱玫瑰的黄腾辉也开始付出爱的行动，每天绘出各式各样的玫瑰来表现呵护的心情。对他来说，在画布上挥洒玫瑰的各种姿态是生命的美好时刻，在享受孤独感的过程中不但可以与自己对话，也提升了心灵感受的敏锐度。黄腾辉每天乐此不疲地作画，在创作过程中玫瑰逐渐与他的生活融为一体。这样持续了二十年之后，不但玫瑰世界越发成熟美丽，他也俨然成了国际知名的玫瑰画家。

二、艺术美学的渲染力

古典玫瑰园在东海艺术街的创始店一开始就是以苏格兰英式古堡的建筑风格展开，让维多利亚风的古典与浪漫矗立在大肚山脚下，骄傲昂扬。仔细观察，创立古典玫瑰园就如同作画过程。只是这块画布跳脱出画框，渲染到餐具、餐饮、壁纸、家具、家饰，甚至是整栋建筑。深爱玫瑰的小王子就这么在每个角落和细微处画上了玫瑰。

黄腾辉在文创这个词还没普及的 20 世纪 80 年代，已用独到的艺术眼光和玫瑰作品构思出一幅独一无二的餐饮蓝图，以至于 1990 年开幕时就能凭借餐饮专业服务建立起优质的品牌形象，逐渐培养出一群与其心心相印的忠实粉丝。

忠实粉丝这件事，在开拓高端新领域市场时是很重要的。回想我第一次造访古典玫瑰园是高中毕业的 1994 年暑假，当时古典玫瑰园已经迈入风靡粉丝的阶段。它的粉丝是谁？是留学归国的海青，是美术艺术的文化鉴赏人，也是周边教授医师等中产阶级，还有我们这群意外被高中美术老师培养得对其心生向往的十七八岁毕业生。

台中是重要的茶叶集散地，品茶是自然不过的事。说到将茶联结艺术的茶艺馆，也不能忽略从台中女中后门那条茶街崛起的阳羡春水堂。茶艺馆饮茶是社交生活的展现，来到茶艺馆饮茶却不说话，在社会疏离感还不是那么重的 90 年代初期，简直是一种奇怪的存在。

来到古典玫瑰园的最大岛内文化冲击便是，饮茶配话是被禁止的！

刚发完榜，纷纷收到台湾大学、台湾政治大学入学通知的少女们，带着兴奋愉悦的心情，决定到美术老师每一提起便感动万分的古典玫瑰园来犒赏自己。不懂规矩的我们只知道它像一座小型的油画画廊，宾客举止优雅，是一间会令人仿佛置身英国贵族下午茶派对的高级茶馆。隔了好一阵子不见联考战友的我们，心情过于亢奋，结果却一再被告诫降低音量，显然我们的格调太低，只是自信旺盛，自嘲是刘姥姥逛大观园就放过自己了。

离开的那个傍晚，虽然有点扫兴却生气不起来，因为一切都太美了，美到令人忘记自己，美到连有点扫兴的那个小心情都显得微不足道也不可取。看着白色古堡的外观，我们反省了起来，还是到大学得好好提升自己一下，希望下次来时可以这么自然、优雅又宁静地享受百万英国骨瓷和高贵画作的下午茶。

——"可是，它会不会撑不了多久就关了啊？"

——"对啊！应该很少人会习惯这样的饮茶方式吧？"

——"希望它撑住啊！台中之光耶！"

——"对啊！"

回首这段往事，很明显，少女的忧愁如今已随风飘散。随着一波波的海归人潮落脚，台湾经济发展到一定程度并进入追求生活风格和生活质感的阶段，以及（尤其）网络时代崛起，古典玫瑰园的粉丝从文化艺术爱好者扩大到 SOHO 族群、高科技族群以及青年族群和退休人士。同时，也因为东海别墅区的艺术文化渲染力造就了东海艺术街的群聚效应，古典玫瑰园成了聚宝盆，持续吸附人潮、文化内容及财富。

三、小区精致店的国际文创格局

基于对美学与饮食文化的坚持和讲究，古典玫瑰园多年后一方面已经是台湾地区最大的英国茶连锁体系；另一方面也因为对餐点呈现和对客人饮食仪态的巨细靡遗的要求，成为被广泛认同的最具代表性的文创产业。

画风和技法日益成熟的黄腾辉，自 2008 年开始，在台湾获取进驻台湾美术馆、宜兰美术馆及高雄打狗英国领事馆的机会；2011 年，更是参与了英皇室威廉王子大婚纪念瓷器的设计工作，不但让自己的艺术才华跃上国际舞台，而且用美学实力铺设出一条餐饮文创的康庄大道。

从优势要素来看，古典玫瑰园的创始者是美术家，而且其餐饮以英式下午茶为主，在投入文创园区和国际文创的创作时由"英国"和"美术"联结入门是最自然不过的。这些机会都是"受邀"而来的。黄腾辉讲究瓷器美术的执着，不但受到英国的肯定，也被各地方政府文化局肯定。他也欣然接受这些艺术与文化的邀请。在进驻台湾三处文创园区的过程中，古典玫瑰园考虑到建筑类型和历史建筑脉络与自身要求十分相应，餐饮经营形态也能将原有菜单和风格直接导入来经营，费工不大。不过，到了台中市役所便是另一场成长与蜕变的里程碑。

四、烙在建筑的历史印记

位于台中民权路与市府路街角的台中市役所，是一座由马萨式屋顶及爱奥尼柱构成的百年塔楼建筑，也是由日本人设计建造的欧风建筑。曾经有过数个不同的名称，"台中市役所"之名存在于 1920 年至 1945 年期间，是当时台中州辖市的总行政官署，也是日本 1945 年撤台前着手台中市区建设与发展的重要行政中枢。

根据建筑物的使用机关和使用目的大致可分为五个历史阶段，跨越了日本占台、战后及历史建筑的三个时期。首先是日本占台期间，包含了两个阶段。第一阶段，明治末期 1911 年以"台中厅公共埤圳联合会事务所"建筑目的完工，当时是台中首栋钢筋混水泥建筑，也是汇集台湾各大农田水利系统的重要办公场所。第二阶段，到了大正晚期 1920 年，日本开始调整地方制度，合并台中与南投两厅为台中州厅，这栋建筑转为供台中市役所使用。

随着时代巨变日本战败撤台，台湾走过戒严、解严、"自由民主"时期，这栋建筑也跟着呈现了不同的面貌，在吐纳间记录着起伏的台中史。第三阶段，就是战后 1945 年至 1986 年间由国民党党部接管，曾经扮演冷冽的台湾地区"日产处理委员会台中办事处"和"陆军第五十四师司令部"角色，尔后长期作为国民党台中市党部使用。第四阶段，进入解严时期后，建筑回归地方行政机能，由台中市政府新闻室、社会局、交通旅游局等单位进驻。然而，最终抵不过天灾考验。

20 世纪 90 年代末，因为 1999 年"九二一大地震"造成建筑结构性损害，文化局从文化资产保护立场于 2002 年送交台中市历史建筑审查委员会审议，通过登录申请正式成为历史建筑。于是，进入第五阶段，即史迹修复与文创再生阶段，由文化资产处进行古迹修复工程，再经由 OT（营运 operation- 转移 transfer）委外厂商经营。

尽管大门的挂牌不停更迭，但 20 世纪的这座建筑无时无刻不肩负着公共事务及行政官厅的职责，毫不马虎。直到 2002 年才终于卸下行政重担，并自 2016 年起由古典玫瑰园为它重塑形象，以艺术和饮食文创的姿态展开历史新页。

五、历史建筑脱胎换骨

　　根据台中市文化局陈韦伸的修复与再生报告，台中市役所作为九二一震灾地区历史建筑的第一波修复，是在 2003 年至 2005 年期间。当时台湾行政事务主管部门的文化建设委员会除了在文化资产保存规定中新增历史建筑登录保存的机制，并拟定一系列配套措施之外，也设立了九二一历史建筑补助奖励与修复制度，原则上比照古迹修复及再利用程序办理。

　　施工规划方面依循修复及再利用计划、规划设计、施工监造、工作报告书及再利用等流程逐步推动。规划原则采用 1964 年"第二届国际历史文化纪念物与历史场所建筑师与技师会议"通过的《威尼斯宪章》准则：遵循"真实性"原则，依照原有形貌修复，必要时采用现代科技与工法，而进行再利用计划，也得根据需要在不变更古迹及历史建筑原有形貌的原则下，增加必要设施。[①]

图 2　台中市役所圆顶的"伞骨式"木结构，遵守"真实性"原则让新旧材料并存，旧料保留原色，新料则不仿旧，避免混淆（翻拍自陈韦伸 2012:39）

图 3　依"真实性"原则保留部分木骨灰泥壁体，作为历史建筑构造的展示与说明（翻拍自陈韦伸 2012:35）

---

　　① 陈韦伸：《历史建筑修复与再利用过程之检讨——以台中市役所为例》，《文化资产保存学刊》2012 年第 20 期。

第一次修复后的台中市役所在 2005 年以"台中故事馆"的形象重新亮相，成为台中艺文活动据点；为了进一步活化空间再利用，2013 年再次进入第二次修复。依《威尼斯宪章》准则重新整理后，增设小型厨房，并于 2014年征求委外厂商，最后由古典玫瑰园取得营运权，在 2016 年 1 月开幕。

对照前后两阶段的使用人数，可以得知 2007 年至 2011 年单纯作为文化活动场域，以及 2016 年艺术中心伴随着餐饮提供的经营模式，后者的到访历史建筑人次着实有成长之势（见图 4）。这也反映了人以食为天，餐食的诱惑可以带领群众走入艺术文化与历史的圣域。

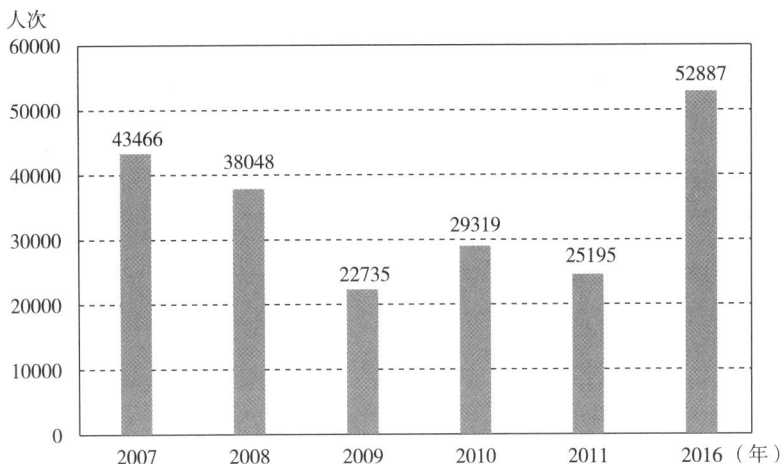

资料来源：2007—2011 年引自陈韦伸（2012:43）数据，2016 年由作者电访台中市文资处取得

图 4 台中市役所到访人数成长图

六、严选台中市役所代理人

从台中市政府的角度出发，文化局负责为台中市役所挑选使其得以再利用一事能够发展顺遂的厂商。这座建筑代表的台中官厅的所在地，是公务人员的办公所在，更是地方政策的决策出发点。征求厂商时，文化局处处考虑经营团队的格局与经验，最后交由台湾拥有"文创经验"和"餐饮专业服务"资历且为"台湾优质品牌"的古典玫瑰园进驻，期许团队能发挥丰富多元的文化艺术推广策略，把台中市役所打造成城市文化品牌，传递城市文化

意象。

在古典玫瑰园的经营团队看来，台中市役所是一栋凝聚着台中历史的重要历史性建筑，它象征着台中区发展的往日荣光。如今，台中的商业及行政重心逐渐移往西区，承接建筑营运的古典玫瑰园经过构思，选择以"生活、文化、传承"作为经营台中市役所的主轴，重新赋予这一建筑应有的时代精神。

在操作上，古典玫瑰园在一楼规划餐饮区，二、三楼空间则规划为"台中市役所艺术中心"。透过餐饮美食吸引人潮，期盼在引人入胜之后，让建筑导览与艺术中心唤起人们对古迹与历史文化的重视，带领群众找寻文创对台湾社会的意义与价值，重振台中及中区过往的风华。

尽管取得 OT 营运权的古典玫瑰园，举凡建筑硬件结构或是历史文化知识等问题，都可以直接寻求台中市政府文化局的协助，使其能够专心投入餐饮、导览服务与艺术文化内涵。但 2015 年年底，黄腾辉依然很快地注意到市役所的艺术中心需要一个强大的团队来激发创意与活力，于是小王子走出了孤独的美学世界。

开幕前两个月的 11 月 4 日，古典玫瑰园集团与黄腾辉的母校东海大学举行产学合作案的正式签约仪式，由该校当时的校长代理人林振东和古典玫瑰园董事长黄腾辉代表签署。根据东海大学公布的新闻稿显示，这次合作案主要由古典玫瑰园集团提供赞助创艺学院项目课程的讲师费，同时规划透过课程邀请学院的罗时玮院长、刘克峰老师（第十三届威尼斯建筑双年展台湾馆策展人）以及美术系老师带领学生组成策展团队，参与"台中市役所"首期策划展览。①借由产学合作让莘莘学子透过实际参与更深入了解文创领域，培养台湾年轻一代的文创人才，同时台中市役所艺术中心也有了大学团队提供创意活水。

由此可知，台中市役所不但促成了古典玫瑰园让地方政府与大学牵手合作的契机，也让出身台中的古典玫瑰园在台中蜕变升级。

---

① 东海大学公共关系室（2015）：《古典玫瑰园集团与东海大学产学合作案签约仪式》，参见 http://www.thu.edu.tw/web/news/news_detail.php?cid=8&id=1037。

七、生活、文化、传承

台中市役所的经营，象征了古典玫瑰园开始挑战将英式下午茶品牌延伸至其他古典文化的可能性。团队并没有硬性将英式下午茶置入台中市役所，而是活用自身茶饮资源，顺着建筑的文化脉络推敲出符合日本美学风格的餐饮经营风格，规划出一楼"Café 1911""昭和沙龙"两个餐饮和茶饮空间。

走进台中市役所一楼咖啡厅，就能认出远处的 Café 1911 黑底金字招牌，在白净内墙中特别显眼，仿佛器宇轩昂地宣告着这栋建筑物的历史。1912 年，中华民国建立，也是日本由明治转为大正的前一年，台中市役所的前身就是在此时落成的，成为明治末期的台中代表建筑。

由于历史建筑的使用受到文化资产保存规定的保护，不能张贴打钉、不能明火、宠物不能入内，所以相较于过去华丽浪漫的英式贵族风格，市役所显得干净朴实，仿佛是洗尽铅华、褪下官袍的邻家长者。

Café 1911 曾数度参访日本烧陶业与餐饮业者，挑选日本家常陶瓷食器并邀请专家设计菜单。现场供应符合台湾在地口味的日式定食、丼饭、茶酒小菜、甜点及日本人用餐必点的啤酒。主菜选项多元，包括鸡肉、猪肉、牛肉、鱼肉及素食，价位订在亲民的 300 元以内。如此贴心的安排果然成功吸引人潮，用餐时间座无虚席，十分热闹。

昭和沙龙则起到了画龙点睛的效果，增添下午点心的乐趣。严选北港花生和台湾芒果所创作出来的限定特制招财猫冰，进入夏天后大受欢迎，带动了台湾雪花冰的创意风潮。事实上，招财猫冰的价值不仅在于使用在地食材、台湾特色冰品、创意饮食美学和吉祥象征等意义，它也代表着昭和沙龙所在的空间曾经是台中市役所库房的过往历史。让民众在谈笑饮冰的日常生活中，既感受文创带来的五感喜悦，又能承传在地历史，这就是台中市役所的新功能。

图 5　台中市役所空间规划：二楼艺术
中心（左上）

图 6　台中市役所建筑之美：仰看圆顶
木构造（右上）

图 7　黄腾辉粉彩彩绘台中市役所建筑
明信片（左中）

图 8　链接金库和日本元素的创作冰点
（右中）

图 9　热台湾茶饮仍保留古典玫瑰园骨
瓷（左下）

图 10　台湾 80 年代新创冰品茶饮
（右下）

资料来源：台中市役所脸书页授权使用

八、学习型的文化使者

台中市役所的另一个特色就是保留了大部分空间作为艺廊使用。"艺术中心"一方面支持文创发展，另一方面也致力于提升民众对台湾社会价值的认知。透过艺术认识台湾，就如同回到台展三少年时代，让艺术家用艺术传达对台湾社会的关怀一样。

采访驻店店长时，她提到餐饮服务人员也需练就一身导览功夫，导览内容除了历史建筑与修复特色之外，其实对每期艺术中心的展览内容也要有所涉猎。尤其是那些频繁来台中市役所的客人既有艺文人士，又有曾经的建筑用户和历史记录者，他们在导览互动中总是不断激发工作人员的学习欲望，养成下班后自行查阅相关资料的习惯。

古典玫瑰园未来将持续以茶饮作为强项，开拓上下两条市场新路线。一条是亲民路线，主推"先喝道"外带茶饮品牌；另一条则是一步步寻找具有历史纪念价值的建筑，慢慢累积让古典玫瑰园引以为傲的十大文创园区，为台湾重要的文史景点注入新时代艺术元素，带动民众参与风气。

【案例解析】

以艺术美学为基石，古典玫瑰园打破规模经济的思维模式，用品位搭建深度经济的城堡。尤其在2008年之后，更是在大学与地方政府的通力合作下走出了一条文创企业的康庄大道。它的价值在于实现了台湾文化创意产业发展规定所企盼的兼具产业价值与文化艺术的企业形态，不但能以此提升民众美学素养、掀起"生活美学运动"，更是创造了一个睥睨海内外的文创典范。

从古典玫瑰园的创始、成长、转型历程可以看到其从个人美感感染小区美学、从艺术基底走向文化深根、从单一店家到连锁与旗舰经营、从产业结合官学力道，如此的扩张模式正符合文化创意产业发展规定的理念形态，也是少见的全方位到位企业。

就如向勇解读台湾2010年公布的文化创意产业发展规定所认为的，源自创意或文化积累，透过知识产权之形成与运用，具有创造财富及就业机会潜力，并促进民众美学素养，使民众整体生活环境提升之产业条文所指涉的台湾文化创意产业发展路径，既强调了文化艺术具有的产业价值，又强调了文化艺术是创意的来源与核心，更注重民众美学素养的提升，与微观层面的"生活美学运动"、中观层面的"小区总体营造"和宏观层面的"文化创意"

战略交相辉映，努力创造一个"睥睨欧美日、美学的、风格的、品位的"文明台湾。① 迄今为止，用二十年时间实践艺术文化落实产业发展的古典玫瑰园，已将规定所预计的理想形态发挥得淋漓尽致。

这一切都源于黄腾辉的艺术品位。詹伟雄曾经思考为何 18 世纪欧洲会用"taste"（品味）这个字眼来描述人与人之间不同的生活风格。从餐饮美学来看，当年欧洲人独用味觉的 taste 来指称这种抽象的美学标准的缘由，如今看来再明白不过。詹伟雄认为，视觉、嗅觉、听觉、触觉都是容易跟别人分享的，而 taste 天生就是私密的，因此，他鼓励想要做一个有个性的人，不妨先开发自己的味觉。②

那么，一位享受孤独的画家在创店时，为何在詹伟雄的书籍还没问世就会选择用餐饮来交流呢？我们试着从画家的角度来感受，因付出爱而创造出来的美术作品，这份心情和爱情如何"深入地"传递给鉴赏者呢？很显然，想办法让观赏者"吃下去"，让美感入胃、入心、入髓是一个不错的途径。

至于个人的品位扩张成产业经济，我们又该如何解读呢？李仁芳指出，主流的事业经营思维习惯于"规模经济"的理念，总认为规模越大，越能降低成本提高绩效，而美学经济所传达的是很少人懂得的"深度经济"思维。李仁芳认为深度经济是由"真正来自生活体验的创意，一步步安静地沉淀累积"而来，因此能以自己所沉淀累积的生命经验震荡出感动，做出谁看了都会喜欢的作品。由此可知，深度经济的基础是深厚的美学内功，非肤浅的花招所能模仿。③

古典玫瑰园的案例是激励人心的，让我们开始相信以美学艺术为底的"创意产业"和"文化创意产业"可以创造出经济价值和国民财富。施百俊引用了善于在欧美上流社会进行观察与写作的亨利·詹姆斯（Henry James），的名言"在艺术中，经济永远是最美的"，说明艺术与经济并非彼此背离的，实际上具有深度的艺术发展的确可以带来财富。④ 如果美学创作既可以满足人们的需求，又能激发他们的想象力，促使他们行动、再行动，进而使自己获得成功，这或许才是深入把握了艺术经济规律的体现。

---

① 向勇：《文化产业导论》，北京大学出版社 2015 年版，第 48—49 页。

② 詹伟雄：《美学的经济：台湾社会变迁的 60 个微型观察》，台北风格者出版 2005 年版，第 226 页。

③ 李仁芳：《创意心灵：美学与创意经济的起手式》，台北先觉出版 2008 年版，第 176 页。

④ 施百俊：《美学经济的密码》，台北商周出版 2009 年版，第 65 页。

传统产业文创的 DNA+3力 +3C 模式
——以雄狮旅游集团为例

马中良　佘日新①

什么是最强力的企业变身魔法？答案就是"文创 DNA+3 力 +3C"②，循环不止的交互作用。这一方法让非常传统的旅行社起身的雄狮旅游，华丽变身为年营业额突破 200 亿元台币的股票上市公司，正所谓"种下文创梧桐树，引得凤凰来"。

2006 年忠孝东路上一个貌似宇宙飞船的白色流线型建筑物，引起众人的围观以及指指点点。先前那闪亮如水晶宫、单品动辄破几百万的名表精品店哪去了？怎么现在换成了这间又像精品店又像苹果计算机门店一般的 24 小时营业旅行社？

一、台湾观光旅游产业的发展

台湾自 1956 年起积极发展观光事业，随着民营旅行社的开放及各项制度的放宽调整，旅行业开始得以发展。初期来台观光的以美国人为主，后因日本开放国民海外旅游，造成大量日本旅客来台，刺激新的旅行社纷纷成立。1967 年，台湾挟着优美的自然风光和低廉的物价成就了早期的观光事业。1966 年，台湾仅有 50 家旅行社，主要客源为美国旅客；1967 年，日本观光客首次超过美国成为第一，其后日本游客一直是台湾地区旅行业最主要的接待客源；随着

---

① 马中良，台湾暨南国际大学新兴产业策略与发展博士研究生；佘日新，台湾逢甲大学跨领域设计学院院长。

② 文创 DNA + 3 力 + 3C，是指将雄狮企业的核心价值文化创意因子融合 3 力，即知识力（Knowledge）、科技力（Technology）、文创力（Culture），再结合 3C，即内容（Content）、社群（Community）、商务（Commerce），形成跨界整合的良性循环。

海峡两岸关系的改善，2009 年又有了重大的改变，这一年中国大陆来台观光客人数一举跃升为台湾第一，直至今日仍是如此。2016 年中国大陆旅客来台观光市场遭遇逆风，略有小跌，如何再次提升则是往后努力的目标。东南亚国家来台旅客也自 2009 年开始有显著成长，在 2016 年超过了中国港澳地区来台旅客。总体来台旅客呈稳定上升趋势，台湾观光业仍大有可为（见图 1、图 2）。

单位：人次

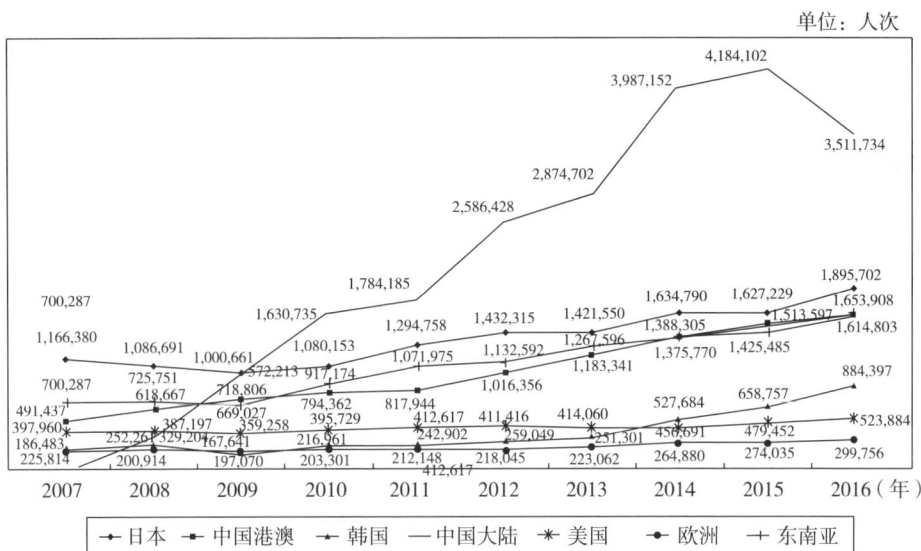

资料来源：台湾观光主管部门

图 1　近十年来台主要客源地旅客增长趋势

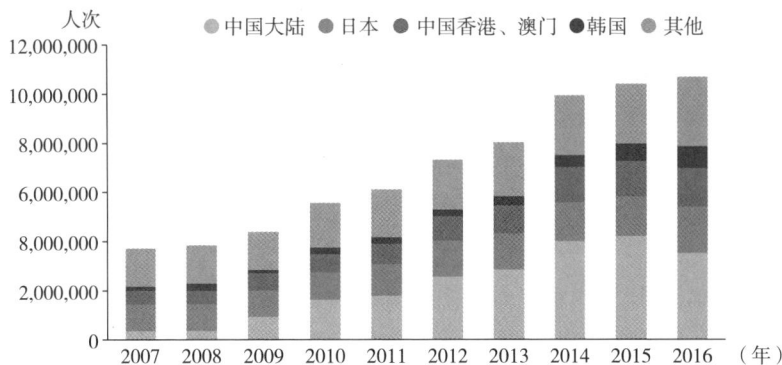

资料来源：台湾经济事务主管部门统计处

图 2　近十年来台观光旅客总数统计图

随着时代变迁、科技进步及整体经济活络等因素，搭配各项对外政策及民间风气的开放，到台拜访的旅客人数不断增加，更在 2012 年首度突破千万人次，截至 2016 年为止访台的旅客人次仍在不断升高中。不仅是来台湾的旅客人数不断攀升，民风渐开的结果伴随而来的是，台湾出境旅游风气也日渐盛行，出境旅客同样屡创新高。2015 年，台湾出境旅游人次也同样突破千万（见图 3）。对于仅有 2000 多万人口的小岛而言，真是一个惊人的数字，更令人赞叹的是这个数字仍在攀升中。

以来台旅客首破千万人次的 2012 年为例，台湾合规立案的旅行企业已达 3138 家。随后，2013 年 3267 家，2014 年 3457 家，2015 年 3616 家，2016 年 3765 家，2017 年迄今为止已达 3845 家，呈现稳定成长的蓬勃发展的势头（见图 4）。

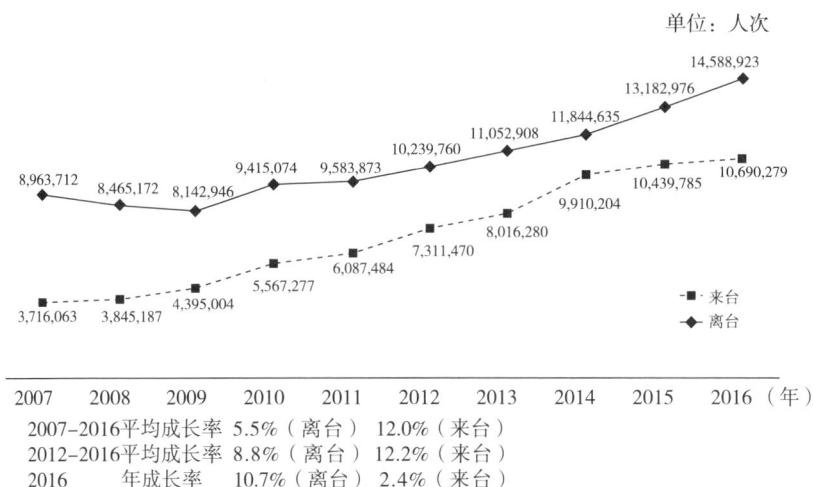

单位：人次

年	来台	离台
2007	3,716,063	8,963,712
2008	3,845,187	8,465,172
2009	4,395,004	8,142,946
2010	5,567,277	9,415,074
2011	6,087,484	9,583,873
2012	7,311,470	10,239,760
2013	8,016,280	11,052,908
2014	9,910,204	11,844,635
2015	10,439,785	13,182,976
2016	10,690,279	14,588,923

2007–2016平均成长率　5.5%（离台）　12.0%（来台）
2012–2016平均成长率　8.8%（离台）　12.2%（来台）
2016　年成长率　10.7%（离台）　2.4%（来台）

资料来源：台湾观光主管部门

图 3　来台旅客及离台旅游人次变化

由此观之，在大量的竞争下，伴随着差异化的经营在所难免，如何在做好的同时又能把饼做大正是业界共同关注的议题。台湾观光旅游业已进入群雄并起的战国时代，消费者意识抬头，雄狮旅游当仁不让，将随着企业集团化的发展正式迈向雄狮集团的旅游 4.0。

单位：家

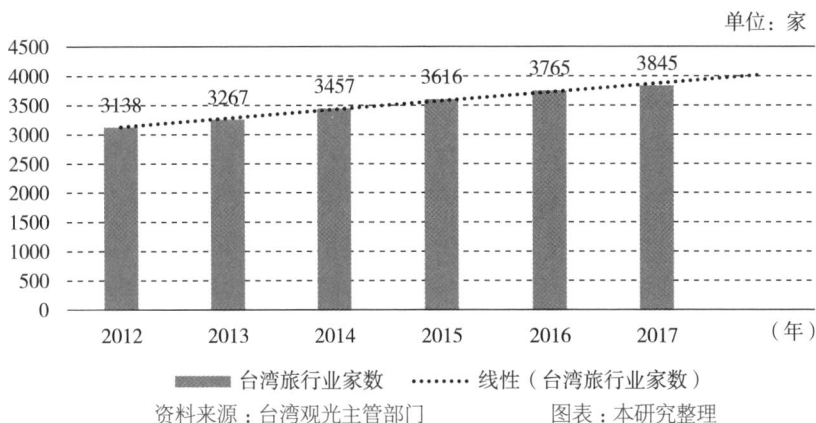

图 4　2012—2017 年台湾旅行业之营利事业家数

何谓旅游 4.0？诚如杰森整合营销总经理黄信川的诠释：

旅游业 1.0 →单向式服务，直接以业者现有资源排列组合而来的套装行程为主。单向式服务的旅游商品，是几十年前台湾观光旅游业的滥觞。

旅游业 2.0 →开始双向式服务，竞争加剧后追新求变才能满足更多消费者的需求。观光旅游业开始经营分众市场，不得不倾听更多消费者的声音。

旅游业 3.0 →更精准的细分市场，走读观光出现雏形，消费者要求更精致深入的照顾。除了服务，更要互动，独特的深度观光旅游商品，如雨后春笋般冒出。

旅游业 4.0 →从共享到共创市场，在信息大爆炸时代，观光旅游业者必须自行变身为策展人。从独特的视角切入，让消费者在旅游的过程中产生共伴共创的新鲜体验，配合核心竞争力三轴线，同时回馈在旅游集团特有的模式生态系中，造成良性循环，也让企业再度升级进入到生活产业→ 4.0 的新境界。

例如，每年都有的 Taipei 101 烟火秀，雄狮旅游就特别三年连续包场，让消费者能够从内部经历超级爆破的感官大秀。观光旅游成了一种态度和品位，但猎奇的基本因子仍是必不可少的。在精准且非凡的体验中还要适时埋下可以共创的由头，参与者就好像经历生死一瞬后，一起寻找到出口一般培养起革命情感。这样的内容被媒体良好地记录且有机地呈现在集团内的分众社群及专题讲座中，果然引起广泛的讨论和传播，于是再次半自发性的导入更多的消费者，形成了集团中事业体的良性循环模式生态系。

种好文创的梧桐树，勤于灌溉，必将引来喜好美学生活产业金凤凰般的消费者。

二、从观光到文创：成功跨界，华丽转身

1985 年雄狮集团的诞生——3C 生态模式打牢实体地基

雄狮旅游集团成立于 1977 年，原名为"东亚旅行社"，1980 年更名为"宝狮旅行社"，直至 1993 年正式更名为"雄狮旅行社"。1985 年 6 月 6 日为雄狮旅行社品牌成立的元年，初期雄狮仅有三十多名员工，以欧洲、南非等长线为主力设计产品卖给旅行社，与其他旅行社产销分工。1994 年，雄狮至美国、加拿大拓展全球布局，以其长线的优势在台湾旅行业扎稳脚跟。雄狮以 B2B 起家，几经洗练从经营一般团体客到票务客、从国际长线到境内短线、从批量趸售到直售面对消费者等阶段后，扩大其产品线与业务范畴，拓展消费者的广度，为日后成形的 3C 模式生态系事业体打下了厚实的地基，并奠定雄狮成为"旅游集团"的基础。其后，雄狮旅游进入快速发展期，实施水平与垂直整合积极向外扩展，并让文创 DNA 不断在新事业中被复制滋长，终于在 2013 年上市成功，正式跻身股票上市公司之林。

文创 DNA 无所不在，整合出雄狮文创新美学生活产业

雄狮旅游集团深耕台湾观光旅游产业三十余年，董事长王文杰以其独特的创新思维以及过人的行动力，带领着雄狮旅游不断前进。不安于传统旅游产业单向接收信息所造成的信息不对称，雄狮旅游集团率先发展了科技力，运用 ICT 通信技术并将其扩展为 E 化平台；深知过去苦干实干型的旅游形态将不再被消费者接受，开拓客源的同时更要引进感性要求进行知识的萃取，进一步地发展知识力。雄狮集团洞见文创产业的兴起，以激发各部门文创 DNA 为要求，凸显文创力以完备其核心竞争力三轴线来整合集团过往所具备的科技力与

知识力，引领雄狮集团迈向新高峰，成为台湾第一文创新美学生活企业。

（一）科技力海量大数据奠基

1990 年，王文杰订出"旅游业当信息管理产业"的经营策略，开启旅游科技力的先河，引进尖端科技技术与 IT 相关人才，揭开了雄狮日后发展大网络时代的序幕。运用科技化辅助旅游产业的策略，拉开了雄狮与同业信息构面的距离。以厚实的科技力为后盾来发展，从 B2B 到 B2C，强化经验值后就为拥抱更巨大的未来市场主流 O2O 做好了准备。

1991 年雄狮信息科技成立——全球 E 化启动

雄狮运用 ICT 通信科技建立了全球 ERP（Enterprise Resource Planning）系统，首创信息通透的 B2B 后台，前台则供消费者直接下订，信息实时反映让信息达到零时差。依靠通透的信息系统，以消费者的角度能够第一时间得到消息。当消费者在系统订票时，发现无法成团或位子不够时便自发性地移动，节省多余的时间及人力成本，大幅降低信息不对称所造成的财务缺口。航空公司透过系统得知其他同业销量较佳时，也会主动释出利多形成良性竞争。信息科技系统完善的根基，让雄狮在产业界具有竞争力并迈向国际化。

2000 年雄狮电子商务大革命——建立集团 E 化平台

雄狮旅游网正式开站启用，从后台走到前台直接面对消费者、与消费者对话，并推动 E-Service 创造全方位的 E 化平台，以科技力为核心发展经营分析、信息发展、互动体验三大方向。从经营分析的角度利用 E 化平台快速制定产品策略，引领与预测市场走向；在信息分享的部分，丰富多元的产品与互动社群平台开启市场潮流与话题；在互动体验的部分，整合跨平台无缝服务，创造智慧旅行新生活。透过先前雄狮旅游大量的客户信息收集建立起的大数据数据库，完备了雄狮的硬件架构，并须随着集团不断升级破天荒在 2005 年领先业界群伦开创出 O2O 商业模式。

以小李夫妻个案为例。当双方家庭共同组织家族旅游该如何规划而烦恼时，雄狮集团善用科技力为他们分析过往两方家族成员的旅游数据，整合出复杂成员的最大喜好游程公约数，迅速提供最佳建议解决夫妻困扰。

（二）知识力四通八达扩市场

成功建立全球 E 化科技平台，不仅解决了产业因信息密集且瞬息万变而产生的信息不对称问题，还有效地累积了雄狮旅游所接触的大量信息流。但是，要妥善运用这些大数据，仍需要透过专业的判读机制。雄狮集团内部的

"知识管理系统"和"项目管理平台"便应运而生，并透过杰森整合营销的合纵连横不断地结合企业外部的力量，加倍丰富了集团的扩展能力。

2006 年杰森全球整合营销公司成立——3C 模式生态系架构进阶社群＋商务

杰森全球整合营销是雄狮旅游集结过往所累积的知识力以及科技力所建立的整合营销公司，致力于将过往的旅游产业转型为知识密集的生活产业。首先由雄狮独特的"知识管理系统"做内部整合，传授专业知识并补齐技能缺口；再以前述所提的科技力掌握趋势潮流、洞烛先机，并把知识力萃取变成行动方案承接来自各方的营销案，足迹从台湾跨到两岸甚至遍布全球。

杰森全球整合营销也进一步建立了 3C，即内容（Content）、社群（Community）、商务（Commerce）模式生态系的架构。起始于社群及商务营运模式，杰森整合营销带领雄狮将旅游产业提升到新的层次。雄狮旅游成为一个"策展人"，将社群（Community）分众规划实体活动以及数字链接，从 Online 到 Offline；与各家公司做商务（Commerce）整合，深化运用现有外部及内部资源扩展内容（Content）。社群的建立引领消费者进入为商品所创建的情境与氛围，增添消费者对商品的热度和认识，进而促使消费者购买；透过情境式的体验，让消费者能够投射情感在产品或服务上，成就新的商务价值。现行社群运作的法令规范，巧妙解决了雄狮集团在平台上运用个资的适法性问题，使得雄狮集团能顺利推动水平整合，提供消费者一站式的服务。

大数据精准营销

与金控公司合作，善用知识力判读顾客的消费信息。针对消费者行为来做大数据分析，了解客户的消费习惯、旅游偏好以及对于红利点数的运用等。如此一来免除了繁复的一对一消费者对话，只需妥善分析大数据便能精准地抓住消费者的喜好以制定营销策略，预测市场走向，抢先一步取得商机。

促进异业结盟

协助结盟对象建立游客服务中心，解决企业因信息不对称所引发的问题。旅游业瞬息万变，实时掌握如票价的变动情况或何处已是红色警示区不宜前往等情况，若无法接收第一手信息快速反馈给消费者，将造成消费者财力、物力及精神上的损失，对于企业来说将形成极为负面的营销个案，很可能重伤企业形象。而雄狮利用 E 化平台协助企业做好外部整合，在线又能实时提供消费者所需信息，代替企业提供专业服务对接，既可满足企业服务顾客的需求，又能达到异业结盟强强联手的双赢目的。

2007 年及 2010 年获得"商业空间金奖"——文创概念初试啼声

2006 年，雄狮着手在忠孝东路建立了一个风格迥异的门市，邀请国际知名建筑师胡硕峰操刀，以创新的视觉风格和前卫的设计构想完成了雄狮旅游忠孝复兴文创新生活美学概念旗舰店。这在当时的台湾建筑界掀起千层巨浪，并荣获素有台湾室内设计奥斯卡奖之称"2007 TID Award 台湾室内设计大奖"的"商业空间金奖"。恰巧 2007 年也正是苹果手机首度公开上市年，对当时的 3C 市场投下一颗原子弹，除了举世哗然外，还带动了手机的新一波革命。王文杰也很为此感到骄傲："很多人走进我们雄狮旅游忠孝复兴旗舰店都误以为自己走进了苹果计算机的 Studio A 门市，一定会赞叹怎么这么有设计感！"其实，文创 DNA 一直都存在于集团的每个部门中，其所要传达的生活美学概念内化融合后的第一个作品，都具体呈现在旗舰店的每个角落。更可贵的，这是旅游业界唯一不打烊、24 小时提供服务的旅行社，在不可能的地点创造了不可能的营销奇迹，形象与业绩双赢。

2010 年，雄狮内湖人文空间再下一城，以业界首见结合旅游时尚生活的商务空间再次夺得"2010 TID Award 台湾室内设计大奖"的"公共空间类TID 奖"。文创加值符合生活美学的外观，打破办公场域和营业场域的疆界，营造出新颖的商业模式，总部变为观光景点，带来了川流不息的人潮，再次书写形象与业绩双赢的传奇。

（三）文创力串流内容是王道

网络时代人人都是自媒体，传统媒体面临巨大的挑战逐步萎缩；雄狮旅游在多处注入文创软实力，收到许多甜美的果实后，当然不会错过，从文创影响力最巨的多媒体产业，来加值其文创新美学生活产业，而且采用一步到位的数字汇流新营运模式，且汲取先前失败的经验，解决适法性的问题后，成立欣传媒针对社群营运、社群营销、内容营运、内容营销展开多面向的妥善筹划和经营。

2011 年欣传媒成立——文创新美学生活产业诞生 3C 模式生态系，最后一块拼图组合成功

从忠孝复兴旗舰店在生活美学面世的初试啼声，到连番大奖的肯定和后续带动的人潮和商机，都让雄狮文创 DNA 加速复制的重要性处处显现，跨部门文化整合的需求更加殷切，故在集团有心的推动下欣传媒被定位为华文世界中第一个旅游生活媒体，以生活为核心，提供各项"吃、喝、玩、乐、游"的精彩内容，希望引领消费者重新体验文化、美学、时尚、健康等多重层次的新生活态度，来展现雄狮旅游集团文创整合能力的多元呈现，让雄狮集团在 3C 模式生态系中最后一片拼图被确实补足，因为以社群 + 商务的角度来看，从内容生产来掌握社群经营的主控性重要无比，原因正是在社群经营上，多媒体要求传播扩散的影响力，远比传统单一媒体来得有效。所以，欣传媒一次性的全面介入和通盘性的规划，完整掌握了多媒体得发声权，可以做好最有层次的发送让消费者接收。如此一来不但不会产生厌恶感，甚至还会促发消费者的购买行为，且不断结合杰森整合营销共同举办活动，虚拟与实体通路并济，左右开弓箭无虚发，更加大了欣传媒的能量。

2013 年雄狮插上翅膀一飞冲天，股票上市成功，传统旅游结合网络科技再跨界文创的良性循环生生不息

"文创 DNA + 3 力 + 3C"循环不止

综合先前的论述，雄狮集团最引以为傲的三大核心竞争力和 3C 模式生态系交互作用的结果，产生了奇妙的化学变化，让传统的雄狮旅游集团结合网络科技再跨界融入文化创意后，华丽变身成令人钦羡不已的新美学生活产业。之所以称之为新，是因为这种模式已和现行一般的生活产业有很大的区别。其主要差异在于文创的深植，形成了生活产业良性循环（见图 5），让雄狮集团在良性循环下业绩蒸蒸日上，击败群雄成为 2013 年第一支上市成功的观光类股票。

图 5　传统旅游结合网络科技跨界文创良性循环示意图（本研究整理）

三、三探——小美—小青、小李夫妇案例

（一）小美—小青：从文创"心"美学生活开始

小美是 35 岁的单身小资女，在公司担任平面设计一职，平常很喜欢跟朋友一起到处吃吃喝喝，逛逛各式展览，阅读文学和设计类书籍，偶尔参加一些讲座。她与好朋友小青准备到日本旅行。常常到日本旅行的她，觉得一般的团体旅游只是走马看花，每天都早出晚归赶路，她这次想跟小青一起到日本来一个特别的深度旅游。今天，她跟小青报名了欣讲堂的关西深度旅行——安藤忠雄建筑之旅。听着建筑达人的分享，小美发现原来以前旅行经过的美丽建筑物，有可能就是大师作品，而大师的建筑作品与设计美学让平日热爱设计的小美感到兴奋，于是与小青讨论着今年的京阪之旅是否追随着美丽的建筑和设计空间进行。

小美与小青在讲座后的几天，一起到诚品杂志区逛逛，继续讨论着今年的京阪行程，也希望可以找一些参考的数据。小美翻着手上以深度旅行为主的欣旅游杂志，看着作者的文字，心驰神往地飞到了京阪，翻到了上次讲堂中的讲师所写的建筑旅行的文章，想象着有达人解说的旅行，充满了丰盛的学习收获与视觉美感。小美跟小青走向了雄狮旅游的门市准备询问达人带路的行程，两人朝着巨大的、充满未来感的流线型建筑物走去。

（二）小李夫妇：文创升级至新美学生活产业

1. 耕耘文创 传产雄狮 华丽变身

悠闲午后，小李夫妇在台北忠孝东路上闲晃想寻觅一个舒适的好去处，目光却被一大片具有设计感的流线型墙面所吸引，透明的玻璃墙缀以平行的管线好像地球的经纬线一般，乍看像是 Studio A 的新门店，令人掩藏不住好奇心想要上前一探究竟。进入后端详内部简洁利落的装潢时，才发现这不是苹果计算机的门市，准备转身离去却被"欢迎光临！"的悦耳问候挽留住，紧接着映入眼帘的是穿着整洁制服脸上带着甜美笑容的服务人员。待听见"雄狮旅游有任何地方可以为您服务吗？"的招呼才顿时恍然大悟，曾几何时旅行社这么时尚又有设计感。随着亲切的招呼和旋即奉上的两杯热咖啡，话匣子很轻易地就被打开了。

2. 社群经营整合多方信息

原来，小李夫妻正为新婚后两大家族首次共同出游的长假小旅行而伤脑筋，于是闲聊很快转为正式的咨询。经过雄狮旅游的信息平台辅助很快就发现，喜欢品酌的小李婚前因听过公司和欣讲堂合办的品酒讲座，进而和家人参加了雄狮欧洲庄园产地深度行美酒评鉴团；太太和小舅子则是爱看展览，依循相似的模式，报名了雄狮文艺复兴博物馆探索的达人带路游程，现在也仍和当时一起旅游的团员们在欣传媒的社群上互动分享同好的新见闻。但是，连假在即，双方家人均盼望能尽快拍板定案，无奈人多嘴杂且牵涉面广，不易迅速有效地拿定主意。烦恼的小夫妻在社群上和朋友们讨论，获得更多参加杰森整合营销、欣传媒和雄狮旅游的相关活动信息，丰富而多彩却又更难以抉择了，在此为难之际，不料此番误闯雄狮忠孝旗舰店，意外地理出了头绪。

3. 3C 结合 3 力精准营销

透过雄狮旅游集团的 3C 结合 3 力所架构出的文创新美学生活平台，能够轻易地从大数据数据库中归类出家人们的个人喜好，从而依照雄狮集团中现有特定的游程，来设计专属的客制化家族旅游，而后再按照各自的差异与喜好，来为不同的家人量身打造行程的差异化设计。借着家人们先前参加雄狮旅游的活动，依照时间场域的要求来进行初步规划，客制游程包含了在地知名建筑探访、博物馆参观导览、台湾酒庄观光工厂参访及实地品鉴、地产地销稻田里的餐桌自然风味餐，住宿则是在台湾精选百大民宿夜话生活。活动中将会由预先选定的达人带路，引领大家深入了解各个游程安排的深度文化意涵。交通部分无须担心两家人的行动不易，雄狮通运全程提供接送服务，并依规定提供足额保险，让出行安全更有保障。如此贴近顾客要求的游程规划，在较少人数成行的情况下，还能再有许多贴心特殊的独特安排，实在难以想象这些游程设计都是为自己的家族之旅来量身定制。小李夫妻当下便有了立刻采购的冲动。

4. 一站式贴心服务满足多元需求

话虽如此，小李夫妻仍然担心还有持反对意见的家人，殊不知服务人员再度贴心地表示，可将今天讨论的家族旅游方案携回，待双方各自家庭会议得出结论后，选择直接在网上或委请雄狮专属人员完成后续讨论和购买等相关事宜。至此，小李夫妻已经完全没有理由拒绝这一全方位的服务，甚至迫切期待假期的到来，以便能尽快地享受这精致愉快、专属两家人私密贴心的假期。除了能借由达人的引领更深刻地了解风土民情，体验独具差异性的细心游程安排，达到休闲旅游的最高境界——身、心、灵的彻底放松和调养，小李夫妻更盼望两家人的关系更加紧密，一同细细品味文创加值后形成的新美学生活产业。

小李夫妻当初踏入雄狮旅游忠孝旗舰店，还误以为是苹果计算机的门店呢！丝毫没想到，传统的旅行社早已跨界文创华丽转身，高质感的文创 DNA 无处不在地恣意显现。不但全面到位的一站式旅游服务体贴入微，雄狮内部和雄狮外部的专业整合平台架构完备、完整糅合了高科技力的 ICT 通信科技、高知识力的专业密集指导、高文创力的创意感动诠释。三高整合后所带来的满足感，正如同接触精致和人性科技的苹果计算机一样，很容易就会让人既感激又欣赏，自发地想一来再来。这种对于美好的体验，让小李夫妻回味不已。

（三）再谈——小美—小青、小李夫妇个案

他们都是参加了自身所在企业与杰森整合营销策略结盟的欣讲堂，不但丰富了原本枯燥乏味的规律生活，且提升了自身美学的涵养；在讲堂这个社群平台里加深了他们对于雄狮旅游的产品印象，进而购买了相关游程，并在参与游程的过程中，融合了讲堂里的所见所闻对游程更能投射情感，随团后也加入游程的社群，预留下一次参加的可能性，形成良性循环，为社群以及商务整合的最佳案例。

综观以上案例，分析雄狮"文创 DNA + 3 力 + 3C"所形成企业良性升级循环，稳固及扩大市场的轨迹如下：

1. 本人与亲友均受社群讨论影响，参加"欣传媒"或杰森整合营销的分众社群虚拟及实体合一的活动后倍受吸引，进而购买雄狮旅游的商品。

2. 均因所属公司与杰森整合营销和"欣传媒"的策略结盟或整合营销，与雄狮旅游产生第一次接触并消费。

3. 共同旅行易提高社群黏着度，受愉悦游程经验的启发，与同行旅伴或虚拟群友的情感交流与相互鼓励，被黏着于社群上虚拟或实体的活动。一旦接触到雄狮旅游的跨界文创循环体系，交互作用力道强，黏着度极高，将不

易离开此循环体系中，长期驻留则可能创造更多新的消费行为。

4. 自发性的回购，受文创加值所吸引。小美与小青先前参与深度游的影音记录，近期被相近文化的其他社群成员按赞或转传，再度勾起美好体验回忆，进而产生新的旅游意愿。

5. 雄狮旅游文创升级至新美学生活产业自行加值。小李夫妇由服务人员借助科技力迅速查找，准确引导出美好回忆，并协助解决眼前面临的难题，顺势消费新形态组合的新商品。

6. 消费者参与过的活动或游程，被"欣传媒"制作成节目，经由平面、数字和电子媒体的多元播放，在参与者并无期待的状况下被热议，美好消费经验再回味，促成再度购买雄狮旅游商品。

7. 雄狮旅游善用三力，即知识力、科技力、文创力，从传统经验中积累具备虚拟和实体融合操作的能力与技术，不但扩大了消费者触及率，更有效地增加了群友间的彼此联系与情感，创造持续消费的新商机。

8. 以媒体带领社群的操作方式，极易结合议题凝聚向心力，"欣传媒"涵盖层面广泛，巩固组成分子的指定度更具专业感，把实际旅游转化成各类媒体节目，塑造权威专家形象，紧接着再推出达人引领系列游程，扎实建立消费者对雄狮旅游的好感度与忠诚度，一举数得。

9. "欣传媒"搭配杰森整合营销分进合击，跨界幅度大却又可在相近的社群中快速传递，能深耕固本，刺激消费大市场。

10. 生活议题操作层面广泛，不但消除一般陌生消费者的进入障碍，还可创造分众认同的舒适圈氛围。良性循环系统再进化，则可融入更多以人为核心的生活文化价值。

11. 旅游文创化，生活产业 4.0 的策展理念，更容易在三大核心竞争力和 3C 模式生态系循环模式中被落实，引领观光旅游新潮流。

12. 虚拟通路辅以实体通路的定期网聚，将虚拟和实体通路链接合一，更增添了被"文创梧桐树，引来金凤凰"的良性循环成为无限可能。

四、消费者的共创

在观光到文创的路上，让消费者重新探索雄狮是一个很重要的课题，以欣传媒为例，旗下的欣旅游、欣建筑、欣摄影、欣讲堂、SENSE 杂志，已成为追求生活品位的人心中有知名度的品牌，一家传统旅游产业如何成功跨界到文创并创造成功呢？最关键是人才，因着雄狮集团王文杰董事长对人才的重视，从新闻媒体、生活美学、影音出版、建筑界、旅游达人、管理顾问等，延揽跨领域人才来进行欣传媒的组织设计，而这些人才在王文杰董事长的带领下进行与雄狮集团的条块整合，加上在 2006 年底成立的杰森整合营销，协助欣传媒的商业模式完整性的建立，将整个生活产业的产品、通路、营销的链条进行重组，成为一个有效率的集团运作组织，才能将消费者整合成功顺利导入市场。

有了完备的内容和接触的通路，最重要的还是目标受众 / 目标客户（Target Audience，TA），当集团假设母体的旅游客户是追求生活质量的客群，这些客群理当对生活品位有较多的追求，进而对欣传媒所提供的内容或服务有兴趣，让客群对集团的黏度更高；同时对生活品位追求的客户，也会是喜欢旅游的客群，从欣传媒扩增此类的客户群，可以再回流到雄狮旅游，成为一个相互协助的复利循环。

这个假设当然需要经过验证，而欣传媒在这个过程中就是扮演验证的实验角色。以欣讲堂来说，平均约略有三成的讲座学员曾经是雄狮旅游的参团旅客，但欣传媒中各社群的目标受众经营成熟度不一，有些像建筑社群的活动，学员参加过雄狮旅游的团竟高达七成以上。

在讲堂的学员群中，有些人是拥有重复标签的人，例如：小美喜欢参加旅游讲座，但也同时参加建筑、美酒、美食讲座，也跟过不同的主题旅游团。这些人是高黏着度的目标受众，对于旅游团的设计、服务、体验、讲解也有更多的要求，如何经营这些人并将客户需求纳入产品设计，将是雄狮集团下一阶段的整合功课之一。

消费者的重复资源拼贴再添动能，3C 模式生态系：内容（Content）、社群（Community）、商务（Commerce），再加 1C 顾客（Customer），增添客制化 DNA 后再与三大核心竞争力形成新的良性循环，必将开启快速成长模式。

2017 年欣食旅推出"gonna 共乐游"餐饮品牌——试探 3C+1C 的客制化方向，传统旅游结合科技网络，跨界文创良性循环系统再进化

观察台湾近十年餐饮业营业额统计可以发现，餐饮业营业额每年稳定上升不见颓势。自2013年便突破4000亿新台币大关，直至2016年已达到4394亿（见图6、表1），近年多呈现缓步增长的势头。

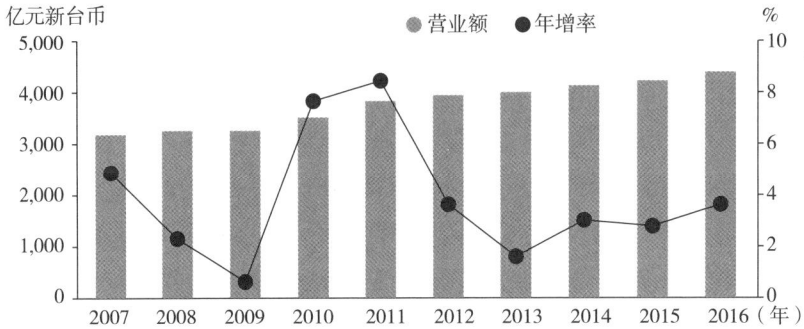

资料来源：台湾经济事务主管部门统计处

图6　台湾2007—2016年餐饮营业额及年增率

表1　台湾2007—2016年餐饮营业额及年增率统计表

资料时间	营业额（亿元新台币）	年增率（%）
2007	3,174	4.86
2008	2,274	2.30
2009	3,263	0.51
2010	3,512	7.64
2011	3,809	8.44
2012	3,945	3.58
2013	4,007	1.57
2014	4,129	3.05
2015	4,241	2.69
2016	4,394	3.62

资料来源：台湾经济事务主管部门统计处

　　观察餐饮业淡旺季表现（见图7、表2），除了2014年接近年底曾经爆发食品安全风暴外，均呈现轻微上扬的态势。对比台湾总体人口数量的减少，这个有趣的观察可视为餐饮业是台湾少数量体庞大却仍有动能的市场。

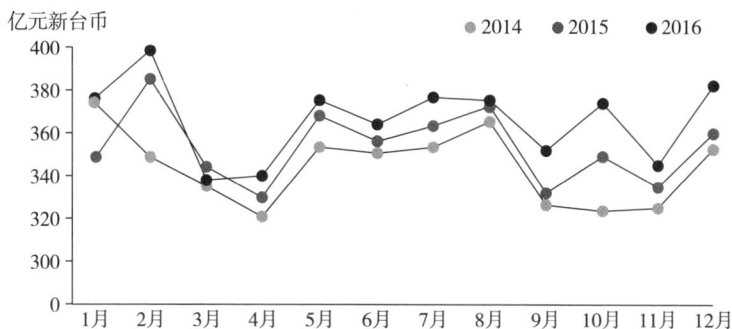

资料来源：台湾经济事务主管部门统计处

图 7　台湾 2014—2016 年餐饮营业额淡旺季波动走势图

表 2　台湾 2014—2016 年餐饮营业额淡旺季波动统计表

资料时间（月）	2014		2015		2016	
	营业额（亿元新台币）	年增率（％）	营业额（亿元新台币）	年增率（％）	营业额（亿元新台币）	年增率（％）
1	373	12.25	349	−6.36	376	7.46
2	348	−0.19	385	10.69	398	3.42
3	336	2.56	343	1.92	338	−1.44
4	321	5.00	329	2.50	340	3.40
5	353	4.98	368	4.11	375	2.05
6	353	3.81	356	0.87	364	2.21
7	353	3.45	363	2.91	377	3.76
8	365	4.87	373	2.27	375	0.64
9	327	−0.81	332	1.51	352	5.95
10	324	0.91	349	7.67	373	6.89
11	325	0.06	335	3.20	345	2.89
12	352	−0.05	359	2.01	382	6.41

资料来源：台湾经济事务主管部门统计处，《文创 DNA + 3 力 + 3C》加 1C 顾客（Customer）良性循环系统再进化

我们的民族特性，一向倡导民以食为天的饮食精神，自古以来餐饮业都非常地畅旺，同时也因为行业特性必须与人密切互动，也一直是大企业要多接触消费者而转投的首选。雄狮集团早在 2015 年就开始策划布局，2017 年正式推出欣食旅 "gonna 共乐游" 餐饮品牌进入市场，率先推出 gonna EAT 和 gonna READ 的首间门店。其品牌创建理念为 "好肉好菜、自由自在、实惠价格" 3 个核心，并视为是自 2006 年推出 24 小时不打烊的旅行社大获成功后，首个以实体空间和人群直接接触的大计划。更因餐饮业需与人密集接触的特性，将之当作调整 3C 模式生态系事业体，转为 4C 客制化的首个试金石。同时，还开诚布公地分享原料与食谱。除了要拉近与消费者的距离，就是希望延续雄狮旅游集团一贯的文创加值，凭借一派新美学生活产业的质感，为集团再下一城，牢牢黏着住消费者的心和人。

【案例解析】

雄狮集团时至今日的转型，创造了不错的效果，而这些成功主要来自以下三大要素。

1. 专业的跨界人才

在雄狮集团的会议中，董事长王文杰正在讨论日本旅游产品的设计，而这会议的参与人除了日本线控（产品设计者）之外，还有营销、欣传媒中的日本爱好者社群经营者、达人部、欣讲堂、影音部门等共同参与。

日本线控报告完现有的东京产品设计后，由王文杰主持会议的进行，引导着各单位的参与人员发表意见，经营日本爱好者的欣日本主管提道："现在的日本旅游太方便，许多人都自由行，东京产品的设计我建议的安排是……"各单位发表完即刻由王文杰号令整合，进行各自待办事项及下一次会议时间公告。

传统旅行社的思维找的就是产品人、直客业务客服、跑通路的业务，雄狮集团整合了许多跨界人才，激荡出许多不同的创见火花，激发了传统旅行社人员的想法行动，而旅行社人员的想法意见也帮助生活媒体人有更落地的计划执行，经由董事长幕僚体系的讯息汇总，由董事长来促进 IDEA 的产生及整合，产品设计是最重要的核心，而雄狮产品的差异化关键在于跨界对产品设计的不同 IDEA。

2.CEO 整合创新思维

雄狮集团的王文杰以别于其他传统旅行产业的远见及高度的实验性格，让传统产业转向生活产业之路得以前进，而王文杰亲力亲为的个性，也让底下的主管丝毫不敢松懈，并因为 CEO 的整合思维的传递，让集团内都具有整合、条块对接、创新的共识。

3. 管理文化

雄狮管理文化承袭了王文杰的个性，高阶主管皆亲力亲为许多项目的 PM，起带头示范的作用，而集团中的 LINE 管理回报文化，更是让各种进度对接都在一个步调下进行。王文杰的 LINE 工作组就超过 300 个，每周各群组的周报告他都必看，并在群组中对不了解的进行提问引发群组中相关工作人员的讨论。而从日常管理进行跨部门学习也让集团中有阶级的主管对于跨部门运营事务均有一定程度的了解，让集团的合作整合速度提升许多。

雄狮集团从旅行业务起家，然后又涉足营销、媒体及文创。由其不同策略发展的脉络中，可以看到雄狮已从提供单一服务的模式，如旅行或营销顾问、媒体，进入提供关照消费者生活的解决方案模式，近似星巴克从咖啡事业（coffee business）进入到人为核心事业（people business）的逻辑，而消费者的改变也扮演着促动雄狮策略转型的关键角色。雄狮近期的策略已将消费者共创（co-creation）所发挥的价值考虑于内。根据学者伯纳德·科法（Bernard Cova）、丹尼勒·达利（Daniele Dalli）于 2009 年分析了现代消费者的生产性行为中发现消费者可能会在厂商的产品或服务生产的过程中，同时扮演三角——消费者、生产者及营销者的角色，而产生了合作式的创新（collaborative innovation）的效益。此外，消费者与其他爱好者共同的世界是以共同爱好的消费对象为基础的，在社群里消费者分享自己的消费经验而共同找出解决问题的答案，并拥有建立产品意义脉络的能力。由此，吾人可知，价值永远是生产者与消费者共创的，生产者应该提供一个方法或空间让消费者为自己创造价值，而非主导价值的创造。在雄狮策略转型的过程中，已可看到消费者共创所发挥的价值，相信未来，如何透过消费者共同创造价值，会是企业的重要课题。

中编

文化产业新路径

文博文创开发的创意培养模式

——以故宫博物院为例

李尽沙 ①

2014 年 9 月,微博知名大 V"英式没品笑话百科"转发了故宫博物院朝珠耳机的图片,并且评论道:"除了老佛爷,会有人愿意戴着听歌吗?"这个微博发出不到 24 小时,近两万网友疯狂转发,数千网友点赞及评论。同时,自 2008 年起已经默默无闻运营四年的故宫文创突然走红。2010 年投入运营的"故宫淘宝"淘宝店里售价 120 元人民币的朝珠耳机,日销量从 5 个爆增到 183 个,收藏人数近 5000 人。从这时起,故宫淘宝才慢慢进入人们的视野。随后的几年,故宫淘宝保持迅猛势头,2014 年至 2016 年的销售量每年都是超过 100% 的增长。

如今的故宫淘宝,年销售额早已突破十亿大关。在文化部鼓励文博单位积极探索文创产品开发的试点政策支持下,原本略显沉寂的文博单位都开始积极探索文创这一新鲜名词对于自身扩大影响力、提高收益率的重要意义。

一、中国博物馆业发展与博物馆文创历程回顾

博物馆作为汇集自然和人类文化遗产以及珍藏的机构,其科学、历史、经济、社会、艺术等多重价值一直是人们所追求探索的。从整体来看,我国博物馆数量是不断上升的。根据国家文物局年度博物馆年检备案情况,2009 年至 2015 年,全国博物馆总数保持着一种高速增长态势(见图 1)。② 2016

---

① 李尽沙,北京大学艺术学院硕士研究生。
② 2015 年中国博物馆数量规模统计分析,参见 http://www.chyxx.com/industry/201512/373794.html,访问时间 2015 年 12 月 28 日。

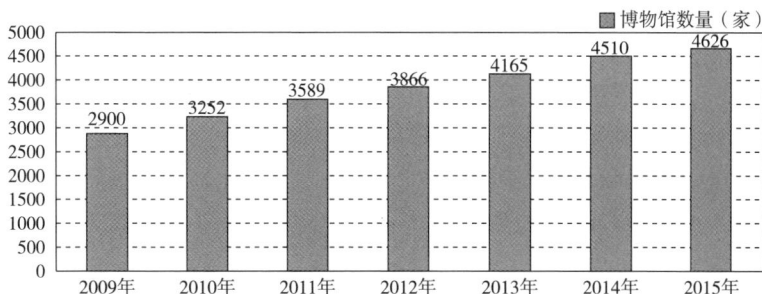

图1　全国博物馆数量增长示意图

年底，国家文物局发布的《2015年度全国博物馆名录》显示，截至2015年末，中国内地31个省市自治区共有4626家博物馆，大约每30万人拥有1家博物馆（见图2）。

尽管我国人均拥有博物馆数量偏低，但增长形势较为乐观。与国际上的博物馆发展趋势相互对照可以发现，博物馆收入的来源比重是决定博物馆生存发展的核心问题，在这一问题上，我国博物馆既有传统体制影响下的困境，也有尝试突围的积极探索。

1. 以国家拨款为主的营收方式有待改善

作为国家发展文化产业的重要一环，资金乃是博物馆正常运转的物质基础，博物馆的生存和发展离不开资金的支持。根据我国在2015年通过的《博物馆条例》：国有博物馆的正常运行经费纳入本级财政预算；非国有博物馆的举办者应当保障博物馆的正常运行经费。国家鼓励设立公益性基金为博物馆提供经费，鼓励博物馆多渠道筹措资金促进自身发展。就目前的情况来看，我国国有博物馆的筹资途径已然实现多样化，但在一段时间内仍然是以国家财政拨款为主、博物馆自筹为辅。

博物馆从政府获得的拨款由财政补助收入和上级补助收入两部分组成，而博物馆的自营收入主要包括事业收入、经营收入和附属单位上缴的收入。

事业收入是指事业单位开展专业业务活动及辅助活动所取得的收入，其中门票收入是大多数博物馆的主要收入来源。经营收入是指事业单位在专业业务活动及其辅助活动之外开展非独立核算经营活动所取得的收入。包括专业辅导、餐饮、文物复制、纪念品、咨询、导游等，服务取得的收益属于博物馆的经营收入；附属单位上缴收入是指事业单位附属的独立核算单位按照有关规定上缴的收入。这些附属单位往往依托于博物馆自身的环境与展览，对博物馆独有的藏品资源（包括知识产权）加以合理利用，通过诸如仿制与复制艺术品、制作文化产品、打造创意空间等途径，满足参观者对有特色、有情调、艺术化、高层次的观赏气氛的需求，吸引公众消费。

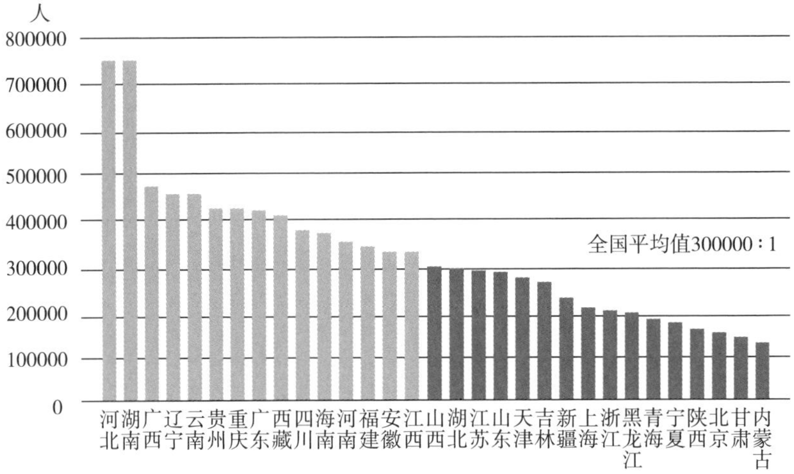

资料来源：国家文物局《2015年度全国博物馆名录》、国家统计局

图2 中国大陆各省中，多少人能拥有一家博物馆？

实际上，博物馆的自营收入以事业收入为主，经营收入次之，附属单位上缴的收入最少。但随着博物馆文创的不断发展，必将会更多地以附属单位收入的形式融入博物馆自营收入中，效仿与借鉴国外博物馆的运营模式，逐渐成长为博物馆营收的重要中坚力量，减轻甚至分担财政负担，实现良好运营。

在存在技术冲击、承担的社会责任导致经营成本上升等问题的情况下，通过文化创意产业为博物馆的运营和实行社会职能提供保障，成为博物馆新的发展方向。2015年，《博物馆条例》为博物馆文创正名；2016年，国家政策更是大力扶持博物馆的文创事业。在一众文创产品中，故宫博物院的创意引发了热议。对此，姚冬琴在《专访故宫博物院院长郑欣淼：故宫要有"营销"的态度》[1]一文中肯定了故宫博物院发展文创产品的策略，提出博物馆要

---

[1] 姚冬琴：《专访故宫博物院院长郑欣淼：故宫要有"营销"的态度》，《中国经济周刊》2012年第2期，第36—39页。

通过战略管理和市场营销的方法来进行博物馆文化的推广传播。

2. 文创产品开发逐渐成为博物馆业发展热点

近年来的中国，国家对文化产业的重视程度与帮扶力度日益加大，博物馆事业发展前景看好。作为一个公共文化活动空间，博物馆吸引了越来越多的观众。依托博物馆自身展品的特色和历史积淀进行文化创意产品的开发，是延长博物馆开发产业链、形成产业化效应的一大重点。

总体而言，我国的博物馆开发处于初级阶段，但文创产品开发已经成为博物馆业界的发展共识。部分博物馆发展现状和前景看好，成为行业标杆。例如故宫博物院、台北故宫博物院、上海博物馆、南京博物院，等等。我国的博物馆文创产业发展空间及潜力巨大，总体发展规模和销售额比较可观。2016 年 6 月 22 日的全国文博单位文化创意产品联展上，来自国家、省级、市级以及专题博物馆等 44 家之多的博物馆一共带来了 500 多种文创产品参展。从销售额来看，2015 年，上海博物馆、浙江省博物馆等 9 家中央地方共建博物馆的文创产品销售额总计 9700 万元。发展最好的当数故宫博物院，其文创产品达到 8700 多种，营业额超过 10 亿元。由此可见，文创产品开发已经成为博物馆发展乃至文化产业发展的一个趋势。

从开发模式来看，主要有两种。一是博物馆内部自主研发、设计，最终授权厂商制造；二是通过外包，创意招标，获得授权的厂商负责从研发到生产的全过程，博物馆提供商标。目前来看，国内大部分博物馆采取第二种方式，直接授权给第三方。受到资金、人才等因素的影响，只有故宫博物院、上海博物馆等少数博物馆有自己的设计团队和创意研发人员。不得不承认的是，正是这几所博物馆的文创开发，走在全国各博物馆的前列，但这一点是否是决定因素或者说值得其他博物馆效仿，有待我们深入挖掘分析。

最终，我们选择了故宫博物院作为研究对象，与以国家博物馆为代表的，通过建立 IP 库、将设计权外放给成熟企业而实现文创运营的其他博物馆相比，在故宫的运营模式中，博物馆拥有更强的主导权，也有更多的自主探索性。因此，将其作为博物馆文创开发方面的案例进行分析，有益于探讨传统文化和传统行业在面临现代消费社会冲击的情况下如何依靠自身对市场进行精准把握，并最终实现成功发展。

二、故宫文创的发展历程与策略分析

1. 故宫文创的发展历程

2010 年 10 月，故宫博物院为售卖针对年轻人市场的文化创意周边产品，上线了"故宫淘宝"，由隶属于故宫博物院的北京故宫文化服务中心进行管理。该中心具备独立法人资格，由故宫博物院授权，负责开发具有故宫元素的文化产品。同年 11 月，故宫淘宝官方微博正式上线，并于 2013 年 9 月开通了"故宫淘宝"的微信公众账号。2015 年 1 月 1 日，"故宫商城"作为委托专业团队自建的网络销售平台正式上线。2016 年 6 月 29 日，故宫博物院与阿里巴巴集团举办了战略合作签约暨故宫博物院官方旗舰店上线仪式，合作内容覆盖门票、文创、出版三大板块。① 同年 7 月 7 日，故宫博物院宣布与腾讯集团建立长期合作伙伴关系。该项合作以"NEXT IDEA 腾讯创新大赛"为平台，以故宫博物院经典形象或相关传统文化内容为原型，合作内容包括赛事主题、跨界合作和创新人才培养等方面。② 由此，故宫博物院利用互联网最大限度地实现功能需求多样化，使得游玩故宫、逛旗舰店成为一种新体验，不但进一步拓展故宫博物院的影响力，还为故宫博物院赢得一笔丰厚的利润。截至 2015 年年底，故宫博物院共计研发文化创意产品 8683 种。其中，在 2013 年至 2015 年期间，故宫博物院研发的文化创意产品累计达 1273 种。与此同时，故宫的文创产品销售额也从 2013 年的 6 亿元增长到 2015 年的近 10 亿元。

在组织架构上，故宫博物院共有四个部门负责相关文创产品，分别是文创事业部（代表故宫博物院对外经营且唯一有经营资质的部门）、出版社（图书等编辑出版的负责部门）、资信部（信息采集、数据采集，APP 运营）、经营管理处（负责与大企业合作、负责文创一条街整体、与雅昌等合作、进行品牌授权）。其中，文创产品开发最重要的部门就是文创事业部。

故宫博物院作为事业单位，自身没有经营文创产品的资格，而文创事业

---

① 《故宫博物院与阿里巴巴签署战略合作协议》，新华社，2016 年 6 月 29 日。参见 http://www.cnhan.com/pic/20160629/348591.htm。

② 《故宫携手腾讯用创意活化传统文化 IP》，新华社，2016 年 7 月 8 日。参见 http://news.xinhuanet.com/zgjx/2016-07/08/c_135497441.htm。

部最早是 1952 年成立的经营服务部，后来为探索发展对外成立了一家公司，即北京故宫文化服务中心。文创事业部的主任担任该公司的法人代表，公司承担着文化产品研发、文化服务产品经营两大职能。

文化服务中心内共设置十一个科室，包括故宫文化产品开发公司（下属企业公司）、业务科（负责合作伙伴联络、订货等）、开发设计科（负责设计、自有店面装饰）、销售科、综合管理科（负责人事管理）、后勤保障科、市场管理一科和二科等。其中，办公室人员约 30 人，再加上销售管理人员，中心共有员工 200 余人。

2. 策略分析

通过与故宫博物院专门负责文创产品开发、销售的文化服务中心领导的访谈交流，故宫文创除了自身的努力之外，外部环境和管理上的一些有利因素是使故宫文创获得广泛关注的重要原因。

在外部环境上，国家在十八大之后逐渐重视文化创新，为博物馆的文创发展提供智力支持。尤其是新《博物馆管理办法》等，为故宫博物院进行文创产品设计扫清了作为事业单位不便于经商等制度障碍，为文化服务中心的建立与独立运营提供了必要前提。

在内部环境上，文创产品开发逐渐得到故宫博物院本身的重视，尤其体现在 2013 年和 2014 年的人事调动上。文化服务中心的主管领导就是艺术创作者，跳出了传统的部门管理思维。

我们看到，在 2017 年年初的对外交流演讲中，故宫博物院曾将其成功原因划分为十点。结合现场访谈以及在实体店面的调查了解，对以下这十点原因进行解读：

（1）以社会公众需求为导向

故宫文创坚持研究人们生活中需要哪些产品、怎样的产品才能够融入人们的生活，产品的设计都具有一定的功能性。文化与功能的结合可以让大众通过使用产品，起到了解文化的作用，从而达到传承故宫文化的目的。而文创产品是否继续生产，也是根据市场业绩进行反馈，完全摒弃问卷调查等反馈方式，只根据最终销售额、利润率决定，完全由市场决定产品去留。

（2）以藏品研究成果为基础

与其他博物馆相比，故宫博物院最大的特点之一莫过于馆藏众多。故宫共有 1807558 件（套）文物藏品，包含着大量的历史信息。这些藏品都是过去时代工匠精神的体现，珍品无数，很难如其他博物馆选中其中几件作为"镇馆之宝"。海量馆藏使得故宫博物院在藏品研究上专业分工细致，并且每年都有许多新的研究成果。这些成果除了通过书籍等传统方式进行展示之外，也会成为文创产品研发的着力点。

（3）以文化创意研发为支撑

文创产品的设计生产，最重要的就是通过创意，将文化根基与产品连接在一起，通过创意设计将文化进行重构、再造。将原本成为其完整体系的文化内涵与文化意象抽取成为文化元素，通过创意形式加以展现。典型产品例如宫廷娃娃系列玩偶（见图3），尽管其文化内涵未见得多丰富，但是通过衣着服饰文化元素的简单融入，在广受人们欢迎的同时传播了故宫文化。

图 3 宫廷娃娃系列玩偶

故宫元素的文化创意研发，由于故宫博物院不会为文化服务中心提供资金投入，文化服务中心自身无力承担较大数额的制作成本，因此为保证文化创意研发质量与产品生产能力，其创意研发大致有两种思路：一是开发设计科出设计作品，合作商依样进行生产；二是与三级合作商进行合作，开展文化培训，告诉他们设计方向和期望包含的设计创意。

鉴于如上所述的原因，第二条思路较为常见。在委托出去之后，文化服务中心进行利润分成；在定价的时候，对方公司有参考价，故宫结合自身盈收需求（至少一半利润）指定最终价格。

从合作体系来看，文化服务中心组建了三级供应商管理体系：第一级是设计＋生产，能力强，每年市场评估很好（签两年合作协议）；第二级是设计不好，但生产稳定，市场反馈平稳（签一年合作协议）；最后一级是新进入企业，不了解具体情况（签一年合作协议）。

这几个不同级别之间，依据销售业绩进行调整，内部竞争性也进一步促进了创意研发的积极性和创造力。

（4）以文化产品质量为前提

在创意研发的过程中，注重开发多种产品，同时更强调产品的质量。故宫文创以代表故宫博物院的形象为自己的开发准则，注重满足不同需求级别的不同类型产品的全面开发。平时受到普通消费者关注的各类文创商品，例如受到广泛欢迎的"萌萌哒"系列，其实只占到故宫文创不到 5%。故宫博物院的文创产品中，不乏作为国礼赠送外宾的官方纪念品，以及只在特定场合售卖或者只接受定制的高档纪念品，例如贵金属系列产品中的银版画蜂猴图（见图 4）。

图 4　银版画蜂猴图

在这些传统意义的产品之外，故宫文创还坚持与非遗传承相结合。当然，由于造价过高，基本上只作为展示宣传之用，不进入产品流通。这一类产品均由故宫博物院与非遗传承人合作创作，具有极高的文化价值。故宫博物院将这一类文创定位为单纯的文化传承与宣传用途，尽管会消耗大量的成本，但作为自身理应承担的传承义务坚持进行设计生产，例如与拉丝工艺相结合制作的18K细工蝴蝶胸针（见图5）。

图5　18K 细工蝴蝶胸针

此外，文化服务中心对于第三方服务商设计师的设计前集中培训，应当算作是值得其他博物院学习的突出之处。其中，对于设计主题所涉藏品的文化解读、历史知识讲解，极大程度地弥补了普通设计人员在历史文化知识上的不足，使得原来单一准确把握市场走向但不够了解文化内涵的单纯设计行业从业者，变为真正能够理解文化并结合市场产品需求进行创作的合格设计师。

（5）以科学技术手段为引领

数字化是当今各博物馆进行的重要工作之一，故宫博物院专设资信部负责藏品信息化处理、3D 建模等，以及数字故宫的建设、VR 眼镜、NFC 手机壳等高科技产品的研发。

（6）以营销环境改善为保障

对于购物环境的改善，也是故宫博物院促进文创产品销售的重要举措之一。结合故宫博物院的整体规划，文化服务中心下属40多个店面被分别划分到四大服务区中。此外，随着各类主题展览会设置临展商店，如石渠宝笈特展。在科学的区域规划基础上，结合文保建筑内部空间进行合理设计，使得进入店面浏览商品的顾客获得极好的购物体验，促进消费。例如重要文创商品售卖店面绛雪轩的设计改造（见图6），下图上为改造前，缺乏合理的空间设计布局、商品分类杂乱，不适合游客将文创产品作为艺术价值较高的商品进行欣赏；下为改造后的设计布局，整体上显得美观大方，极大地刺激了游客的购买欲望。

图6　绛雪轩改造前后

（7）以举办展览活动为契机

前文提到，故宫博物院每年的新研究成果会成为文创的重要着力点，与此同时，随展进行文创商品的设计和制作是故宫文创接下来的发展方向。随展文创商品的售卖，通过人们在短时间内关注的热点藏品展览激发人们对于衍生开发品的强烈兴趣，使得文创开发有较强的针对性，在一定程度上弥补了故宫由于观众群体复杂、庞大导致难以进行精准需求定位的弱势。例如石渠宝笈特展（见图7）本身因为清明上河图等传世瑰宝的展览受到广泛关注，文创服务中心随特展进行了文创商品设计（见图8），尽管准备较为仓促，但获得了极大的关注，事前准备的文创商品迅速销售一空。

图 7　石渠宝笈特展

图 8　清明上河图文创商品之一

随展文创商品的设计销售，是故宫文创下一步的发展趋势，也逐渐形成了健全的制度——文化服务中心会提前至少六个月拿到故宫博物院下一步的展览安排，并且根据安排着手进行文创商品设计，为高质量文创商品的创意形成和生产销售提供充足的酝酿准备时间。

（8）以开拓创新机制为依托

在文创产品开发中，形成好的开发创意是关键环节。文创产品的设计之所以面对一定的挑战，就是因为其创意要兼顾艺术性与市场性。对于博物馆而言，正如故宫博物院自我总结的，其产品必须要坚持元素性（故宫文化元素，不是故宫元素的不卖）、故事性（设计的同时挖掘背后的故事、文化内涵）、传承性（传承文化的目的与方法，市场导向，要有功能性）。在这一基础上的创新，对一般设计师来说无疑是很大的挑战。

文化服务中心，将这种开拓创新机制的有效运行归功于拥有良好的团队。认为其非常敬业的团队每年在工作中都会探索一些新的方式，在产品的研发和经营方面坚持建立一些新的制度；在市场管理和保障方面不断完善工作流程，再加上平时经常出去参加一些培训、比赛、展会及交流活动，锻炼队伍并不断积累相关的经验。

在进一步的详细访谈中，我们认为，故宫博物院逐渐形成的闭环研发模式是其创新能够源源不断、充满生机活力的关键。这一过程共包括四个环节，即头脑风暴（碰头会，分析销售数据，拟定下一步发展方向）；设计阶段（与第三方进行沟通，对第三方设计师进行培训，从而上交自主创新与命题创新的方案→审核创意→审核设计效果图→打样并和效果图对比→协同开发设计科、销售科，定价、确定生产数量→质检、入库，库房只做中转两天内进店）；上市阶段（三个月试销→卖得不好，探究原因，换位置、多店分销以及降价促销等再三个月→再三个月卖不好，退市）；总结阶段（形成销售简报，供头脑风暴参考）。

（9）以服务广大观众为宗旨

对于故宫博物院进行文创，文化服务中心给出的核心宗旨表述为："文创工作的核心是为大众做好文化服务，将故宫文化传播得更远、更广。一方面，我们在院内为观众营造良好的文化服务环境，让他们能够在博物院亲身感受故宫文化的魅力；另一方面，我们也积极地走出去，通过对外合作，网络营销，让文化走出宫墙，服务于大众。"由此可见，社会公众需要什么、什么可以为他们带来实用价值与文化价值，是故宫文创的重要思考重点。

这一定位，一方面避免了博物馆"创收"对于文化创意产生的不良影响，另一方面避免了太过注重文化弘扬却忽略了受众接触的尴尬情况，有助于在艺术性和商业性之间更好地寻找平衡。

（10）以弘扬中华文化为目的

服务广大观众与弘扬中华文化，在故宫博物院进行文创的过程中始终发挥着同等重要的作用。弘扬中华文化是一个较为抽象的说法，而作为故宫文创产品，就具体表现为让文化元素融入人们的生活，服务广大观众，而最终所达成的目的就是弘扬中华文化。

这一目的定位，其实蕴含着博物馆职能的变化。以前博物馆过分强调保管和研究，现在则越来越侧重教育职能，以文创产品为载体传播文化、加强教育。

三、故宫文创的商业模式：创意培养

我们将故宫博物院的文创产品整体商业模式，总结为"创意培养"模式。

1. 可循环的产品生产过程

故宫文创的商业模式有着自成体系、循环往复的产品生产过程，按照正常的一次文创产品生产周期，其顺序为创意产生阶段→创意培养阶段→创意检验阶段→创意反馈阶段。在这四个环节中，创意产生阶段与创意培养阶段尚未进入市场环节，为文化主导阶段，即在决定生产怎样的文创产品的过程中，其文化价值是最主要的考虑因素；创意检验阶段与创意反馈阶段进入了市场环节，则基本上完全脱离了文化价值考量，依靠单纯的市场销售数据观察市场认同度、筛选优质创意。在这一循环过程中，产品设计需求在每次展览六个月前的创意产生阶段进入，并在创意检验阶段直接投放市场，检验过程即为直接销售过程。

2. 产品与设计来源

故宫文创的最终产品，其生产制作委托第三方操作，故宫博物院本身不介入。而对于文创产品，更重要的是其设计的思想来源。故宫文创的设计原型均来自故宫博物院的海量馆藏，随着其藏品发掘的不断推进而不断丰富。在常规的产品开发之外，故宫博物院会根据特展的举办计划，提前至少六个月针对特展藏品进行文创产品的设计开发。

3. 对艺术家（设计方）的教育与管理

对于文创产品而言，充当艺术家的往往是设计方。他们通过合理的创新应用，将古典文化符号与现代文化消费需求相结合。在对设计方的管理上，故宫文创模式以第二环节"创意培养"为核心环节。以往常见的博物馆生产模式往往忽略这一环节，直接将其他三个环节形成循环（如上海博物馆通过长期培养资深设计团队，以确保文创产品既符合文化传播需要，又符合市场受众需求）；或者是将创意检验阶段拆分为试投放与正式售卖两个环节，从而减小文创产品不会受到市场欢迎的风险。相对而言，以"创意培养"模式的环节拆分方式、注重引入第三方设计生产公司，将文化内涵和背景知识的讲授培训作为设计的标准环节之一，通过提高设计师文化素养来为文创产品生产短时间内提供庞大设计师团队，通过第三方公司投资减少博物馆自身资金投入负担——对于要迅速强化自身文创产品研发能力的博物馆而言，是十分值得借鉴的方法。

4. 无差别消费者定位

文化与市场的对立统一，始终是文创产品开发中必须要面对的矛盾。在大多数的文创产品开发中，都是同时平衡两者之间的关系，注重对于消费者的了解反馈，进而对产品进行细分定位。而故宫文创产品的开发过程则基本将各阶段分别归为文化主导和市场主导，在创意产生和创意培养阶段，文化服务中心自己进行作品文化价值的把关，但这一过程绝不影响创意检验、创意反馈阶段的产品考察。许多文创产品习惯通过问卷等形式收集反馈意见，不断改善产品，但故宫博物院则直接将成型产品投放市场、接受检验，没有中间的修改妥协。总的来看，就是放弃常见的消费者定位方式，完全在市场的磨炼中优胜劣汰。这其中显然有故宫博物院自身受众广泛、不会单一指向某一群体的特殊性，对于其他体量较小、细分受众明显的博物馆而言，借鉴价值有限。

5. 建构型场域的竞争销售模式

故宫博物院的消费者无差别对待与创意培养环节相结合，推动所有参与文创的企业客观上进入了类似于建构型场域的竞争环境——蓝贝尔和阿兰提出的 FCE 理论（场域建构型活动理论），被广泛用于分析节庆、市集、会展等文化活动的文化价值。在同一主题下不同企业的文化创意作品，在同一时间段、同一商铺进行售卖，这一场景符合区域集中、时间地点受限、交换整合信息、通过消费者最终认定最具价值产品的建构型模式，客观上也达成了激发文化创意、促进产品交易、认同传统文化、设定产品标准、提升品牌荣誉、认可故宫成就等作用，促进了文化价值向经济价值的良性转化。

在这一过程中，第三方公司的引入，一方面可以促进文创能力、产品质量的迅速提升，另一方面也为博物馆节约了大量的成本，即通过公司投资、利润分成模式，为不能提供充足资金投入的博物馆文创提供了较为宽松的资金来源与发挥空间。同时，通过培训讲座和博物馆自身把关，确保产品的文化性。

6. 外部支持

这一模式的良好运营，对于外部支持有一定的依赖性，一方面是政策支持——正如访谈中受访者提到，许多博物馆要借鉴故宫博物院的模式，却苦于政策上没有支持，不能独立运营类似于文化服务中心的公司；另一方面是企业支持——尽管在模式分析中没有单独强调，但显而易见，故宫这一文创模式能够成功推行的重要原因之一就在于众多文创企业看重与故宫合作的经济利润和附加价值。

四、小结

故宫博物院的商业模式，已经在近十年的磨炼中形成了较为系统合理的体系。这一体系在强有力的核心领导者的驱动下，通过主动向设计方进行教育普及、在设计生产阶段严把艺术价值、销售阶段以市场接受度为唯一标准的严格规范，在借助外部力量的同时通过良性竞争，大大增强了其文创产品的生命力。当然，对于上述总结出来的模式，我们也认为有一些需要注意的方面。

首先，对于规模较小的博物馆而言，一款产品的投入，其订单生产量未必在短时间内能够全部消化（事实上，故宫博物院的文创产品订单一般也采纳生产商同意制作的最小数量）。因此，应考虑到一批次总的产品订单最低量与游客本身的购买频率。尽管这一过程按照理想模式是由商家买单，但仍然需要考虑具体控制文创商品的种类，不要一次投放过多商品。

其次，如前所述，这一模式需要极强的外部支撑，因此如果博物馆希望通过借鉴这一模式取得文创上的成功，就必须对外争取政策支持，并立足实际情况，寻找有意愿合作的企业，从而保证该模式能够成功推行。

第三，故宫的"创意培养"模式不进行用户反馈调研的重要原因之一，是认为参观群体太过复杂，众口难调，满足某一类型用户的产品选择意愿未必适用于整体。但对于具体博物馆来说，通过适当的形式进行调研、将产品形式确定为某一方面的文创开发未尝不可，比如苏州博物馆就以雅致的文人气息著称，吸引特定群体。博物馆一定要结合自身实际和重点，进行更有方向性的、有价值的文创商品开发。

第四，许多分析文章指出，故宫文创产品开发缺乏核心产品的打造，但按照访谈所获取的信息，故宫作为拥有海量藏品的博物院，其产品中能够称得上是镇馆之宝的不计其数，同时结合前文的分析，故宫的文创商品不会着力去打造某个终点，而是会推出不同系列、随展览推出不同专题，这种定位策略有其特殊性。其他博物馆在推行文创的过程中，为了在文创商品开发的大潮中获得关注与青睐，则应当突出自己馆藏的亮点，打造核心品牌以收获关注。

文创产品开发、文化产业思维是将来较长时间内文博单位以及其他传统产业实现新发展的必要路径，故宫作为这方面探索的成功者，其模式值得其他组织学习借鉴，但与此同时，也面临被其他创意模式超越的可能。例如近年来国家博物馆大力推行的博物馆 IP 库开发，联合了许多博物馆和知名设计企业，也获得了引人瞩目的成就。在文创产品开发中，没有绝对的权威与永远的神话，不变的只有改变，更大的市场还有待开发，以故宫博物院为典型代表的中国文博单位文创开发依旧任重道远。期望能够相互借鉴、积极探索，真正在艺术性和商业性的平衡求索中，弘扬中华文化。

【案例分析】

克里斯·比尔顿和斯蒂芬·卡明斯不仅提出了创意战略并进行了详细的梳理，还提出了可以被现代创意企业参考使用的公司战略框架。随着时代的变化，博物馆必须通过合理的经营管理获得受众的青睐，尤其是文创衍生品的开发必须在市场竞争中夺得先机。因此，从创意战略的整体模型出发，结合故宫衍生品开发的实际，可以总结出系统且切实有效的创意战略。"创意培养"模式是对于这一整套战略的最核心、最具体的概括总结。

总体来看，博物馆衍生品开发的创意战略由五个部分有机组成，分别是艺术企业家精神、组织化管理原则、四度创新模式、领导力键码和创意培养模式。前四者是理论指导性意见，最后的创意培养模式则是基于现实、融合观念提出的模式建议。

1. 艺术企业家精神

故宫文创能够成功，故宫文化服务中心的主任发挥了重要的作用，其身份相当于整个创意组织的领导者。这位负责人之前多年一直从事摄影方面的业务，对于衍生品有较高的品位与要求，同时具有创意思维；长期负责摄影也使其能够对于文物具有准确的了解和把握，知道每一个环节的价值权衡。这样的艺术家精神决定了领导者能够带领好衍生品开发团队。博物馆衍生品开发需要艺术企业家，偏好拥有艺术创作背景的管理者负责统筹工作，以期能够通过企业家的专业精神和艺术家的创意思维的融合，实现符合衍生品开发需求的"勤勉业余者"的领导作用。

2. 组织化管理原则

前文已经提到故宫博物院自己总结的十项组织原则，涵盖了很多层次的问题。既有总体组织原则，也有具体做法。如果要讨论组织化管理原则，总体上应当有以下四点：

以弘扬文化价值为核心的强适应性文化。一切工作的核心都是为了生产出具有较强文化价值的衍生品，同时根据环境的变化和新观点的出现而不断地灵活转换发展思路。一方面要坚守传统文化价值，另一方面要不断吸收借鉴新文化。

艺术企业家的精英领导。与领导者能力技能相比，更强调整体环境对于创意想法的看重，更强调多种方式调动员工表达创意想法并将其想法付诸实践的沟通策略。

二次学习。保持开放学习的心态，主动接触各种类型的知识，从各种反馈建议中吸取经验，跨越原本的知识领域，推动实现再创新。

接收来自各处的创意。公司创新想法的来源既要接受组织内的想法，也要接受组织外的创意，并且能够将二者联系起来，分享创意和学习机会。在自身实力不足的情况下，至少应当注重内部员工与第三方委托商的有效交流。

3. 四度创新模式

创意是衍生品开发的成功之源，它决定了博物馆衍生品能否真正开辟出属于自己的市场。博物馆衍生品开发需要遵循四度创新模式：

创造定义，坚持价值创新。博物馆衍生品的开发，应当努力打破现有的衍生品开发思维的限制，努力将生活中更多的产品创新为博物馆文化价值的新载体。比如，耳机其实很难进入到衍生品开发中，但故宫博物院结合耳机与朝珠的奇妙相似，推出了朝珠耳机，迅速成为网络爆款，一度冷清的局面由此被一举打破。

整合营销，坚持市场创新。创新性的整合营销，不仅仅是符合当前人们的消费偏好，更是看到未来的方向，引导人们了解自己应当需要什么，进而刺激购买。比如，故宫博物院的"朕萌萌哒"系列，通过微信等网络平台讲述趣味故事，激起人们深入了解的欲望，创造出前所未有的市场。

跨界协同，坚持边界创新。跨界协同着眼于衍生品已经取得一定的市场认可后，对其进行进一步的开发挖掘。故宫博物院根据院子里经常出没的一百余只形象可爱的"故宫猫"的形象，推出以其为核心的文创产品，获得了年轻消费者尤其是女性的广泛喜爱。

反馈调整，坚持学习创新。在强调整合营销和边界创新的前提下，反馈调整是对于前两者的有效补充，让顾客不仅仅是创新的消费者，更是战略创新系统中至关重要的一部分。

上述四者相互促进，形成创新的不断循环。创造定义为整合营销贡献了新的思路，也为日后获得市场肯定乃至进行进一步的跨界协同提供了素材；跨界协同与整合营销相互作用，促进价值创新；创造定义与跨界协同，又都通过整合营销接触到用户群体；用户群体的反馈调整，促进新一轮的创造定义。

4. 领导力键码

领导力键码模型决定了领导者带领下的企业能够坚持正确的发展道路。结合故宫的实际开发经验，可以总结应当注重四个方面的策略：

占据合作主导。通过自主开发、委托研发和艺术授权三种机制各自的不同具体措施来实现。

打造独立品牌。通过注重独立性和注重品牌构建来实现。

促进创意生发。通过尝试自主研发、引进外部人才和内部培训交流来实现。

推进策略部署。通过发展完善随展随教开发机制、产品反馈机制和人员激励机制来实现。

在推动衍生品开发的过程中，领导者作为根植于组织中的关键力量，需要在四个键码中进行切换和统筹。

5. 创意培养模式

产品生产的创意培养模式，是从具体的角度为整体生产流程提出建议。在这个模式中，按照正常一次衍生品的产品生产周期，依次划分为创意产生阶段、创意培养阶段、创意检验阶段、创意反馈阶段。它们贯彻了前述四项中所强调的各项原则，具有较强的可操作性。这一模式能够充分调动各方的创意智慧，并在博物馆主导的前提下实现文化价值和经济价值的最大化，是对于故宫经验的核心总结，是博物馆文创全面发展不可缺少的重要参考。

台湾京戏重生的文学剧场策略

——以国光剧团为例

潘罡 ①

台湾的传统表演艺术在当代面临式微的冲击，而式微源自多方因素，包括表演艺术先天就处在成本高、回收期短、从业人员待遇薪资不高、门票售价无法随着通货膨胀调整的窘境。此外，由于时代的变迁与影音娱乐的出现导致民众审美经验与口味的改变，传统表演艺术如果无法与时俱进做出调整，就很难获得广大阅听民众的青睐。

各国的传统表演艺术团队与从业人员都普遍意识到式微的危机，但对式微的原因却解读不一。有的认为传统表演艺术只是推广不力，缺乏当代营销模式，但其艺术本身则是不容置疑的经典，社会大众之所以没有成为粉丝，主要是被铺天盖地的通俗娱乐资讯与节目所灭顶。对这派人士而言，要解决传统表演艺术的窘境，除了表演团队与艺人需注重营销推广外，政府的责任无可旁贷，因为传统表演艺术被他们视为重要的民族文化资产，应该动用公共资源来维护与推广。至于这些传统表演艺术的固有展演形态，在他们心目中已臻尽善尽美，如果因应时代审美趋势，哪怕只是稍做调整，往往就被视为亵渎神圣与哗众取宠。

然而，这类观点，对另一派而言，其逻辑与论述内容是有待商榷的。他们并不否认传统作品具有极高的审美价值，但并不认为那就是不容变动的经典。他们审视表演艺术成形的过程，发现这些艺术时时刻刻都在因应时代做出调整，而非一直维持固定形态，也很难定义什么叫作"经典"。此外，对每个时代的创作者而言，发挥创新的能量，开创出新的艺术形态，以便为历

---

① 潘罡，北京大学艺术学院博士，福建师范大学协和学院副教授。

史增艳添色，应该是最重要的课题之一。如果墨守成规，怎能创造出文化多样性与丰富的艺术面貌？

面对传统表演艺术的窘境以及上述两派的论战，台湾国光剧团选择了后者的道路。他们提出"文学剧场"的路线，近二十年来推出许多新创京剧，不论票房与艺术水准都大获好评。2016 年，国光剧团与香港的进念二十面体合作实验京剧《关公在剧场》，8 月在新北市淡水区云门剧场首演，11 月移师香港文化中心小剧场演出 4 场。香港学者荣鸿曾大为感动，以《我看到京戏的未来》为题在媒体上发表长篇专论，为国光剧团多年的成果写下了最新注脚。

一、时代的挑战

要解释国光剧团如何缔造了当代两岸的文创产业范例，我们必须回顾国光剧团的成军过程以及他们所置身的台湾表演艺术环境。

1949 年，上百万国民党军队及各方人士败退台湾，他们出身中国大陆的各个省份，让这个小岛荟萃大江南北的语言、文化与饮食。来台初期处境艰困，台湾地区经济落后并缺乏天然资源，军队的政战系统为笼络各省军民并排遣乡愁，在军中成立并营运许多戏曲表演团队。到了 1965 年，碍于经费有限，军方大量裁撤戏曲表演团队，仅留下陆军的陆光剧队、海军的海光剧队、空军的大鹏剧队、联勤的明驼剧队等 4 个京剧团队。其余的仅剩海军陆战队所属的飞马豫剧队，因有蒋经国的支持而留存。

到了 1995 年，台湾有关方面决定不再经营传统戏曲，宣告解散陆光剧队、海光剧队、大鹏剧队等，原有成员整并为国光剧团。此时台湾的传统戏曲，除源自闽南的歌仔戏获得社会大众喜爱外，不论京剧、豫剧都面临观众大量流失、票房不振的难题。

如前文所述，表演艺术先天就具有成本高、回收期短、从业人员待遇薪资不高、门票售价无法随通货膨胀调整等困境，这是精致表演艺术的宿命，被文化产业学界形容为"包莫尔病"。同时，精致表演艺术的欣赏具有一定门槛，又导致民众难以踏入殿堂。

根据台湾学者于国华博士所做的一项调查，即《2009 台湾演艺观众及市场初探》，台湾民众欣赏表演艺术的比例偏低，保守估计不到 10% 的民众有欣赏表演艺术的兴趣与习惯。台湾 2300 万人口中，仅有不及 230 万人口堪称表演艺术的爱好者。这样的欣赏人口，导致台湾精致表演节目入座率不高，以大台北地区剧院、音乐厅、实验剧场以及演奏厅为例，历年平均每场节目的出席率约为六成，而且这样的出席率还要扣除大量公关票以及工作席。大台北地区是台湾精致表演艺术的重镇，节目入座率尚且如此，其他县市的情况可想而知。

表演艺术观众人口有限，而且更现实的问题是他们并非都是传统戏曲的支持者。2016 年，台北表演艺术中心于筹备营运初期，曾委托台湾《远见杂志》针对台北、新北、基隆三市的 18 岁以上民众做了随机电话访问调查，一共回收 2144 份有效的问卷。调查结果显示，针对音乐、现代戏剧、传统戏曲、舞蹈等四类表演节目，表演艺术观众欣赏音乐性节目比率最高，现代戏剧排第二，传统戏曲仅排第三。

此外，对同一份调查中的各类型表演艺术进行观众年龄层比较，可以发现喜爱音乐性节目的多为 41—50 岁者，观赏现代戏剧的多为 31—40 岁者，舞蹈节目则是 51—60 岁，而传统戏曲多为 60 岁以上的银发族。这些调查结果很残酷地指出一个事实：台湾的精致表演艺术欣赏人口不到 10%，这些人的首选节目是音乐，传统戏曲排第三而且传统戏曲的欣赏族群年纪偏高，对传统戏曲的市场前景发出极大警讯。

现任国光剧团艺术总监王安祈就曾坦承过这样的焦虑。她指出，早在1970 年代，大鹏剧队当红旦角郭小庄便有此感受。郭小庄年轻时登台演出，偷眼往台下看，喝彩的尽是白发长辈。她十四五岁初登台时如此，到了二十五六时，台下依然不见新观众，原本的叔叔阿姨，如今变成爷爷奶奶，但所有剧团的节目仍一成不变。郭小庄 20 岁因表现优异被保送台湾文化大学中国戏剧系读书，同年龄层的同学都不曾看过京剧，也不愿看京剧，因为他们都认为那是老人家的娱乐，是上个世纪的古董。于是，焦虑的郭小庄自组"雅音小集"，扛起创新大旗，走向反叛之路，迎向年轻新观众。京剧名家及影视明星吴兴国 1986 年自组"当代传奇剧场"，把京剧搬上现代剧场舞台，跨界、跨文化冲撞原本封闭的京剧生态，也引发了好恶两极的评价。

二、文学剧场的提出

从 2002 年起担任国光剧团艺术总监，王安祈就喊出"文学剧场"的口号，追随郭小庄、吴兴国等人的"现代化"脚步，让国光剧团走出了一条康庄大道。王安祈祖籍浙江吴兴，出生于台北，属于台湾的外省第二代。她并没有接受过专业的戏曲训练，而是一路在台湾的最高学府台湾大学，取得文学学士、硕士、博士文凭。但她从小在母亲的引导下观赏传统戏曲，4 岁就进剧院看戏，亲眼见证了戏曲的荣枯转折。

王安祈回忆说，从踏入剧场的那刻起，她就难得在观众席找到同龄的观众，举目所及都是问她能否看懂的爷爷奶奶。直到 30 多岁，她依然是最年轻的戏迷。原本她以为传统戏曲的衰落是一个普遍的课题，并非只有京剧如此。没想到 1992 年上海昆剧团来台公演，吸引了大批昆迷，而且观众平均年龄层远低于京剧。当时，王安祈在台湾清华大学等高校任教，她的学生懂得欣赏京剧名角的嗓音，却未必喜欢这种腔调。但王安祈发现学生们普遍爱听昆曲，因为昆曲的剧本有极高的文学性，即使年轻人听昆曲也会打瞌睡，但一睁眼瞥见字幕，便觉得感动与满足。

王安祈从这个现象获得启发。她对京剧、昆曲都是同样热爱，也认为无法分出艺术高下，但她认为，昆曲的文学性是无法否定的。她由此思考京剧，提出以下观点：

> 当西皮二黄不再是这个时代每个人会唱的中国好声音时，剧情以及说故事的方式，甚或文辞里的情感深浅，便成了京剧审美的依据。所以我试着以"文学性"为"现代化"的内涵。京剧早已走过了上世纪初的"大众娱乐、常民文化"时期，我已不奢望回头。既然回不去了，就转换态度打造精致艺术。我们试着以文学的叙事技法召唤喜爱文艺的新观众，他们可能分不清西皮二黄小生武生，但那有什么关系？看戏追求的不就是情感的洗涤吗？①

---

① 王安祈：《从偷窥、仰望到正视自我——台湾京剧创作的心境转折》，《艺术评论》，2013 年第 6 期，第 67—69 页。

　　王安祈认为，京剧起自民间，直到民国初年梅兰芳才邀请文人加入编剧，所以剧本的文采远不如昆剧。国光剧团提出"京剧文学化"，一方面要将民间创作的"俗文学价值"深刻提炼与阐发，一方面要以文学手段编新戏，融合昆曲的"内省式抒情"来打造文学剧场。这其间，文学不能窄化为文采，而是重点放在人性的深掘上。

　　实际上，王安祈的文学剧场创新之路起步甚早。1985 年起，她就开始着手新编京剧，包括为陆光剧队新编《新陆文龙》《淝水之战》《通济桥》《袁崇焕》等四部京剧剧本。同年起，为郭小庄雅音小集新编创新京剧《再生缘》《孔雀胆》《红绫恨》《问天》《潇湘秋夜雨》，也为吴兴国当代传奇剧场新编《王子复仇记》，并为盛兰国剧团新编《红楼梦》，为果陀剧团新编舞台剧《天龙八部之乔峰》等。

　　2002 年接任国光剧团艺术总监，她又陆续新编《王有道休妻》《三个人儿两盏灯》《金锁记》（与赵雪君合编）、《青冢前的对话》《孟小冬》《百年戏楼》（与周慧玲、赵雪君合编）、《水袖与胭脂》《探春》《十八罗汉图》（与刘建帼合编）、《孝庄与多尔衮》（与林建华合作）、《关公在剧场》，并与外国名家罗伯特·威尔森合作，将英国作家伍尔芙的小说以意象剧场的方式呈现，这一版的《奥兰多》大获好评。

三、挥别传统与创新之争

　　国光剧团标榜文学剧场的新编京剧很快在台湾获得共鸣，年轻观众越来越多。在王安祈以及国光剧团历任几位团长包括陈兆虎、钟宝善等人的主导下，国光剧团的新编京剧不单注重剧本的文学性，而且正如王安祈所言，文学性带动了现代化，舞台调度、道具、布景、服装、灯光等同时向西方现代剧场看齐，力求兼顾传统戏曲"一桌二椅"的精髓与西方剧场丰富的符号性语言。

　　关于戏曲元素与现代剧场的结合，台湾剧场界早在 20 世纪 80 年代滥觞，代表性案例当数"兰陵剧坊"第一届实验剧展的《荷珠新配》，产生了极大影响。到了 90 年代民心剧场王小棣推出的《非三岔口》、李小平的《武恶》《傀儡麦克白》以及小剧场编导田启元的《白水》等，都获得年轻人的青睐。

此外，香港"进念二十面体"创办人荣念曾在 20 世纪 80 年代以"一桌二椅"为概念，发展中国戏曲表演空间、形式的创作实验与延伸思考，到了 90 年代同样为台湾剧场界带来深远的影响。荣念曾的"一桌二椅"也成为跨东亚的创作意念并持续至今。

跨域与跨界的当代艺术理念，很自然地融入国光剧团的运作。他们与台湾舞蹈空间舞团合作《再现东风》《三探东风》，与台湾音乐厅交响乐团合作《快雪时晴》、与朱宗庆打击乐团合作《披京展击》《木兰》等。这些经验都让国光剧团上下凝聚出现代化的共识，也挥别了所谓传统与创新之争。

以 2007 年推出的《快雪时晴》为例。这出新编京剧由台北故宫博物院所典藏的王羲之《快雪时晴帖》作为发想，完全是接受西方训练的编导阵容，新生代编剧家施如芳编剧、李小平导演、打击乐出身的钟耀光编曲配器，以及台湾旅德的青壮指挥家简文彬指挥台湾音乐厅交响乐团伴奏，缔造出台湾第一出大型西方管弦乐伴奏的"大型交响京剧"。台湾戏迷以无比的热情迎接它的诞生。2017 年恰逢它推出十周年，国光剧团再度盛大制作，在台北两庭院戏剧院连演三场，缔造近九成票房，而且吸引了大量年轻观众。

国光剧团的新编京剧印证台湾文化界已经抛开传统文化的迷思。对于所谓"传统"抱持坚定信念者，往往主张"传统"有种不变而可以清晰分辨的特点与价值从古绵延至今。但当代已经对这种说法产生极大争论与质疑，以京剧来说，相较于其他剧种，它本身就是一种新创戏曲，而且处于不断蜕变之中。创新与传统的价值争议，历来也出现在梅兰芳等流派上。

因此，当代不少学者直接质疑：所谓被称为传统文化的事物，究竟是不是具有明确的内涵？它们是由传承而来的文化特点所内聚而成，具有一致性和明确的界线，可比拟成一个自然物品？还是人们终将认清，它只是一套象征符号的建构成果？

这些学者指出，俗泛的传统、文化认知，其一大错误是在传统与现代之间建立一个二分法，把它们当成不变且彼此隔绝的状态。然而，历史上所有文化都始终处于不断变动的状态，就每个演变时刻而言，它们都是新的事物，不过这些新的事物可以冠上"传统"这类具有象征意味的价值语汇。就此而言，"传统"与"新"更应归类为形容词而非描述语。

此外，也有学者强调，传统往往有属于唯心的内容，因此这类对过往的观点会因每个人自觉的诠释而改变。这种"被认知"的过去是可塑的，可以被生活在当下的人任意回顾并改变样貌，尤其民族主义者经常变动他们想复兴的传统。换句话说，事实上根本没有一种基础的、界限分明的传统曾经存在。传统只是过去时空的一种模型，而且与当代诠释密不可分。传统事件可划归过去的时空，但就"划归"而言，指的是一种象征关系，而非自然关系。因此，它同时兼具了连贯性和不连贯性的特点。

从这个观点来看，历史是由当代所建构的，而所谓传统文化在被呈现前，其中的组成元素彼此之间的关系，既可视为有延续性，也可视为毫无延续性。假如进展中的文化事物诉诸过往，或把过往纳入考虑，就此而言，它与过去具有一种延续性，但这种史料的延续性是在当下创建的。美国学者迈克尔·赫茨菲尔德描写希腊的国家主义与民俗文化时指出，所谓文化的延续性的建构"从来都不是纯粹事实与否的问题……相反的，延续性确立与否，完全是看观察者的……预设立场……取决于哪些（传统）特色真正能建构出可接受的……具有某种联结的证据"。①

对台湾文化界而言，上述说法已经是普遍接受的共识。国光剧团不只结合西方剧场手法，也很早就开始与具有实验精神的小剧场合作。对台湾而言，小剧场不是规模小的戏剧表演，而是前卫剧场的同义词。2013年，国光剧团首度策划了"小剧场—大梦想"系列演出，除了国光自己制作演出的《青春谢幕》之外，还邀请了台湾"三缺一剧团"和"栢优座"参与，以20世纪80年代台湾小剧场的实验与实践的精神，透过京剧元素的活化与再创造，寻求当代剧场的新生命。

王安祈、钟宝善等国光剧团高层主张，传统京剧与小剧场结合，重点不在"小"，不在与观众近距离接触，而是在"颠覆、解构、另类"；京剧在台湾社会上的观感一向太过"正统"，唯有进入实验小剧场，才能形成"前卫、先锋"姿态，一洗传统的"古董"形象。面对京剧创作，王安祈形容"京剧小剧场"堪比中国文学史里的"晚明小品"，未必重在篇幅短小，强调的是个性的独特，以及清新甚至诡谲的笔法。

2016年让香港学者荣鸿曾颇为惊艳的《关公在剧场》，就是京剧与当代

---

① Michael Herzfeld, *Ours Once More: Folklore, Ideology, and the Making of Modern Greece*, Austin: University of Texas Press, 1982, p.3.

实验剧场的集大成之作。荣鸿曾指出，国光剧团的艺术总监和编剧王安祈把多出有关关公的老剧本串联起来，大刀阔斧地删除了其中许多角色，也斩去了京戏中常见的重复性、公式化的对白，但这些功能及删除了的角色则由两个说书人在方块大绿毡外交代出来，以新的形式表达老的内容，把戏推向另一重境界。两位说书人有若苏州弹词或广东南音，同时也会让人联想起古希腊悲剧或日本能剧的吟唱组。他们时而补充剧情，时而抒发角色的内心感情，时而跳进剧中，走上大绿毡扮演一个角色。荣鸿曾印象最深的是王安祈借说书者的口读出关汉卿元剧的文字，并且在两人的对话中轻松自然地引出后现代主义的历史史实观念，完全跳脱传统戏曲的框架，自自然然地融入西方戏剧的精华元素。

舞台设计胡恩威保留传统戏台上铺的方块大毡，但以方块大毡作起点，伸延起一堵与它相衬却成直角的半透明大方块布幕墙耸立在大毡之后，文武场面乐师坐在后面隐约可见，有意无意地效法日本的歌舞伎设计。在"走麦城"一节里，又用它为银幕放射动画。整个戏台上，胡恩威采用数块长方形白布幕用来投映动画或文字。这些都是现代剧场才会出现的布景。

此外，该剧的舞台设计也运用了虚实相交的当代戏剧手法。比如，表演开始借由投影设备放映出德国媒体艺术家托比亚斯·格雷姆勒（Tobias Gremmier）的动画，制造出一个没头、没身、没脚而只有戏服和身段的虚拟关公，这些投影和演员所饰演的关公交织出丰富的舞台效果。在音效方面，音乐总监于逸尧预先给锣鼓和唱段录了音，把录音和现场演奏的锣鼓和唱段做对比，产生虚和实、暗和明、远和近的种种对立效果以及戏剧性。

正如王安祈所形容的，国光剧团逐渐找到"文学化"的信心与方向，结合传统与创新，努力探索台湾京剧的新美学。这种新美学并没有完全舍弃原本京剧的元素。荣鸿曾观察到，国光剧团的新创京剧依然保留原本戏曲的唱腔、锣鼓、化装、服饰、功架、武打，创新的部分并不喧宾夺主，而是锦上添花。这些手法对西方剧场来说早已司空见惯，国光剧团运用起来也并不离经叛道。

在艺术创新之余，国光剧团也非常注重艺术美育的扎根。比如2002年起，他们推出"艺术直达列车"，将传统京剧重新包装、改编活化，让小学生、初中生近距离接触。艺术直达列车以大台北地区为起点，陆续推广到嘉义县、台南市、桃园县等地，为学童进行京剧表演。至于高中校园，则以讲座搭配小型表演示范的模式推广。新北市新庄高中、台北市大安高工、彰化县精诚中学等，都与国光建立起长期的友善关系。师生不仅团体购票看新编戏，而且还开始欣赏传统老戏。

2012 年，国光剧团开办"京彩东行—京剧艺术花东行动专案"与"艺享天开"花莲 101 表演艺术节。前者用三周时间在花莲、台东地区十余所中小学，举办讲座与研习工作坊；后者则是结合屏风表演班、三缺一剧团、跃动打击乐团以及花莲在地的表演艺术团队，以室内剧场、户外演出、大师讲座、文化论坛、工作坊、星光剧院、街头艺人等多元形式，共同在花莲文化创意产业园推出为期两周的艺文展演，拉近民众与精致文化的距离。

四、对大陆戏曲界产生冲击

无可讳言，大陆传统戏曲人才济济，戏迷也多，但国光剧团 2009 年底首度携带创新京剧进军大陆，还是震撼了北京菊坛。当时国光剧团带了《金锁记》在北京大学容纳 2200 人的百年大讲堂登场，来了 1900 多位观众。演出结束，大约七八百人留下来与国光剧团的编导成员对谈，拥戴和反对者各半且相互叫阵。在中国艺术学院的座谈会上，还有学者直接指责国光编导离经叛道、专业不足。

国光剧团并没有因此气馁，此后接连在上海、深圳等地上演创新京剧。过了几年，情况逐渐起了变化。2013 年，国光剧团前往天津大剧院，挑战以"看戏最精"著称的天津观众，戏码依然是《金锁记》，结果获得热烈回响。演出谢幕后，主办单位安排了一场座谈会，有 100 多位观众留下来，与艺术总监王安祈等人交换意见。喝彩之余，有人甚至极富热情地形容《金锁记》是："伟大的导演，伟大的编剧，伟大的戏。"有位观众表示，他三年前在上海买了黄牛票看过《金锁记》，这次再度买票进场。他指着舞台上的道具、灯光，提示与会的大陆民众注意国光剧团细腻的编导呈现。

为了推广《金锁记》等新编京剧，王安祈在演出前夕接连到南开大学、天津大学、天津师范大学等高校阐述她的"文学剧场"理念。果不其然，在校园巡回演讲中，不少学生仍然质疑："这种演出还能称为京剧吗？"王安祈的回答是："除非你认为京剧已死，成为过去式，但对我来说，京剧不但处在现在进行式，还有未来式。"王安祈指出，当年正因梅兰芳推出新创京剧，才会形成"梅派"；真心热爱京剧的人，绝不会认为京剧不再有创新能量。

2014年，国光剧团前往上海大剧院，推出"伶人三部曲"，包括《孟小冬》《水袖与胭脂》《百年戏楼》，再度引发强烈的支持与反对声浪。在舞台调度与布景等表现手法上，这三部作品杂糅了电影运镜、现代戏剧、多媒体影像视觉等多种艺术手段。比如，《孟小冬》新式京歌与于派老生唱法、梅派青衣多种唱法并存，并且有书法、园林多媒体投影的运用，展示孟小冬的内心；《水袖与胭脂》的时空背景虚拟化，将京剧、昆剧与现代舞台剧融为一体。《水袖与胭脂》与《百年戏楼》都是大陆首演。由于国光创新京剧已经打出知名度，"伶人三部曲"票房都相当好，非假日的场次卖座超过八成，而压轴的《百年戏楼》则接近满座。

由于先前有在北京、天津等地的经验，国光剧团上下包括王安祈、小生温宇航等已经预料到大陆观众会有两极反应。演出结束之后，大陆戏迷在媒体与网络上引发大量论战。尤其是《百年戏楼》，大陆民众不断争论：这到底是京剧还是现代舞台剧？新编剧码到底是不是话剧加唱？剧本文学与表演艺术谁主谁从？传统演员中心制还是西方导演中心制？西方戏剧技巧如何对中国传统艺术进行了渗透等等。

国光剧团持续前往大陆演出的目的，正如王安祈接受媒体访问所言，一直在凸显一种价值观，即分享台湾对京剧新编处理创作的态度，以及彰显京剧的文学价值。王安祈开创"台湾京剧新美学"，试图从"剧坛走向文坛"，颠覆戏曲一向"看角儿、看流派"的观点，将京剧从"传统艺术在当代的存留"改造为"当代新兴的剧场艺术与动态文学作品"。换言之，国光剧团不是"博物馆动态橱窗"，京剧不仅仅是"表演艺术、演唱艺术、流派艺术"，它还可以是当代舞台的新兴艺术。

出身北京戏曲学校并加入国光剧团的戏曲名家温宇航，则借用《百年戏楼》里的两句台词作为对大陆戏迷的回应。《百年戏楼》中，剧团老板白凤楼说："祖宗传下来的照着演就是了，你当祖宗的东西容易吗？要改，得等把老祖宗的东西吃透了，熟了，烂了，有本事再说改。"然而小云仙回答得也妙："祖宗的东西不也是改他祖宗的东西吗？为什么我们改不得？"

【案例解析】

其实，大陆戏曲界对国光剧团的一些质疑，当代美学研究早已提出回应。当代美学研究普遍认为：一件文化艺术作品即使诞生所谓的"文本"，也只能算是完成了初步创作，其余的必须留待后续的"再现"来接手，包括屡加演绎并引发讨论与共鸣；如此，这件艺术作品的生命才能真正圆满，它的内涵与价值也才能真正确立。

换言之，贝多芬与瓦格纳的音乐作品作为"文本"，全然能够支撑住以它们为核心的所有文化现象，而且历久弥新，与历代演奏家、欣赏者、评论家共同完成并确认了其具有不朽的艺术价值。

我们可以发现，不论是文学、戏剧、音乐还是视觉艺术，大凡伟大的经典作品，都能通过上述试炼。举例来说，贝多芬的九首交响曲二百多年来被反复演奏欣赏，跨越地域与族群藩篱。此外，瓦格纳乐剧《尼伯龙根的指环》，从20世纪中叶开始，就有大量推陈出新的制作搬上舞台。

以此检视中国传统戏曲，政府所提供的资源其实已相当优渥。大陆院团普遍都在演传统戏码，演出形态大多固守旧有的一桌二椅，新创作品比例非常少。台湾国光剧团主要也以传统戏为主，所谓的新编京剧每年仅占整体演出场次三成。在这样铆劲拉抬的情况下，绝大多数传统表演艺术无法获得年轻时代青睐，只能说它的艺术生命已画下休止符，一如成千上万不再被上演的西方歌剧、神剧、清唱剧。

总而言之，传统艺术如果具有历久弥新的价值与内涵，就必然能找到属于当代的诠释与再现方法，国光剧团示范了正确做法，其成果有目共睹。"美好的往日"虽令人留恋，但如果无法融入当代，便应挥手道别，不应缅怀过往的生态甚至以之为表率。从宏观角度来看，每个时代的重点任务应该是创造新的文化艺术，以便为历史增艳添色，这也是当代美学根深蒂固的价值准则之一。

国光剧团在台湾的成功，体现了创意领导学学者所主张的"中间领导"（leading from middle）理论，其关键人物就是艺术总监王安祈以及已故团长钟宝善等人。国光剧团现在隶属于台湾文化事务主管部门，但只是辖下的二级单位，并非由其直接管辖，而是纳入台湾传统艺术中心的体系中。国光剧团要向该中心主任负责。因此，就整个文化行政体系来说，国光剧团的艺术总监与团长钟宝善等人，只能算是中阶主管，然而处于"中间领导"的状态，王安祈、钟宝善恰好可以发挥所长，成就了国光剧团的转型。

何谓"中间领导"？2007年，斯蒂芬·雷切尔（Stephen Reicher）等学者在《美国科学心灵》（*Scientific American Mind*）杂志上发表了一篇文章，即《新领导心理学》（*The New Psychology of Leadership*），揭橥中间阶层领导的时代来临。他们指出，当代的生产环境是去塑造人们意欲为之的工作，而非指挥人们去从事哪些工作，因此领导所在的并非由上而下或站在前端的传统模式，而是转为从中间阶层领导。传统由上而下的领导模式是依赖领导者的魅力、天赋、才智去俘虏、主宰追随者的心灵。然而，在当代环境，为了获得组织化支援，吸引追随者，领导者必须置身团队之中以便赢得信任，而非凌驾其上。领导者要成为团队共同信念或价值的优化者。

以此检视王安祈与钟宝善等国光剧团的领导者，均可印证在创意产业中的中间阶层确实扮演了关键角色。他们认知传统艺术必须转型创新的时代已经来临，而且具有中间领导的必要条件——"本能勇气"（gut instinct）与直觉的重要性。

所谓"本能勇气"最初是由一位纽约客专栏作家马尔坎·葛烈威尔（Malcolm Gladwell）在其著作《闪烁：不思考的思考所具备的力量》（*Blink: The Power of Thinking without Thinking*）中提出的。葛烈威尔借由大量例证说明：某些刹那间所做出的决定，即使没有更好，也不见得比深思熟虑所做出的决定更差。在这种现象中，人的"本能勇气"非常迅速地意识到一种模式，让我们得以筛除无关的讯息，产生直觉，然后迅速行动。这种无意识的心灵或本能，它对事物的反应通常比理性的分析为佳。

在此，必须指出，直觉并非仅为冲动（impulse）行事，不是跳跃之前不先观看，也不是骤然下判断。相反的是，依靠本能勇气，意味着触及更深处的情感和记忆，超越意识最上层的经验范畴。以王安祈来说，当初她提出"文学剧场"，依赖的就是一种本能直觉，先前并没有任何缜密的调查分析，更多的是源自她对传统戏曲的欣赏经验所做出的直觉判断。

大陆和台湾都把表演艺术纳入文化产业范畴，但正如本文开头所述，表演艺术先天就处在成本高、回收期短、从业人员待遇薪资不高、门票售价无法随通货膨胀调整的窘境，文化产业研究者常以"包莫尔病"形容这一现象。这个提法源于经济学者包莫尔（William J. Baumol）等人于 20 世纪 60 年代所写的一本论著《表演艺术：经济学的困境》（*Performing Arts – The Economic Dilemma*）。该书通过严谨的调查，分析了表演艺术为何长年亏本的根本原因。至今"包莫尔病"依然是全球表演艺术无法突破的瓶颈。大陆和台湾的传统戏曲均须仰赖公家资源挹注才能继续存活。尽管如此，传统戏曲从业人员仍须尽力借重文化产业以及艺术管理的战略，为戏团经营找到更多活水，并延续传统艺术的生命力。国光剧团的"文学剧场"以及传统戏曲现代化，不论从票房以及美学论述上，如今都找到了强有力的支撑。就此而言，国光剧团的蜕变经验，对中国传统表演艺术的发展，无疑将带来一定的启发。

推动多元发展的创客文化平台
——以柴火创客空间为例

2015 年的第一个工作日，位于深圳华侨城创意文化园的柴火创客空间迎来了一位非同寻常的客人——国务院总理李克强同志。在创始人潘昊等人的陪同下，李克强总理饶有兴致地体验了创客团队的作品，并询问了柴火的创立理念及运营方式。当潘昊邀请李克强成为柴火的名誉会员时，他高兴地回应道："好，我再为你们添把柴！"

一、新文化：开源硬件生产中酝酿的创客火种

关于柴火创客空间，还得从深圳矽递科技股份有限公司说起。在创立矽递之前，潘昊就职于英特尔（中国）有限公司成都分公司，但工作仅一年多，潘昊便辞职了。由于一次偶然的机会，潘昊到国家美术馆参观了一场艺术展览。不同于常见的艺术品静态展示展览，这次展览邀请了一些新媒体艺术家展示他们的跨界作品，这些作品体现了现代科技手段和艺术思维的有机融合。潘昊对此颇有触动——艺术家也可以借助电子技术进行创作，科技和艺术碰撞出了不一样的火花。他的内心隐约察觉到，为人们提供便利的科技设备或许是未来的一个发展趋势。

艺术展览中这些创意作品的创作者，与我们今天所热议的"创客"非常接近，即"热爱分享和动手，利用现有的开源平台努力将各种创意和想法转变为现实的人"。通过这次展览，潘昊第一次接触到这个新兴的群体。随后，

---

① 温雯，深圳大学文化产业研究院副研究员；杨庆，深圳大学文化产业研究院硕士研究生；王青，深圳大学文化产业研究院研究助理。

潘昊加入了 Arduino 在线论坛——这里聚集了全球最活跃的创客，他们通过动手制作，将开源软硬件应用到自己的创作中，使自己的创意变为现实。从小喜欢捣鼓电子元器件的潘昊被深深地吸引了，每天都花费大量的时间泡在论坛上。经过一段时间，潘昊发现国外的创客文化虽然已渐成气候，但创客们经常在将创意原型化的过程中遇到找不到适用硬件的问题。于是，他开始收集创客们的需求，然后到国内市场上寻求合适的元器件进行加工，设计出符合创客需求的硬件模块。① 潘昊发现深圳拥有非常齐全的电子元器件市场及完整的供应链，能满足各式各样的需求——对于硬件创业来讲，深圳宛如硬件天堂。2008 年，潘昊在深圳成立了一家专注于开源硬件的公司——深圳矽递科技有限公司，其英文名为 Seeed Studio，"seeed"比种子的英文"seed"多出一个"e"，寓意"为智能硬件的制作提供电子的种子——电子元器件"。

从创立初始，矽递便明确了自身的市场定位——为小型创新者提供适合快速开发应用的硬件工具，帮助产品的原型开发、小规模生产和市场推广，从而形成了包括研发、生产、工程品质、供应链、市场运营的完整架构。由于国内外为小型创新者提供电子元器件等硬件产品和服务的公司很少，面对巨大的市场需求，矽递通过灵活、敏捷的小批量制造服务切入智能硬件市场，帮助独立产品和项目实现创意推向市场或者加速迭代，从而获得了迅猛的发展。2014 年，矽递全球销售额约 1 亿人民币，并获得 IDG 资本的 A 轮融资。2015 年 9 月，矽递已自主研发和寄卖超过 1000 多种开源模块和控制板等硬件产品，将各种如 NFC、Zigbee 和 BLE 等新兴技术产品以极低的应用门槛提供给创新者，同年获得由深圳市创新投资集团有限公司和 IDG 资本共同完成的 B 轮融资。② 目前，矽递在新兴的开源硬件行业中名列中国前茅、全球前三，并与 Google、Microsoft、Intel、MTK、FoxConn 等全球两百多家业务伙伴一起，为超过两百万名科技创新者提供产品和服务。③

在与创客用户的交流中，矽递慢慢意识到共享社区与空间的重要性。深圳有个民间自发形成的制作爱好者团体——SZDIY，一些有软件背景的工程师经常利用电子邮件列表和在线社区讨论技术问题，他们希望有一个线下空

---

① 谢丹丹 :《柴火空间中国创客的"网络社区"》,《中外管理》, 2015 年第 1 期, 第 49—50 页。
② 《矽递科技获得 1 亿元 B 轮融资》,《信息技术与信息化》, 2015 年第 8 期, 第 10 页。
③ 关于深圳矽递科技有限公司的介绍, 参见其官网 http://seeed.hirede.com, 2017 年 5 月 26 日。

间用于面对面讨论。在长期浸润于国外创客文化的过程中，潘昊了解到国外已出现"创客空间"，提供简单的工具供创新者们使用，并为志同道合的创客提供分享交流与合作的机会。而在当时的中国，很少有人知道创客，也缺乏鼓励人们进行创意、创新分享的途径。如此，潘昊便在矽递的办公场所划出一片区域，邀请 SZDIY 成员每周来此讨论交流。

潘昊意识到在中国创建并运营创客空间不能照搬国外发展模式，需要因地制宜、转变经营理念，"打造互动交流平台"可能是未来培育国内创客文化的着力点。2011 年，取名自"众人拾柴火焰高"的柴火创客空间在南山区东华园正式成立，目的是为创客提供自由开放的协作环境，提供基础工具以鼓励使用者动手制作，举办工作坊来鼓励跨界的交流，促使创意的实现乃至产品化。运营一段时间后，受制于狭小的空间和偏僻的地理位置，潘昊考虑将柴火创客空间独立出来，搬到更有利于接触大众和创意群体的地方。2012 年，柴火创客空间入驻华侨城创意文化园，并对原有空间进行改造升级，引入基本的原型开发设备，如 3D 打印机、激光切割机、电子开发设备、机械加工设备等，并组织创客聚会和各种级别的工作坊，为创客之间的交流和跨界合作提供了一个物理空间。① 2014 年，深圳柴火创客文化传播有限公司成立，旨在打造一个社会创新型企业。其业务范围不仅仅是运营创客空间，为创客提供创意制作及交流分享的平台，还将美国《爱上制作》杂志创办的创客嘉年华（Maker Faire）在深圳落地，并与创客教育一同纳入核心业务板块。

至此，柴火创客空间的架构已搭建起来，并成为日后培育创客文化的有力抓手。

二、新实践：创客文化的传播者

2015 年以来，柴火接待了一批又一批来自各界的参访者，创客空间也如雨后春笋般在全国各地出现。在这种热闹的背后，如何坚守初衷、如何肩负起传播创客文化的使命，是柴火不断探索的问题。

---

① 关于创客空间的介绍，参见柴火创客空间官网，http://www.chaihuo.org，2017 年 5 月 27 日。

1. 众创空间运营与拓展

柴火创客空间凭借对创客文化的坚守和过硬的空间运营、活动组织能力，在创客生态圈中拥有了较高的品牌知名度和品牌美誉度，其运营模式成为许多创客空间的参考。

（1）会员分级服务 + 特色活动

柴火将服务对象分为两类。一类是普通大众，他们通过参与柴火的工作坊和分享会，完成从"0 到创客"的转变；另一类是有一定制作基础和经验的创客，他们通过使用柴火的设备、场地等资源，使其创造出的产品获得更多成长。对于参与柴火各类收费工作坊或分享会的体验会员，每次收取 20—100 元的体验费用，会员可以带走在工作坊中制作的成品；最高级别的 VIP 会员则可自由出入 VIP 室，不限时间免费使用设备和工具，并可优先获得资金、人脉、项目合作等资源。

柴火通过举办多种多样的工作坊、分享会、主题沙龙活动，丰富空间活动体系，活跃空间氛围，同时也推动了国内创客运动的发展。例如，柴火曾举办激光切割时钟工作坊，参与者在老师的指导下完成手绘草图、电脑精细画图、切割操作等一系列程序。此外，柴火经常邀请创客进行分享，如曾邀请瑞典创客代表团 Makerresan 举行分享会。不仅如此，柴火还带领会员走访兄弟创客空间，如曾造访深圳开放创新实验室、开放制造空间。据统计，柴火每年累计举办分享会超过 100 场、工作坊超过 60 场。

柴火创客空间通过提供基本的开源设备，为创客提供一个自由开放的协作环境，同时鼓励不同行业、知识背景的创客进行跨界交流，促进创意转变为产品的努力成为现实。

（2）众创空间输出

众创空间是创客空间在功能上及物理空间上的延伸和发展。2015 年 3 月 11 日，国务院发布《关于发展众创空间推进大众创新创业的指导意见》，从国家层面对创业创新给予具体的政策支持，为优秀的创客和创客空间提供政策优惠与扶持。在人人都是创客、人人皆可创业的大环境下，众创空间如雨后春笋一般涌现。拥有一个较大的办公空间、数百万资金，并以此创建一个众创空间并非难事，难的是找到合适的运营模式、方法以及运营团队，从而形成空间的核心竞争力。

从 2015 年起，柴火创客空间着手调整运营架构，提出了柴火众创空间落地实施方案，以增加空间搭建平台。2015 年 4 月 24 日，柴火创客空间与同样拥有丰富空间运营经验的"一起开工社区"正式联手达成合作，将双方现有资源和运营经验全面整合并对外输出，为更多众创空间或社区提供建设及运营的解决方案，帮助空间轻松开始并快速发展。

柴火由此制定了众创空间落地实施方案，即"1+1+1+1"模式（"柴火"+"一起"+"当地政府"+"当地第三方合作伙伴"）。在这个模式中，由柴火进行空间搭建，引入众创空间所需的设备器材，并导入国内外的创客资源，使众创空间更快地融入相关空间网络中；一起开工社区负责培训众创空间运营人员，使其了解运营中的重点、难点并掌握运营技能；当地政府主要负责政务服务，包括落地资金和扶持政策等，此外还须在本地选取优秀的第三方合作伙伴加入众创空间的建设；当地第三方合作伙伴则具体负责众创空间的日常运营事宜（见图 1）。各方发挥所长，充分利用自身资源，打造具有当地社会特色，服务于当地社会、经济发展的创客空间。①

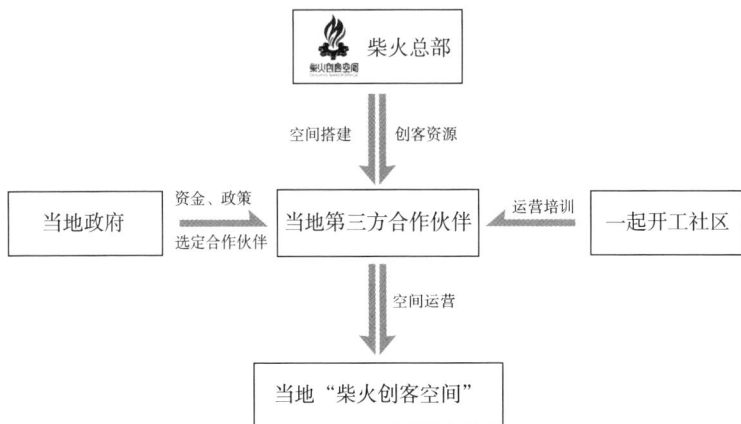

图 1　柴火众创空间落地实施方案（柴火创客空间提供）

目前，柴火和一起开工社区已在西安、长沙、青岛、福建、重庆等地帮助本地第三方合作伙伴创建起具有当地特色的创客空间，其中比较典型的是

① 关于空间搭建，参见柴火创客空间官网 http://www.chaihuo.org，2017 年 5 月 29 日。

在长沙图书馆建立的"新三角创客空间"。该空间已成为一个拥有 200 多套工具和各类工作坊，创想竞赛的市民创意制作与交流平台。

2. 创客制汇节的举办与发展

2006 年，美国科技出版社副主编戴尔·多尔蒂在创办《爱上创造》（*Makezine*）杂志之后，又在加利福尼亚圣马特奥发起了第一届"创客嘉年华"（Maker Faire），使之成为"艺术、手工、工程、科学项目以及 DIY 理念"的狂欢节日。经过多年的运作，Maker Faire 已形成拥有四个级别，展现发明、创造力和智慧的合家欢活动（见表 1）。

表 1　Maker Faire 四级活动

级别名称（英文）	级别名称（中文）	活动范围描述	典型代表
Flagship Maker Faires	旗舰嘉年华	由 Maker 传媒小组策划并执行	湾区旗舰嘉年华
Featured Maker Faires	特色（城市）嘉年华	较大范围的区域性活动	开罗特色嘉年华
Mini Maker Faires	迷你嘉年华	社区活动	曼谷迷你嘉年华
School Maker Faires	校园嘉年华	学校活动	美国 Wild Rose 小学嘉年华

2012 年，柴火创客空间获得美国《*Make*》杂志官方授权，将 Maker Faire 引入深圳。深圳制汇节（Maker Faire Shenzhen）迄今已连续举办了五届，从 mini 级别一路升级到 featured 级别。

2012 年和 2013 年，第一、二届深圳制汇节分别在宝安 F518 创意园和华侨城创意园举办。当时国内创客文化刚刚萌芽，活动规模也有限，参与人数较少。2014 年，第三届深圳制汇节在蛇口南海意库举办，由 Mini 级别提升为 featured 级别，规模为前两届的 10 倍，并增设了"专业论坛"。这一次的活动使柴火受到了市政府乃至国家科技部的关注，也间接地促成了 2015 年 1 月 4 日国务院总理李克强同志到访空间。随着柴火作为"大众创业，万众创新"的典范被推向全国，Maker Faire 也迎来了发展上的飞跃。

2015 年 6 月 19 日至 21 日，柴火在深圳南山区软件产业基地举办第四届深圳制汇节。此次参展的机构超过 200 家，包括来自国内外的创客空间、创客组织、中小学和高校，以及个人创客、创业公司和科技巨头。除了主体的展览互动，本届制汇节还举办了创客论坛、Make Fashion 电子时装秀、Aki Party、机器人格斗大赛等，吸引了超过 19 万人次进场，100 多家海内外媒体对此次活动进行了报道。① 令人惊喜的是，参展的作品不仅有工程师创作酷炫的高科技作品，更有半人高的小学生创客制作简单稚气的创意作品，真正实现了创客不仅仅存在于实验室里的研究人员、工程师等高知识水平和高技术含量的群体中，也走向民间，出现在热爱动手制作、将自己的创意想法转化为实实在在的创意作品的普罗大众中。

2016 年 10 月 22 日，第五届深圳制汇节以"我的世界，我来造"为主题在深圳南山区海上世界开幕。这一届制汇节分为创客市集、工作坊、论坛、表演四大部分，并融合蛇口基因，使深圳的城市文化积淀与创客精神相互交融。虽然活动受到台风的影响曾一度改期，但参展的创客、团队与进场人数超过 10 万人，广受各界好评。

制汇节的举办对深圳乃至中国创客文化的培育有着至关重要的影响作用，不仅在美国 Maker Faire 总部的地图上填补了中国地区的空白，而且也为深圳插上了一个精致的"别针"。柴火推动了国内创客运动的发展及创客文化的传播——不仅吸引了来自全球的创客和团队参展，同时把深圳丰富的制造生态圈传播出去，从而建立起本地科技创造者与国际交流的平台，让全世界发现深圳，展示深圳作为"全球硬件硅谷"的风采。②

2016 年 7 月，成都柴火空间文化传播有限公司成立，并于同年 12 月成功举办了成都制汇节（Maker Faire Chengdu）。成都也一举成为第一个首届制汇节即被认定为 featured 级别的亚洲城市。本届成都制汇节包含创意集市、自造谈论坛、工作坊、创客表演四大部分，100 个精品创意展位、近 30 场精致工作坊、20 场充满创造力的表演。全球创客带着他们的创意与每一个人分享，给所有人带来了一场艺术与科技融合的大派对。

柴火创客空间自 2012 年将 Maker Faire 引入中国以来，为中国创客运动、

① 参见柴火创客空间官方微信公众号"Maker Faire 制汇节"，《〈深圳 Maker Faire〉将于 10 月 21 日在海上世界启幕》，2016 年 8 月 19 日。

② 《2016 深圳 Maker Faire 10 月 21 日在海上世界举办》，参见动点科技，http://cn.technode.com/2016maker-faire/，2016 年 5 月 29 日。

传播创客文化起到了巨大的推动作用。除了成都，北京、西安、杭州也相继举办了 mini 级别或 featured 级别的 Maker Faire。Maker Faire 如同一场狂欢，不仅是科技圈和创客圈的交流，实现科技与商业的对接，也是培养小朋友创意制作的兴趣、加强创客与爱好者沟通的平台。柴火创客空间也因此成为引领中国创客运动的风向标，并逐渐成为国外创客来中国进行创客文化交流的桥头堡。

3. 创客教育的研发与推广

近年来，创客运动在国内日益兴盛，创客教育随之兴起。广义上的创客教育应是一种以培育大众创客精神为导向的教育形态（Maker Spirit-Aimed Education），狭义上的创客教育则应是一种以培养学习者、特别是青少年学习者的创客素养为导向的教育模式（Maker Literacy-Aimed Education）。它存在于正式学习中，更存在于贯穿学习者一生的非正式学习中。[①] 作为一种新型的教育方式，创客教育是传统课堂教育的延伸，具有提高学生创新、创造水平，锻炼学生动手制作等特点，不仅有利于培养创造与创新的能力，而且有利于培养就业与创业能力。

柴火创客空间响应"大众创业，万众创新"的国家政策，致力于推动国内创客教育事业，传播创新、实践、开放、分享的文化精神。柴火将教育知识领域概括为 STED，即 Science（科学）、Technology（技术）、Engineering（工程）和 Design（设计）四个方面，[②] 并以著名教育家陶行知提倡的"在学中做，在做中学"作为其教育理念，鼓励学生在学习造物的过程中掌握知识技能，并通过动手制作将想法实现出来。

柴火在创客教育领域的作为主要体现在两个方面：一是开发教育套件，设计课程体系；二是与中小学合作，将创客课程引入校园，鼓励学生利用开源硬件、基础工具设备，如 3D 打印机、激光切割机等数字化制造工具，进行创意制作。柴火为合作学校提供的校园创客教育整体解决方案（见图 2），其主要内容包括：校园创客空间规划建设、创客教育课程体系、创客教育教学资源、创客教育套件、面向硬件的图形化编程软件、创客师资培训、增值

---

① 祝智庭、雒亮：《从创客运动到创客教育：培植众创文化》，《电化教育研究》，2015 年第 7 期，第 5—13 页。

② 关于空间搭建，参见柴火创客空间官网 http://www.chaihuo.org，2017 年 5 月 29 日。

运营服务（包括比赛、研讨会、论坛、项目辅导等）。柴火校园创客空间非常注重创客教育的功能实现及创客文化的环境建设，根据实际空间对功能进行分区，配备相关的工具设备、教育套件，配套课程、教学资源及软件，支持学校开展创客教育课程，从而满足学校教学、学生自主学习、创意讨论、动手实践与展示分享的需要。[1]

2016 年 5 月，柴火与青岛电子学校签署合作协议，共建柴火创客空间青岛电子学校实践基地，这也是全国首个柴火创客空间在中等职业学校设立的学生实践基地。目前，柴火创客空间已与国内大量的中小学共建校园创客空间，分布在深圳、珠海、佛山、北京等城市。这对完善我国创客教育事业，促进学生创新创业具有巨大的推动作用。

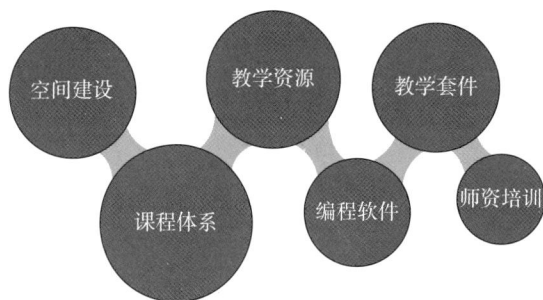

图 2 柴火创客教育整体解决方案（柴火创客空间提供）

三、新征程：柴火造物中心 x.factory

如果说位于深圳华侨城创意文化园的柴火创客空间是为乐于动手制作、对创客文化感兴趣的大众人群提供创意制作的基本工具和交流的平台，那么，柴火造物中心 x.factory 则是为高阶创客人群和企业提供从概念到产业的全方位服务和支持。x.factory 犹如本地优势产业集群与全球创客的连接点，让柴火创客空间的发展建设踏上了新征程。

---

① 参见柴火创客空间：《柴火创客教育解决方案》。

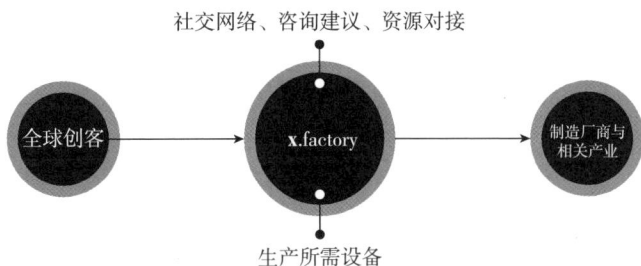

社交网络、咨询建议、资源对接

全球创客 → x.factory → 制造厂商与相关产业

生产所需设备

图 3　x.factory 的使命 ①

早在 2014 年，柴火创客空间就已开始酝酿 x.factory 的空间概念，旨在打造跨界共创的创客生态社区，聚合全球创客社区资源，连动全国各地的产业聚集地，推动创客创意项目与本土传统产业升级需求的连接。潘昊认为，创客金字塔遵循从基础的创意开始，由创意到出现原型机，再到样品、试产、量产等环节。② 有想法不等于创业，做硬件且生产一件以上才叫创业。这个从 0.1 到 1 的小批量生产过程非常重要，柴火团队就是要做这样一个整合的角色。柴火造物中心是为全球创客准备的理想平台，在造物中心有配套的设备和技术能够让有想法的创业者实现小批量生产，同时造物中心又在另一个方向与建筑、服装、交通等中小企业对接，让创客的产品能够快速与相关资源合作。

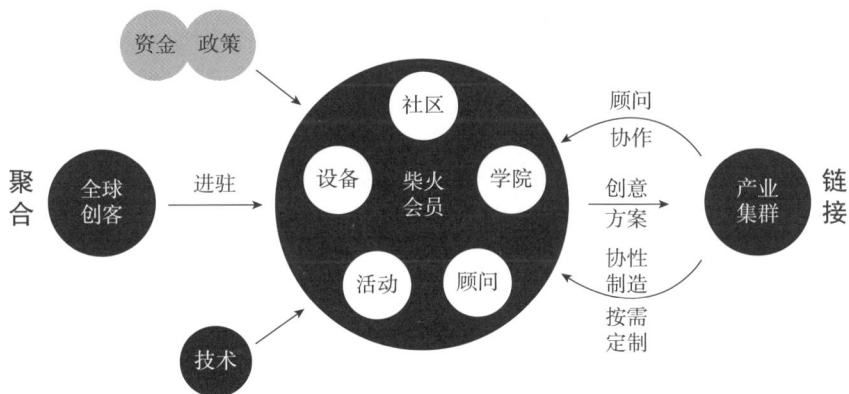

图 4　x.factory 的业务模式 ③

① 参见：http://www.chaihuo.org/xfactory/。
② 林莉：《约吗？去全球最大的校园创客空间》，《科技日报》，2015 年 10 月 27 日，第 7 版。
③ 参见：http://www.vccoo.com/v/r3lpik。

x.factory 一方面为国内创客提供创新创业空间，满足创客敏捷原型制造的需求；另一方面搭建创客与供应链资源对接的平台，将全球创客社区内的创新想法、构思，嫁接到本地成熟完善的产业链上，促进双方的共同成长。x.factory 是对传统创客空间的再升级，不仅是创客沟通交流、实现原型制造的平台，更是一个生产力平台。创客将创意在 x.factory 落地且小批量制造样品，并通过柴火提供的工厂资源将产品进行大批量生产，进而将产品投入市场。

2017 年 3 月 14 日，柴火选择了圆周率日，也就是 π Day 举行了 x.factory 用户内测开幕仪式。柴火造物中心揭开神秘的面纱，分为创作工坊区（配备有激光切割机、大型机床等设备）、多功能自造区、x.academy 教学区、3D 打印区等，空间占地约 1000 平方米。该中心以"社区、设备、活动、学院、顾问"五大板块为核心，吸引全球的创客入驻为深圳的制造业输出创意方案，同时也为全球创客提供柔性制造及按需定制的制造服务。

四、小结

柴火立足其位于深圳华侨城创意文化园的柴火创客空间，打造出空间营运、Maker Faire 和创客教育并举的发展路径，不仅夯实了自身发展的基础，也为推动国内创客文化普及做出了巨大的贡献。近年来，柴火试图打造生产力平台，实现创客和生产的对接，其新的造物中心 x.factory 也在有条不紊地发展，链接全球创客资源，促进创客项目与国际科技产业的深度融合。

多年来，柴火始终致力于传播创客文化，为创客打造交流、互动的平台，在中国两个城市主办了多届 Maker Faire。它以卓越的表现服务于国内外专业创客及创业团队，传播创客文化。既让深圳成为全球第七个举办城市级别 Maker Faire 的城市，也影响到北京、成都、西安、杭州等地创客文化的培育。柴火创客空间从 2011 年创建发展至今，俨然成为中国创客文化的一个"精神符号"。随着国内创客运动日益兴盛，中国创客与国际创客活跃度不断提高，柴火创客空间已发展成为国外创客来深圳乃至中国进行创客文化交流的"滩头阵地"。

【案例解析】

柴火创客空间是本书中一个特殊的案例，它并不直接从属于文化创意产业。自 2015 年 1 月李克强总理造访后，柴火获得了大量的社会关注，也引燃了随后的"大众创业，万众创新"的热潮。因此，柴火与文化创意产业的关系，可以从以下四个方面来考量。

首先，文化创意产业的科技走向。文化创意产业经历了从文化与科技融合到与制造业相关行业融合的历程；换句话说，也就是创意从产业到经济再到社会的渗透。创客文化因其所倡导的互联网智慧与现实的结合、技术的应用以及创新的民主化，可以从技术、内容、平台和跨界合作等多个维度推动文化创意产业的发展。例如，创客创意丰富文创产业的原创内容，创客技术促进文创产业技术的开发与应用，创客文化推动企业开放创新平台的建设（如海尔、腾讯）及跨界融合。因此，柴火虽不属于当下的某个文创产业门类，却必将推动创意经济的新发展。

其次，创客空间成为新的城市文化空间。为了更好地面向大众，柴火从东华园搬到深圳文化创意氛围最为浓厚的华侨城 LOFT 创意文化园，希望能将工程师与艺术家放在一起碰撞出火花。这一想法获得了 LOFT 的支持。柴火创客空间作为科技文化、DIY 文化和共享文化的载体，也成为一种新型的城市文化空间。

在大众创业、万众创新的浪潮中，柴火依托自身空间资源优势，提出柴火众创空间落地实施方案及创客教育整体解决方案，鼓励国内各地创建创客空间，培养国内创客文化氛围。通过组织创客聚会和各种级别的工作坊，举办 Maker Faire 创客嘉年华等系列活动，不仅使得柴火拥有了广泛的知名度，成为国内知名的创客空间；同时，使国内不同行业的人了解创客文化，让创客走入大众视野。其一，创客空间成为科技教育或是 STEAM 教育的新场所；其二，创客空间成为一种新生活时尚——"科技 DIY"的传播点。

再次，创新的民主化——从"创意阶层"到"人人时代"。随着信息技术的发展、知识社会的来临，以及专业工具的平民化，创新模式由传统的"由上而下"转变为"由下推上"的全民创新。创客通过柴火创客空间提供的开放工具、设备以及相关配套技术支持，实现快速、敏捷的原型制造以及小批量制造。今天，我们的文化越来越像是头部和尾部的混合、机构和个人的混合、职业者和业余者的混合。大众文化并没有陨落，只是不再那么大众化；同时，小众文化也不再那么默默无闻了。[①]《连线》杂志前主编克里斯·安德森（Chris Anderson）于2004年提出长尾理论同样适用当下的创客运动。传统的大批量工厂制造已不再主导当下社会的工业生产。随着创客运动的发展，创客所提供的个性化产品或服务越来越受到消费者的欢迎，小众的创意制造及小批量生产逐渐被市场所接纳。将这些数量众多的创客群体汇集起来，便占有了部分市场份额并形成了非常可观的经济利润。更重要的是，创客运动也推动了问题导向和大众参与的社会创新的进程。

最后，社会企业的崛起。柴火虽然名为社会企业，不以营利为目的，但也只有能够自负盈亏，才能有更长远的发展。因此，柴火的运营模式虽不能原样复制，但其通过与大型科技企业合作获得赞助，以及对开发创客教育产品等可盈利业务的探索，为其他创客组织提供了借鉴。

---

① ［美］克里斯·安德森：《长尾理论》，乔江涛、石晓艳译，中信出版社2012年版，第167页。

人文坚守下的纪录片制作新探索

——以深圳越众影视为例①

钟雅琴　陈良璧②

自西方摄影师来到中国拍摄新闻片伊始，纪录片在中国已经走过了百余年的历程。进入 21 世纪以来，中国纪录片发展迅猛。2011 年是中国纪录片频道年，中央电视台高清纪实频道开播，让中国拥有了第一家覆盖全国的纪录片频道，标志着中国纪录片走入全新的历史阶段。中国纪录片开始逐渐受到更多的重视与关注。③据不完全统计，2015 年全国纪录片的生产投入量超过 20 亿元，较 2014 年增长 19.1%；2015 年纪录片全年总产量超过 1.9 万小时，同比增长 9.1%。④目前，中国纪录片制作主体主要为电视台、民营公司、国家机构（电视台除外）以及新媒体机构。其中，市场体量排位第二的民营纪录片制作公司，由于种种原因，长期不为外界瞩目。

深圳市越众影视有限公司（以下简称"越众影视"），是华南地区唯一一家专门从事纪录片制作的影视公司，从初期偏重历史人文题材的《寻找少校》，到近期表现现代都市的《野性深圳》，越众影视以作品为标记，经十年积淀已成为中国民营纪录片制作公司中最重要的华南力量。然而，业内火热、市场冷淡的中国纪录片困局，也是长期困扰越众影视的主要矛盾。近年来，越众影视不断调整自身运营策略，积极探索市场环境与互联网时代纪录

　　①　本文为广东省哲学社科"十二五"规划项目（GD15XYS25）、广东高校省级重大科研项目特色创新类项目（2016WTSCX103）阶段性研究成果。

　　②　钟雅琴，深圳大学文化产业研究院讲师，硕士生导师；陈良璧，深圳大学文化产业研究院硕士研究生。

　　③　中国纪录片发展研究课题组：《2011 中国纪录片发展研究报告》，《现代传播》，2012 年第 3 期，第 92 页。

　　④　徐书婕、刘俊、欧阳宏生：《2015 中国纪录片热点现象述评》，《民族艺术研究》，2016 年第 1 期，第 15 页。

片发展的新出路。

一、越众影视：坚持一个纪录的梦想

近年来，随着《舌尖上的中国》《我在故宫修文物》等专题纪录片的火热，纪录片作为一种影视片类型逐渐吸引到资本市场的目光。在中国，专门拍摄纪录片的纪录片公司数量不多，其中深圳市越众影视有限公司便是其中一员。

1. 开端：地产公司的人文纪录片情怀

越众影视由深圳市越众投资控股股份有限公司投资，成立于 2007 年 10 月，是一家民营纪录片专业制作机构，主要从事历史、人文、地理、社会等类型纪录片的制作、发行。团队出品十多个系列、近 200 部集纪录片作品，大多在中央电视台、凤凰卫视、各卫视及海外播出，一半以上获得国内外各项大奖，多个题材构成华人世界开拓性纪录片，代表作品包括《寻找少校》《发现少校》《唐卡》《布衣中国》《民间》《野性深圳》等。

越众控股前身为中国人民解放军基建工程兵，后被改编为深圳市第四建筑工程公司，1998 年首次改制为深圳市越众实业股份有限公司，并在此基础上于 2000 年组建为深圳市越众（集团）股份有限公司。2005 年 4 月，公司再次改制，在越众集团的基础上组建成立了深圳市越众投资控股股份有限公司。越众控股董事长应宪是一位具有人文情怀的企业家，对历史文化非常感兴趣。2007 年，应宪与著名纪录片制作人邓康延合作成立子公司——越众影视。公司创立伊始，由越众控股投资 500 万，而后每年后续投入 300 万用于公司运营。

越众影视的常设团队不到 20 人，一部分为邓康延自凤凰卫视引进的资深从业团队班底，包括制片人、导演、主要摄影师；另一部分则为公司成立以来向社会招募的人才，其中不乏 90 后。全体成员共同拥有一个做好纪录片的梦想，正是这一信念让越众影视得以坚持到现在。从出品速度与资源优化使用角度考虑，越众影视目前采用内部核心成员＋招聘临时成员的模式进行作品制作。

2. 进阶：专业纪录片公司的发展与困境

2007 年 12 月制作完成的《寻找少校》，是越众影视的第一部作品。《寻找少校》已经在凤凰卫视、上海纪实频道、中央电视台9套（英文版）、深圳卫视、北美黄河卫视等多个电视频道播出，荣获2008—2009年度中国电视纪录片长片十佳作品奖、2009年荣获第三届"纪录·中国"银牌节目奖、2009年荣获广东省第八届鲁迅文学艺术奖、2010年荣获"西安国际民间影像节"最佳人气奖、2010年荣获广东省首届百佳电视艺术作品奖等多个国内重量级奖项。2009年入选文化部对外交流影片，并被译成十种语言，用于中国驻世界各国大使馆对外交流与宣传。

《寻找少校》的出品和成功奠定了越众影视作品厚重的历史人文基调，为越众影视贴上了独特的形象标签。迄今为止，越众影视的作品以题材为标签大致可分为以下三类：

（1）战争历史类：以《寻找少校》《发现上校》为代表。这类作品大部分以第二次世界大战为大背景，透过多样的角度记录发生在战争年代的感人故事，叙事色彩浓重，具有穿越历史的人文感，是越众影视早期作品较为典型的风格。

（2）文化记忆类：以《布衣中国》《先生》为代表。这类作品取材多样化，记录历史变迁，以较为生动真实的表现手法追溯与挖掘故事表象中蕴含的中国传统文化内涵。

（3）深圳纪实类：以《深圳民间记忆》《岁月山河深圳人》《野性深圳》为代表。这类作品扎根深圳，或着眼于平凡日子中发生的琐碎小事，或追踪城市发展中深圳人的生活变迁，或拍摄城市现有的生态环境，成为深圳这座城市真实的纪录者。

以越众影视新近出品的《野性深圳》为例，这是一部充满生命跌宕故事的原生态纪录片。历时三年制作，共计5集，运用珍贵的影像素材，以侧写深圳湾生态系统的手法，带来清新的自然气息，充满童趣又有教育意义，是一部综合表现现代都市自然与人类现代城市文明共生的专题纪录片。该片2016年11月23日起在央视9套纪录频道播出，未播出前便已收获金熊猫等国内纪录片大奖，堪称深圳规模最大、影响力最广的自然类大片，是越众影视近期有代表性的作品之一。与其前期出品的《寻找少校》等不同，《野性深圳》拥有浓厚的现代都市气息，为越众影视的形象画下鲜明而迥异的新一笔。

在不断丰富作品类型的同时，"作品热"与"资金冷"的矛盾是越众影视长期面临的生存困境，也是横贯中国纪录片行业的普遍问题。就现状而言，越众影视发展过程中大致面临以下困境：

（1）拍摄成本高，资金缺口大

纪录片拍摄周期长、拍摄成本高，然而依照行业惯例，越众影视的纪录片作品大多售卖给电视台，价格不甚理想，几乎无法收回拍摄成本。越众影视长期依靠深圳市宣传文化基金和越众控股母公司的资助启动公司拍摄项目，但资金缺口依然巨大。以一个计划投资 200 万的纪录片项目为例，深圳市宣传文化基金可为其提供 60 万的基金支持，其余均需公司自行融资。公司的项目运行资金一直是其日常运营中需要解决的首要问题。

（2）市场小众，盈利不佳

近年来，虽然中国纪录片市场小幅升温，但依然不足以提升纪录片市场的整体经济价值。作为小众的影片类型，纪录片作品的市场收益不佳。越众影视总经理闻正兵认为，尽管中国纪录片近年来受到的关注增多，但纪录片市场的春天依然遥远。市场的压力让越众影视不得不思考应该做出怎样的改变，以寻求更广阔的生存空间。

（3）企业品牌效益不佳

越众影视出品的纪录片流传甚广，但作为企业的越众影视并不拥有与其作品相匹配的知名度，在外界并未树立起鲜明的企业形象，导致企业品牌效益不佳。究其原因，主要包括以下几方面：①公司作品行业内认同度高，却难以受到外部市场的追捧，在大众中的知名度无法达到应有的水平；②受电视台规定限制，在电视台播出的纪录片无法明确表明为公司制作，造成"剧红、制作方不红"的尴尬局面；③不重视品牌效应与对外营销手段，导致越众影视尚未在公众中树立良好形象，无法拥有业内龙头企业如华谊兄弟影视公司、光线传媒等相媲美的影响力。

3. 转变：出路的探索

为了争取更大的生存空间，越众影视近年来逐渐调整公司运营模式，探索公司新的发展道路。

（1）丰富作品类别，增加企业盈利点

越众影视曾经在较长一段时间将资源集中在拍摄具有厚重感的历史人

文类题材上，如抗日战争、民国等时期的专题纪录片。此类作品为公司塑造了鲜明的文化形象，但同时具有拍摄成本高、消耗大、出品少、盈利少的特点。近几年，越众影视开始尝试接拍一些商业性质更为浓厚的纪录片。

当前世界范围内的纪录片公司处境均不乐观，即使是纪录片发展相对成熟完善的中国台湾以及世界其他国家的纪录片公司均面临盈利危机。因此，依靠商业性纪录片为主营纪录片提供资金是相对比较常见的做法。越众影视近年来介入城市宣传片的制作，由地方政府出资，通过解说词以口述史的方式纪录地区发展历程，推动城市形象宣传。同时，公司也接拍企业宣传片。以盈利较好的项目支持人文纪录片拍摄。无独有偶，台湾地区的纪录片公司大多是根据政府的政策选择自己的立足地，如若台北市的扶持力度大就在台北市扎根，当台北市扶持力度较弱而高雄市扶持力度强就向高雄市搬迁，以便获得最大力度的政府扶持，这与越众影视参与商业纪录片制作的举措异曲同工。

（2）丰富作品题材，提升作品接受度

《舌尖上的中国》系列改写了中国纪录片在大众中的形象，让人们认识到纪录片并不局限于格里尔逊式的严肃与沉闷，也可以是鲜活缤纷的，并进而引发了2013年以来的"纪录片热"。2014年，越众影视制作的5集专题纪录片《布衣中国》在中央电视台首播。《布衣中国》风格类似《舌尖上的中国》，是一部以中国服饰文化变迁为主线的纪录片。凭借接近日常生活的主题、精美的制作、深厚的历史文化氛围，不仅在豆瓣赢得8.2的高分，也在社会上引起了不小的反响。《布衣中国》的影响力及其经济效益，使更多企业感受到纪录片的力量，因而在与越众影视签订宣传片合同的时候也将纪录片形式纳入考虑范围。这种转变不仅为越众影视带来现实的经济收益，对公司的未来发展也形成良好的推动力。

（3）尝试院线电影，开拓市场疆域

越众影视于2016年开始尝试院线电影项目的拍摄。纪录片大电影《我在故宫修文物》顺利在影院上线，在排片率并不占优势的情况下，首周票房收入超过400万，为目前尚在成长阶段的纪录片院线电影市场打了一针强心针。目前，越众影视的院线电影项目《深圳爱情故事》正在拍摄中。影片将拍摄30对恋人的深圳爱情，包括深圳的一代、二代甚至三代移民。作为一个移民城市，移民文化在深圳文化体系里占有非常重要的地位，而爱情作为人的生活中重要的组成部分，其发生、发展足以体现深圳移民在深圳生活的实际状况。

（4）制作短视频，紧跟互联网潮流

近年来，纪录片的制作与发行正在从主要经由电视电影传播转移至在线视频网站以及微信、微博等自媒体上。2015年是新媒体纪录片的井喷年，受益于移动互联网的蓬勃发展，新媒体纪录片在播放量上整体呈高速增长态势。[①]纪录片已成为视频网站的重要点播内容之一，以视频网站、手机视频等为代表的新媒体已经成为越来越多人观看纪录片的新渠道。[②]借此，越众影视转变思维，适应时代潮流，在维持旧有电视台传播平台不变的情况下积极推动与腾讯视频等网络视频平台的合作，推动公司产品"上网"播放，扩大影响力。

"一条""二更"等短视频公众号借助移动互联网在国内的走红，推动短视频逐渐进入公众视野。这其中的"二更"主打以城市作为标签、人物故事作为实际载体的"更系列"，如更苏州、更上海等，这与越众影视的制作观念不谋而合。越众影视总经理闻正兵介绍，公司已经与"二更"达成合作意向，以短视频形式制作新作品。"二更"的推送平台与越众影视拥有的深圳本地资源网络，使双方合作制作"更深圳"成为可能。

2017年7月19日，越众影视自媒体品牌短视频"闻道"正式上线。闻正兵认为，短视频实际上就是短的纪录片，可以归为纪录片的新形式。目前在网络上热度很高的人物类、美食类短视频，实质上便是纪录相关题材的小纪录片。传统的纪录片都是按照电视剧的规格进行制作，拍摄体量大，制作周期长，并不适合在流行的手机媒体以及自媒体平台上传播。短视频可以凭借其时长短、制作周期短的特点适应互联网平台的传播趋势，非常符合互联网+时代的要求，不仅是一个具备潜力的发展方向，也可能是纪录片的新趋势之一。目前，"一条"与"二更"由于其已经收到较为良好的经济收益，成功地引起资本的注意，市场估值水涨船高。

尽管为解决盈利情况不佳的现实情况，越众影视做出了适应市场的改

---

① 张同道（等）：《2015年中国纪录片发展研究报告》，《现代传播》，2016年第5期，第111页。
② 石翠琴：《浅谈"互联网+"时代的纪录片之路》，《今传媒》，2016年第8期，第95页。

变，但公司的主要方向依然是拍摄高水平的严肃纪录片。闻正兵说道："做纪录片公司必定需要情怀，否则在经济收益不稳定不丰厚的情况下，是几乎无法坚持下去的。"作为一家优秀的纪录片公司，秉持本色是越众影视长期的坚守。但是，维持现状显然不是上上策，如此为之将造成国产纪录片在小众的路上越走越远，难以适应这个瞬息万变的时代，甚至造成被市场淘汰的后果。那么，到底是什么造成了国产纪录片长时间受市场冷遇？纪录片的出路又在哪里？

二、中国纪录片：未来路在何方？

经过长久的努力，中国纪录片凭借优秀制作，在全球纪录片行业已然拥有一席之位。然而，近年来国内火热的影视行业资本市场却并未向中国纪录片敞开它的怀抱。为何高质量的作品无法获得资本的青睐？为何发展已久的纪录片依旧只能站在"小众"行列无法进入"大众范畴"？国产纪录片的未来又有哪些可能性？

1. 困局：中国纪录片为何遭冷遇？

首先，长期以来，纪录片发行与制作集中在以电视台为代表的传统媒体，深受体制化、栏目制作化[①]等特质的束缚。前文提到的"不允许出现制作方名称"就是其具体表现之一。电视台主导的运作方式决定了以其为主要依托的中国纪录片难以真正市场化。若不将电视台纳入主要发行渠道考虑，将纪录片的发行运作依托自由资本市场，则无法逃脱"缺乏娱乐性"的魔咒。纪录片由于多采用纪实镜头，题材也偏向于选择表现社会问题，基调一般较为暗沉。

其次，当大众消费进入"娱乐性导向"时代，影视作品具备娱乐属性是其为大众所接受的基本配备。纪录片逼近真实的拍摄角度，以及暗沉的叙事基调，让观众难以将它与娱乐结合到一起。这就与当前大众流行文化属性不符，哪怕大部分纪录电影的票价仅为普通电影的一半甚至三分之一，观众也不愿意为其买单，也就造成了此前尝试进入院线的纪录片电影以及电视专题

---

① 张同道：《艺术表达与文化工业：中国纪录片的热与冷》，《现代传播》，2008 年第 3 期，第 95 页。

纪录片大多铩羽而归。

再次，纪录片受"冷遇"，其行业内长期以来难以解决的某些"缺陷"更是重要因素。纪录片拍摄周期非常长，一般要经历选题、前期拍摄和后期剪辑三个主要阶段。尤其是在拍摄过程中，难以控制拍摄时间，因为其题材通常反映社会问题，在素材的采集方面具有很大的不确定性。最典型的例子就是，有的时候摄影师拍摄一整天也难以有最后可以用于剪辑的素材。出品速度低，让纪录片始终难以像其他类型的影片一样迅速地推向市场。

最后，纪录片从业者普遍上对纪录片存在略显固执的坚持，而这些坚持中的某些部分，并不与现代接轨。谈到纪录片就难以越过约翰·格里尔逊，其对纪录片所下的定义至今影响深远，代表性的"画面＋解说"（格里尔逊式纪录片）模式，也是当前大部分中国纪录片所采用的基础形式。这造成了纪录片形象的固化不变，难以带来新鲜感。

纪录片制作者倾向选择体现社会阴暗面的主题，如《舌尖上的中国》此类主题较为轻松的纪录片在行业内受到相当一部分从业者的排斥。此外，相当一部分纪录片制作粗糙，不注重画面美感、光影组合与画面布置，没有配乐或者很少配乐，难以给观众带来美的享受，而是更容易给观众造成不适的观感，压抑与沉闷成为纪录片的主旋律。这恰恰是创作者惯于使用但大多数观众并不喜爱的表现形式。行业内部与大众对于同一作品大相径庭的审美要求，成为目前纪录片困局形成的主要因素。

由此，目前国产纪录片已然处于行内闹腾、行外冷清的大态势。如果维持目前的发展态势，固执地坚持过去的拍摄手法，纪录片在竞争激烈的国内影视行业将愈加发展困难。当然，时代的变迁带来的除了挑战，更有机遇。美国作家唐·德里罗说过，对于许多人来说，世界上只有两块地方——他们生活的地方和电视机里给他们看的地方。纪录片的每一次转型和发展都与外部环境变化密切相关，在互联网深入生活、新媒体蓬勃发展的今天，纪录片应该顺应环境变化，从电视进军网络、从小众走向大众，借助新媒体尤其是视频网站拓宽市场，获取更多关注，赢得广泛应和，解救其自身在泛娱乐时代所处的困境。

2. 互联网＋：可否带来全新冲击？

互联网的飞速发展，让越来越多的事物有了新的可能。无论从中国纪录片行业的总体发展轨迹还是由越众影视的个案来看，资金一直是困扰纪录片发展的重要因素。"互联网＋"则为这个问题带来了可能的解决方法。

随着文化产业的发展和知识产权意识的加强，线上视频网站开始迈入"付费时代"。截至2016年12月底，国内视频网站付费用户规模达到7500万，比2015年的2200万增长了241%。2016年，爱奇艺、腾讯视频、优酷视频等视频网站的付费会员数量均有大幅上升，其中爱奇艺在2016年6月公布其有效会员规模突破2000万。[①]上述结果显示，在线视频网站上的受众有足够大的概率接受付费观看纪录片，这为解决纪录片资金问题带来了可能。

与此同时，"互联网＋"的到来，改变了电视台作为纪录片发行唯一重要渠道的地位。互联网的介入，使拥有优质内容的纪录片受到发行渠道困扰的问题有可能得到根本改变。尽管在线纪录片观看的增长规模相对于娱乐性为主的电影、电视剧较低，用户群体规模和数量还处在培养阶段，但在线视频平台还是为纪录片提供了新的发行平台与运作模式。纪录片大多具有主题性，可以有延续性地推出新内容，这与目前在互联网上传播广泛的综艺类节目有相似之处。"互联网＋"让纪录片得以沿用综艺节目推广模式进行传播，拓宽了二次传播渠道。事实上，《舌尖上的中国》系列、《布衣中国》等的成功正是纪录片运用互联网推广模式的典型案例。

3. 短视频：新形式下的新出路？

短视频是时下热门的视频形式，一个几分钟的小视频便于在碎片化时代的手机媒体上播放。一个关于人物的小故事、一道美食的制作方法、一个某个城市的小变化，都可以带来感动、欢乐与思考。从"飞碟说"在视频平台上的火热到订阅用户对短视频公众号的热捧，我们可以看到由于便于传播、制作成本低、更新速度快，短视频这一形式一经推出就在短时间内成为热点。

短视频具有以纪录为主的特性，但与传统纪录片相比，时长短并不是唯一的区别：短视频故事性更强，氛围相对轻松，精细地运用配乐、画面和光影，甚至达到了广告的水准，美感十足。上述特点使短视频行业区别于传

---

① 刘翠萍：《2016年中国视频行业付费市场研究报告》，艺恩网，参见 http://www.entgroup.cn/Views/38420.shtml，2017年9月30日。

统纪录片行业，得到了迅速发展。目前仅以短视频为主项目的公司便有包括"一条""二更"在内的 10 余家。此外，传统媒体也开始把注意力放到短视频上，原"澎湃新闻"的部分骨干组队创业"梨视频"短视频项目，南方报业集团也在视频平台推出一系列短视频。中国互联网行业三巨头之一的百度公司，则使用"百科＋短视频"的方式在 2016 年推出"秒懂百科"产品。可以说，短视频已受到来自资本的关注，拥有全新的市场。

"一条"和"二更"是当前国内短视频领域发展较为突出的两家公司。上海一条网络科技有限公司最初通过"一条"视频公众号打开知名度，现阶段开始转入网上电商平台的构建，通过拍摄产品设计师的短视频并使其通过互联网的传播达到宣传其平台所售卖商品的作用，促进消费者消费。"二更"的做法更为纯粹，以纪录视频为主，主打地区为标签的人物类短视频，讲述人物故事，带来感动也带来足以吸引企业投资的商机。这类公司的成功让观众与市场都关注到纪录片的重要性，伴随着这些公司的成长，越来越多的企业愿意以小纪录片的形式作为自己的企业宣传片，也让越众影视一类有丰富纪录片制作经验的优秀公司有了更大的存活空间。

时下短视频行业发展得热火朝天，但这种形式能否经受住时间的考验成为未来纪录片新主流形态还有待验证。"互联网＋"时代带来了传播渠道与发展机遇，更带来重重挑战。在相同平台下，纪录片能否利用自身内容优势突破重围、夺取资本，也难以下定论。或许，综合互联网时代的力量以及不确定性，突破旧有形式与制作观念的束缚，能够成为帮助纪录片走出困境的一剂良方。

4. 交互式：技术催发型新模式是否可行？

交互式纪录片，是近年来随着互联网技术发展形成的纪录片形态。它借助互联网平台，完成纪录片的内容呈现与传播。与传统纪录片的线性播出方式不同，交互式纪录片不仅在叙述的主体、叙述的视点、叙述的方式等方面更加灵活，而且允许观看者参与到纪录片的生成过程中，通过数据内容、个人经验的添加与分享，使纪录片不断生长，突破了传统纪录片样态与格局。[1]

传统纪录片多数是由作者到受众的单线式内容传播，观看者基本处于内

---

① 李智、郑幽娴：《交互式纪录片的叙事研究》，载《中国纪录片发展报告（2014）》，社会科学文献出版社 2015 年版。

容接收端。借助于互联网媒体平台传播、多数字媒介播放的交互式纪录片，则更多了一些可能性。观看者不再仅仅只是接受者，而是可以成为作品的参与者，使作品真正做到"千人千面"。当然，由于所采用的技术、技术成熟程度、创作方法、与观看者进行交互方式的不同，每一部交互式纪录片所能达到的与受众的交流程度无法同一而论。就现在的发展情况而言，交互式纪录片可以分为对话交互型、超文本交互型、参与交互型和体验交互型。[①]

交互式纪录片是互联网、多功能媒体等新兴技术的日渐成熟所催发出的纪录片新范式。它很大程度地改善了传统纪录片过于单调、作者主观创作意识主导地位过于显著的缺点，当"独角戏"变为"共同创造"，作品便能得到更深层次的认同。自从交互式纪录片诞生以来，国外已有不少代表性作品，如《70亿其他人》。这些作品不同程度地为观众留下了再创造的空间，加重了纪录片观看过程中的参与代入感，引发了当前西方交互式纪录片的热潮。

在中国，交互式纪录片属于空白领域，无论是作品还是相关研究都比较匮乏。这意味着双向可能性：相关作品一经问世就受到热捧，或者是太前卫而无人问津。但是，随着VR、全息成像、裸眼3D等技术的不断发展，交互式纪录片在中国将拥有更现实的土壤，中国纪录片的"交互时代"也会到来。它并非一定会是成功的尝试，却不应简单地拒之门外。交互式代表的技术催发型纪录片新范式，不但是互联网背景下对于纪录片如何与视频平台为代表的网页媒介融合的思考，更是对于纪录片未来的范式与发展可能的探索——纪录片不仅能够打破题材传播渠道的边界，甚至范式的边框、观看的地点也可以就此改变。

三、结语

借由对越众影视的考察，我们得以对中国纪录片行业外部市场和内部制作进行更深入的思考。从回望过去记录历史，深入探讨人与自然、人与过去的关系这样具有厚重感的层面来说，纪录片无疑是影视片中善于表现上述

---

① 李坤：《交互式纪录片：一种纪录片的新范式》，《文艺研究》2016年第12期。

题材的片种，它的存在带来的是远超于其本身所能创造的经济效益的人文意义。纪录片在中国的发展得益于纪录片人的长久坚持，国产纪录片的未来则在于思变与适应。对纪录片梦想的坚持，让以越众影视为代表的纪录片企业坚持创作品质，让国产纪录片拥有了更多优秀的作品。但是，纪录片过于标签化所带来的困境也不容忽视。实际上，作为一种影片类型，在当下的文化环境和市场语境下，纪录片太过清晰的边界在某种程度上限制了它的发展，让它难以与其他影片类型进行良性交流。

新技术与新环境的综合作用，也对纪录片的未来发展提出了全新要求，提供了成长土壤。日前，国务院正式印发《"十三五"国家战略性新兴产业发展规划》，与文化产业结合紧密的数字创意产业首次被纳入国家战略性新兴产业发展规划，并成为与新一代信息技术、生物、高端制造、绿色低碳产业并列的五大新支柱。这成为此次《规划》的一大亮点。《规划》提出，到2020年，要形成文化引领、技术先进、链条完整的数字创意产业发展格局，相关行业产值规模达到8万亿元。数字创意产业是以文化创意内容为核心，依托数字技术进行创作、生产、传播和服务，引领新供给、新消费的高速成长的新型文化产业门类，呈现生产数字化、传播网络化、消费信息化等特点。《规划》为中国纪录片进一步发展提供了政策环境和市场信心，与当前纪录片发展的总体方向相符，更加促使中国纪录片朝着规划的新方向努力。

【案例解析】

越众影视是一家拥有精良团队、丰富制作经验、获奖颇多、在行业内具有一定影响力的纪录片企业。从企业发展历程看，制作优秀的纪录片是越众影视恒久的追求。就这个角度而言，十年来出品数十部纪录片佳作的越众影视无疑是成功的。然而，越众影视并没有因为作品的成功而获得相应的品牌效应和经济回报。相反的是，即使在有政府支持的情况下，公司也屡屡因为大型纪录片项目运作陷入资金困难。究其原因，过长的拍摄周期、不成熟的运作模式、固化的拍摄手法等这些纪录片拍摄的特殊性，导致其难以实现真正的产业化，难以在经济上有良好的创收。

为了与当前的市场境况相适应，越众影视积极探索发展道路，这些措施对公司的运营起了积极作用。他们拍摄的纪录片影响力日益增强，来自对外接拍的商业宣传片的收入越来越高，也开始了在短视频领域与院线电影方面的新的尝试。总体而言，越众影视近几年的发展轨迹除了以文化为核心以外，逐步开始向产业化转变。但是，这些新的尝试能否为公司发展带来新的契机，就现在的发展态势而言还是难以判断的。同时，公司品牌形象的不明确、作为商业性公司的知名度低等在营销方面的缺陷，也是越众影视在下一阶段发展中需要解决的重要问题。

从越众影视看今天的中国纪录片，不难看出，越众影视是中国纪录片行业的缩影，它所面临的问题亦是整个行业目前面临的困境。国际范围的纪录片布局基本上是由以经济与市场为导向的商业纪录片和以艺术文化、导演主导的独立纪录片组成。商业纪录片抢占大部分纪录片市场、创造经济效益，使用成熟的、标准化的发行制作模式；独立纪录片传播美学人文观点、担当文化讨论的主流，资金主要来源是民间基金会的公益性支持，类似目前中国国内的政府扶持。以美国为例，上述两种纪录片分别以美国探索频道作品和梅索斯兄弟作品为代表，形式不同，表达内容不同，运作与发行模式不同，各司其职，相互促进发展，共同构成了美国的纪录片市场版图。以一座佛塔为喻的话，商业纪录片构成了纪录片的塔身，它用大众易于接受的方式维持了纪录片的基本受众群，而独立纪录片则是纪录片塔尖的佛珠，它以人文关怀、人性思考与艺术探索展示了人类的心灵景观。[①]

过去很长时间里，中国纪录片没有明细分工，大多按照国际上独立纪录片的制作方法制作却按照商业纪录片运作，其结果可想而知。近年来，中国纪录片从业者意识到这方面的缺陷，逐渐做出针对性改变。此前《我们诞生在中国》与《我在故宫修文物》两部影片的顺利上映，展现了中国纪录片市场正处在有序而良好的发展中。此外，中国纪录片目前仍然难以逃脱出固定框架的束缚，作品之间大多只能以题材作为区分，绝大部分仍然运用"画面＋解说"的最基础的模式，容易造成"千人一面"之感。在瞬息万变的新时代，这无疑是致命的缺陷。

纪录片作为影视片类型之一，纪录片行业作为文化产业的分支，需要做

---

① 张同道：《艺术表达与文化工业：中国纪录片的热与冷》，《现代传播》，2008年第3期，第92-95页。

的不只是题材的转变与形式的改革，还要主动与新时代交流，推出与时代大环境相适应的作品。文化与经济，只有并驾齐驱才能在文化经济时代真正带动文化企业的发展和成功。越众影视唯有顺应时代潮流同时秉持不忘初心，方可在未来的发展中保持常续活力，真正塑造出企业文化与价值。

多位一体的创意社区搭建策略
——以风火创意为例

秦晴 贾鸿鸣 [①]

深圳市风火创意管理股份有限公司（以下简称"风火创意"）打造了国内首个创意管理平台，进行"创意研发＋产品衍生＋渠道拓展＋运营支持"的一体化管理，也进行了以"创意组织＋创意系统＋创意人才"为核心的新的企业主营业务体系。通过这种方式，风火创意能够最大限度地招揽创意人才，使其激发、研发创意作为生产创意的储备库，并且以智囊团的身份为社会发展和企业发展提供良好的项目、方案和产品，履行创意智库的功能。同时，围绕创意形成一条龙服务，从物质、精神、知识、机遇、资金等各方面对创意给予支持，在小空间内创造出无限的大世界。

一、风火创意的成长历程

风火创意创立于 1997 年，二十年的发展历经了三次转型，从创意产业的服务者、打工者转型为创意管理，第三次转型成为创意管理平台。这三次转型也是产业的升级，风火创意由此完成了从应用广告传播到实践生活美学、从提升客户价值到倍增客户价值、从优化产品模式到创新商业模式、从服务传统产业到升级传统产业的跨越。

风火创意始于风火广告，当时是一家业务涵盖产品定制创意、工业设计、品牌管理、策略执行、营销咨询、平面设计、互动设计（动漫、手绘、插画、摄影、TVC 拍摄、广播电视制作等）、媒介购买、媒介内容制作及公关策划执

① 秦晴，深圳大学文化产业研究院教育培训部副主任；贾鸿鸣，深圳大学文化产业研究院艺术理论硕士研究生。

行、美学顾问等全价值链的创意管理平台型机构。依托股份公司为管理总部，风火创意曾在深圳、北京、上海、广州、成都、南京、惠州、武汉、青岛、福州、无锡、贵阳等 12 个城市设立分支机构。风火创意曾入选"2012 年广东省企业 500 强"，获得过"广东省服务业百强"等称号，是深圳乃至全国广告业的标杆企业。它在鼎盛的时候，全国有十多个分部，拥有员工近千人，每年纳税近亿元。

随后，风火创意由传统广告公司升级为通过现代商业管理模式，整合广泛创意资源，以创意、美学、设计、文化等要素为手段的创意管理公司，并把"打造全球化创意管理平台"作为企业发展的战略目标。

2014 年 5 月，风火创意参加深圳（国际）文化产业博览交易会，并举行"我们梦想"战略合作发布会，宣布了公司的战略布局和 G&G 创意社区的启动以及战略合作伙伴。由此，风火创意开始进行第三次创意革命，缩减成 20 人的精干团队，依托 G&G 创意社区，发起一场全民幸福生活美学的革命。

克里斯·比尔顿博士认为，创意融合理性与非理性思维，游走于不同的思维方式之间。真正的创意必须与外部背景环境完美对接，即确定的创造性和可行性。在创意产业中，创意要产生价值，为受众、客户所接受，对创意进行评估、营销、推广等一系列活动是十分必要的。因此，创意是需要管理的。对于风火创意而言，其核心资源就是创意。如何激发创意、孵化创意、落地创意、实现创意价值，就是风火文创围绕创意而做的事情。

二、G&G 创意社区引发的新革命

在中国，创意管理处于"摸着石头过河"的萌芽阶段，加之创意的多样性与多变性，创意管理存在一定的难度。在这种背景下，风火创意依托"组织发展平台＋创意研发平台＋内容开发平台＋渠道扩展平台"进行一体化管理，重新布局了企业的主营业务，以"企业品牌创意管理、产品与客户全体验创意管理和社会化媒体及渠道的创意管理"为核心，打造了国内首个创意管理平台。

1. 激发创意的开放式空间

风火创意认为，创意是第一生产力，任何产业都离不开创意的支撑。创意研发是进行创意管理的第一步。因此,风火创意建立了创意研发平台。

G&G 创意社区为创意人提供了开放式的创意空间,推出 Weplay 联合办公空间。Weplay 联合办公空间的理念是情景化创业剧场,将集装箱堆叠形成四层的相通的办公空间,设计成为游乐场的形式(见图 1)。在其中的创意人打破传统公司的桎梏,自由寻找志同道合的人进行创意。在这一创意空间中,可以获得各类配套的资源,包括财务、法律、投资人等。GNU 巨牛新生活方式众创空间也是类似的开放性空间,引入不同行业、不同领域甚至不同区域的工作室或个人,创建线上虚拟空间和线下实体空间,对某一项目进行跨界共同合作。相应地,在这一空间中,行业资源和相关项目也会被引入,与入驻团队或个人对接。

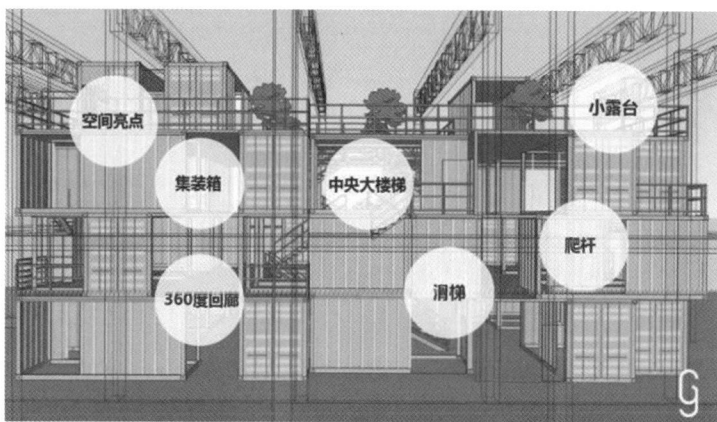

图 1 G&G 创意社区剖面图

2017 年,G&G 创意社区 Weplay 情景式创业剧场正式升级为 Bee+ 深圳。Bee+ 深圳由风火创意和蜜蜂科技集团共同打造,是全面升级的创新型联合办公室,秉承 "bring life into work" 的理念,Bee+G&G 创意社区空间将最具颠覆性的社交场景和最具创意的办公室展示在消费者面前,满足人们对办公生活、创业生活、创意生活的最美好想象,品味工作与生活的怦然心动。Bee+G&G 创意社区空间拥有 3000 平方米的联合办公空间,为 1—600 人的团队提供独立或开放的 24 小时办公空间。整个空间包含办公室、厨房、餐厅、休息区、头脑风暴室、淋浴房等众多便利的配套设施。这一崭新的空间是对外开放的,游客可以进行参观，并且开放大堂作为下午茶区域，同时不定期举办爵士音乐会等创意活动。

开放式的创意空间在研发平台中起到非常重要的作用。一方面，创意生成需要跨界合作。创意需要融合不同的思维方式，这是个体所做不到的。因此，创意人需要借助不同类型的人和团队来完成创意。开放性创意空间来者不拒，能够聚集大量具有创意思维、专业技能并拥有社会资源的人群。通过人群的集聚形成社群，创意人、创意团队从中寻求目标、价值一致的人或团队进行合作，从而产生产品或模式。另一方面，开放式的创意空间具有共享性。在创意的过程中，信息是非常重要的。而在开放式的创意空间中，信息是共享的，无论是最新的业界行情，还是创新和创业的知识，都可以在这一空间中获得。再者，开放式创意空间打破传统的公司格局，加强交流与互通，为通过跨界、合作、沟通中而形成的创意创造了良好的产生环境。

在 G&G 创意社区中建立的开放式创意空间，为创意研发提供了良好的环境基础，能够促进创意激发，从中产生大量的创意产品和模式。

2. 激活创意的创意资源平台

创意从产生到最后进入市场产生实际的价值，需要相关资源的辅助。G&G 创意社区为创意提供了相关配套资源。

（1）提供无边界的创意资源

真正的创意具备"内外兼修"的特点。创意本身是独一无二的且能够与外部环境紧密结合，也就是说，能够为市场、消费者所接受，从而真正创造价值。因此，创意的诞生需要经过不断的调试来达到这一标准。G&G 创意社区中就存在着这样的调试资源。G&G 创意社区本身就是一个大的联合办公空间，其中分布着许多艺术家、创意团队、创意公司的工作室、实验室，除此之外还有许多独立创意人和创意团队，以及"招商星探""项目奶爸"等与创意和市场有关的人才或组织。通过与这些创意人才、运营人才密切接触，了解市场、行业、消费者的需求和动向，从而使创意更具有可实施性。同时，G&G创意社区中又存在展示创意产品的场所，直接面向消费者和市场，如美学盒子、DEMO PARK 等。美学盒子用于展示创意产品、idea，DEMO PARK 也是用于展览和展示的空间。在这里，创意直面消费者，接受消费者检阅，并以此得到消费者的反馈，进而对创意不断进行调整。另外，G&G 创意社区本身就是一个大的展示空间，入驻这里的创意团队可以在创意社区内举行活动，让消费者能够亲身体验创意团队的模式、生活方式等，创意团队也能够从中更直观的获取消费者信息。比如 2016 年 8 月 20 日，在 G&G 创意社区罗湖的 SUPERMONKEY，开了一场名为 CRAZY MONKEY 的电音派对，将传统的健身房与夜店相结合，在夜店一起喝酒、健身，改变无趣的传统健身方式。对于消费者来说，这次活动只是一次简单的体验活动；而对于 SUPERMONKEY 来说，消费者的参与带来的是他们对于模式、活动的反馈。模式中哪些需要保留、哪些需要改进、哪些需要剔除，都能够直观地从在场消费者的口中获取，从而不断调试创意，使其更加完善，创造更大的价值。

（2）完美嫁接创意与市场

创意产品和模式需要与市场对接，才能发挥其价值功能。G&G 创意社区为创意人或团队的创意产品或模式提供面向市场进行传播的契机。

G&G 创意社区为创意人和团队提供信息沟通的机会，通过举办相关活动，打开传播的窗口。创意的传播需要社交，在社交的过程中，结识需要产品、方案、想法的人，使创意得到传播。2016 年 9 月 10 日，G&G 创意社区 Weplay 举行地产新意连接会。将地产开发商和创新供应商汇聚一堂，形成创意对接。不仅解决了地产开发商创意难寻的问题，更是为创意人打开了一扇走向市场的大门。而这次连接会的形式是茶话会，地产开发商和创新供应商平等对话，讨论方案，碰撞思想。2016 年 10 月 16 日，G&G 创意社区举行思想集市（见图 2）。思想集市本质上是一场关于 idea 的展览。这一展览是创意人、文创创业者向外界展示自己创意产品、思想或模式的窗口，可以将创意推向市场。

图 2　G&G 创意社区思想集市宣传海报

G&G 创意社区还与 TOPYS 开展合作，建立线上板块。TOPYS 是中国成立最早的创意垂直网站之一，聚集了大量的艺术、创意领域的创意人、创意团队以及创意投资人等专业人才。G&G 创意社区与 TOPYS 合作，建立虚拟梦想空间实验室。其中，风火创意为 TOPYS 提供智力资源和资源分享。通过这一合作平台，创意人能够通过网络与市场对接，将创意产品或模式进行传播。

（3）创立新潮运营方式

G&G 创意社区属于风火创意的成果之一。风火创意在文创界摸爬滚打二十年，拥有丰富的社会资源。转型后的风火创意致力于为企业做创意顶层设计和创意全案，推动企业的转型升级。G&G 创意社区中聚集、入驻大量的创意人和创意团队，他们本来就是产生创意产品和模式的最鲜活的力量。G&G 创意社区引入需要转型升级、顶层设计或内容创意等方面创意需求的企业，使其与创意人和创意团队对接，将创意投入到企业运营中去。

G&G 创意社区 GNU 巨牛新生活方式众创空间，聚集了巨牛的人，提供创意内容和解决方案。以"跨界融合、协同创新、共创共享"为核心理念，立意在产业未来的远见和高度上，通过线上虚拟或线下的实体空间，最大化地创造有效连接，跨行业、跨区域连接、集结多个创意工作室和个人，以项目制的形式进行创作，共同提出各种解决方案，共同向市场运输价值并分享。同时，引进需要创意的公司，通过双方合作将创意引入需求公司，并投入运营。同时，G&G 创意社区与多家公司形成战略合作。G&G 创意社区在线下通过运营空间如商铺等的提供，使创意能够落地，并面向消费者。

G&G 创意社区中的如美学盒子、Ing Street 提供多个产品空间，用以开潮店、定制工坊等，这些空间可以将创意落地进行运营。它们与 Weplay 等联合办公空间密切相连，运营过程中所产生的问题能够及时得到解决。G&G 创意社区也有线上运营空间，微信上的 G 星商城里是 G&G 创意社区新生活方式的精选商品。通过将创意产品放在线上商城进行销售，为创意产品的运营提供线上空间。不仅是创意产品，一些创意理念和模式也同样以线上预约的形式呈现，如 Sense 餐厅订座服务。创意运营配套资源的提供，为创意进入市场和落地提供了极大的便利。

3. 挖掘创意的人才培养平台

创意人才是以专业或特殊技能为手段的精英人才，创意产业是靠挖掘人的创造力、技能和天分来创造潜在财富和就业机会的产业，因而创意人才是构成产业发展的有生力量。为此，创意人才的培养对于文化创意产业而言十分重要。风火创意意识到创意人才的重要性，一直致力于推动创意人才的教育。

风火创意筹备成立全国首家创意大学。风火创意与深圳万博汇投资控股有限公司达成战略合作，发起成立创意教育基金和创意创业基金，用于支持创办创意学院和创意大学。正是在这种努力中，风火创意提出了"学习＋协作"的口号，认为学习本身就是创意人才的培养。

三、引领创意社区发展的力量

1. 创意社区精神内涵构建

社区精神内涵构成一个社区的精神力量。强大的社区精神能够让社区成员不忘初心，保持强大的社区力量，从而产生生生不息的创意力量。G&G 创意社区旨在构建创新、开放、协作、快乐的社区精神内涵。

（1）精心营造社区环境，焕发新生命力

风火创意进行合理的选址，G&G 创意社区位于深圳蛇口工业区内，为深圳蛇口南星玻璃厂旧址（见图 3）。众所周知，成立于 1979 年的蛇口工业区是中国第一个外向型经济开发区，也是中国建立时间最早的出口加工区和试验区。大量已成立 20—30 年以上的传统制造业企业聚集于蛇口工业区内，极大地推动了经济的发展。现在，蛇口工业区也走上产业转型之路，并且要促进城市空间"从'制造'型向'智造'型城区转型"[①]。南星玻璃厂即坐落在蛇口工业区内，在 1997 年退工业化浪潮中，退出历史舞台。G&G 创意社区即选择在南星旧厂房。通过对南星旧厂房的改造，实现对厂房的空间再利用。同时，作为创意社区，G&G 从中产生源源不断的创意也对蛇口工业区的转型升级形成智力支持。风火创意将 G&G 创

---

① 黄汝钦、杜雁、程龙：《智慧型城市空间形态培育路径研究——以深圳蛇口工业区更新为例》，《规划师》，2013 年第 29 期，第 26—31 页。

意社区的地址选在这里，也昭示着创意改变环境，传统与现代在碰撞与融合中产生无限创意。

图 3　G&G 创意社区正门一角

选址后，风火创意对蛇口南星玻璃厂旧址进行了合理、巧妙的改造，赋予旧工业厂房新的生命力，营造全新的 G&G 创意社区。作为传统生产厂房，南星玻璃厂同传统厂房一样面积大而开阔，没有空间分隔。对于旧厂房的改造，G&G 创意社区最大限度地保留了玻璃厂的原貌，并没有将其进行空间分隔，而是以整体的形态呈现出来。一方面，表达了对于历史的尊重；另一方面，也表现出 G&G 创意社区的开放性和共享性。空间中几大板块相互连接，没有明显的空间区隔，这种空间设计传达出创意社区开放、共享的精神内涵（见图 4）。

人与环境的平衡对于社区的健康发展非常重要。创意社区中的创意人需要在其中进行创意活动，因而，环境对于创意的激发至关重要。第一，开放的创意空间。通过打造不同的场景，能够最大限度地进行信息共享、相互协作等有利于创意的活动。比如 ing 创空间建立联合共创场景，并关注协同创造、跨界融合，从而达到价值共享。创意需要信息共享和相互协作，开放的空间能够为创意提供最大的便利，通过推倒个人、团队、领域之间的"高墙"，促进创意活动。第二，非正式的办公空间。过于正式的空间会限制创意的产生。G&G 创意社区营造了轻松、舒适的办公环境。比如 Weplay 联合办公空间，营造了具有游戏场景的办公空间——用室内四层集装箱做成接近 2000 平方米的办公游乐场，其中既包含舒适的阳台，也有滑梯、爬杆，成为一个办公游乐场。这个空间不仅仅用来办公，还可以用于聚会、开生日派对等多种活动。在工作中，则随时能与人进行交流，并在社交中找到志同道合的人一起"搞事情"。这就完全满足了共享、协作和社交的需求。通过这种非正式的办公环境，实现激发创意的目的。

图 4　G&G 创意社区开放性大门一角

创意社区的环境能够对创意人形成滋养的土壤，激发创意人的灵感，而创意人的合作方式又能够进一步使环境形成合作、交流、活跃的文化氛围。在这种双向作用下，二者才能达到平衡，构建社区的精神内涵。

（2）推陈出新各类创意活动，让社区魅力四射

创意活动对于社区精神内涵的构建十分重要。创意活动具有文化承载性，活动能够激活创意且活动本身具有创意性，为此对社区散发出光芒四射的魅力有着关键的作用和意义。

G&G 创意社区的活动体现了 G&G 创意社区的文化性。G&G 创意社区是集文化、科技、艺术于一体的创意空间，在 G&G 创意社区内举办的活动也与创意、艺术、科技密切关联。

2016 年 10 月 18 日，G&G 创意社区在深圳创客周为文创领域的创客搭建路演、展示的平台——思想集市。2016 年 12 月 16 日，深圳新媒体艺术节在 G&G 创意社区举行。这次新媒体艺术节体现了科技与艺术的融合，大量艺术家实验项目、文献数据项目等前卫艺术品都在社区内展出（见图 5、图 6）。2017 年 4 月 24 日，"2017 蛇口国际创意论坛"在 G&G 创意社区举办。这个论坛将全球创意大师以及创新艺术、美食、新生活方式和生活美学领域的领军人物汇聚一堂，讨论设计与城市、生活和未来之间的关系。这些关于创意、创客、艺术、科技等相关领域的论坛、展览、集市等活动，向外界传达着生生不息的创意精神、创新精神、艺术精神以及新生活精神，这都是这些创意活动所承载的文化内涵。G&G 创意社区中所举行的活动与创意社区的活动范围有着密切的联系，因此，这些创意活动也代表着创意社区的价值取向和发展方向，推动社区精神内涵的完善和传播。

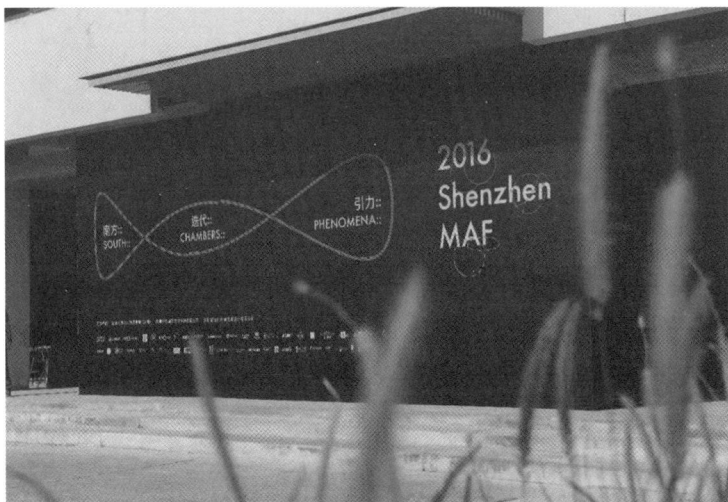

图 5　2016 深圳新媒体艺术节现场之一

活动对于创意的激活有十分重要的作用。G&G 创意社区中的活动能够传递知识和信息，创意社区中的论坛、展览自带知识属性。每次活动都会有来自创意行业、艺术行业等领域的大咖，或分享最新研究成果，或带来最新发展趋势。通过这些重量级人物的演讲，能够向人们传递最新的行业信息、发展趋势和最前沿的知识。创意处于时代之中，又超越时代。因此，创意人对于现状与趋势的了解十分重要，而活动则为创意人的创新引领了方向，某些新知识的注入甚至能促进一个创意的产生。另外，活动能够吸引大量人员参与，其实相当于一个大型的交流会、分享会。在活动中，与各类人进行接触、交流可以收获灵感，甚至能够寻找志同道合的创意伙伴。

图 6　2016 深圳新媒体艺术节现场之二

G&G 创意社区的活动本身就具有创意性。比如，G&G 创意社区将市集搬进 Weplay 情景式创业剧场中，举行"Summer Office Block Party"，改变了传统创意市集的形态。不仅如此，创意市集被添加了社交功能，使整个市集变成了一个社交 Party。

创意活动所承载的文化性包含了共享、开放、创新、包容。活动对于创意的激活和对于创意的表达，也同样具有以上特征。G&G 创意社区中举办大量高品质的活动，使这类精神得以外溢，在潜移默化中感染社区中的创意人和创意团队，从而促进精神内涵的构建。2017 年，G&G 创意社区获第十届深港生活大奖风尚奖。

2. 创意社区品牌打造

G&G 创意社区注重品牌的打造，通过树立品牌促进社区健康发展。

（1）向公众开放，吸引人们参与和体验

G&G 创意社区是对公众开放的。G&G 创意社区中设计了大量创意消费的场所，包括创意街坊中的创意潮店、定制工坊，Ing Market 的美食潮铺，Bee+ 创意社区空间对外开放并能够在一楼大厅喝下午茶等。活动也是吸引公众的一个方式。芒草节逐渐成为 G&G 创意社区的一个大型品牌活动，其中包含艺术活动、创意集市、创意餐饮、创意服饰等。总之，包含一切与生活有关的创意。现在的芒草节已经升级到 5.0 版本，其主题就围绕着会吃、会玩、会生活。在芒草节中，包含了亲子、手工、饮食等体验类项目，成为人们吃喝玩乐以及消费的聚集地。G&G 创意社区将社区内的消费定义为创意消费，这些活动、展览或产品使消费者在体验的过程中获得乐趣，同时也能够向消费者展示新的生活方式。这就将 G&G 创意社区打造成为休闲娱乐的场所，吸引公众前来游玩、放松，展示 G&G 创意社区的魅力。2017 年腾讯"99 公益日"市集深圳会场在 G&G 创意社区举行，作为一个开放式体验市集吸引市民参加。G&G 创意社区不仅在社区内举办活动，还同其他场所进行合作，2017 年举行 Ing Market 卓越汇美食节，使活动跨区至福田举行，接触公众的面积和范围更大。举行面向公众开放的活动，能够增强 G&G 创意社区在消费者心中的强度，引导公众形成品牌意识。

（2）持续创新，展现独特性和专业性

G&G 创意社区尝试不停创造、持续创新，为中国有消费能力的家庭追寻幸福生活场景，带去生活方式的提升。G&G 创意社区创办的活动展现出独特的创意，如 Ing Market 好吃集了，以美食为载体，跨界联合时尚、艺术、音乐、舞蹈、运动等，成为共享经济下的餐饮新模式——无现金流通，全线上交易，零租金，共创共享的流量模式，每日与消费者零距离接触，掌握市场第一手信息，共享厨房、共享餐桌——打造出餐饮社交新场景。

2016年深圳创客周期间举行的思想集市，充分展示了 G&G 的空间和功能，专门为文创创客搭建的路演舞台则昭示着 G&G 创意社区为文创人服务的理念。面向创意产业的专业人士展示 G&G 创意社区，能够吸引创意人、创意团队、创业者、艺术家、投资人等各类对创意产业有浓厚兴趣的人群，在创意社区内形成集聚效应，形成配套资源，而品牌则是吸引这些人群的金字招牌。

（3）精心打造活动 IP，让价值叠加

G&G 创意社区用心孵化了三大文创 IP："Fun Market 好玩集了""Ing Market 好吃集了""Ing Market Up 集上"。比如"好玩集了"，它是一个跨地域的活动 IP，不定期地让大家与幸福相遇，不是仅限于深圳，而是通用于多个城市的活动系列。它以有趣为核心，通过精心编辑和激发设计来提升品牌的形象和美感，省去了中间的零售商、分销商，产品的主理人、生产者与消费者零距离面对面。每一次的活动都经过前、中、后的多渠道主流媒体和传统媒体推广，海报覆盖活动区周边商圈与各大社区，更有知名网红、魅力人格现场直播，网络覆盖将累计超百万人次。再如"芒草节"，它是一种新型的创意节庆，用风火创意的话来说，它是"美好生活的快乐提案"。截至2017年8月21日，芒草节已经成功举办了五届，每届都有新的创意和惊喜，参与的人数越来越多。芒草节已经成为深圳都市人的热门去处，可谓"我不在芒草节，就在去芒草节的路上"。第五届芒草节仅仅两天时间，就在2000平方米的空间里汇聚了15000人。

（4）首创高端原创的私享空间

G&G 创意社区倾心打造了生活家圈层私享体验空间——"幸福天使汇"。在这个体验空间里，提供一种高品质的社交场景，把梦想过成生活，发展个人志趣，提升生活品位，让高端的消费者满足高品质活动空间、宴请、社交的个性创新需求，满足个人与家庭旅游、艺术投资、精神消费、身心健康的独特需求。它从思维、品味、视野、精力的全维度，甄选了20位创始会员，共同创造私享高品位生活圈。这是一种高级定制的新生活方式体验，如高级定制私人厨房、艺术公寓、私人影院、私人图书馆、艺术收藏等。

图 7　G&G 创意社区顶楼一角

通过物质上的社区环境营造、精神上的社区精神构建以及社区品牌的打造，风火创意打造了 G&G 创意社区，成为连接平台、共享平台、展示平台。通过这些能够吸引创意人才、创意资源进驻社区，以此来为创意管理平台的建立打下坚实的基础，形成社区与平台共存、融合、哺育的态势。

【案例解析】

风火创意，二十年磨砺前行，二十年风华正茂。风火创意曾经总结道："风火始创于 1997 年 8 月，风火创学院·新生活方式众创设计中心于 2007 年 8 月创立在 G&G 创意社区，以创新的无边界组织形式，激发创意，创造幸福，聚一群当燃则燃的人，为创而生，为爱而燃。"

G&G 创意社区是一场伟大的探索和革命，一方面满载着历史的积淀，另一方面代表着未来的持续创新与精进，预演着新生活方式的未来。这里充满了生机与活力、时尚与创新。G&G 创意社区是一个无限的开放平台，通过不同维度新生活方式的样板示范，探索明天的新新生活方式，让幸福溢满人间。G&G 创意社区引入丰富的品牌活动，高端、高质量、体验性很强，深得人心，受到都市人们的欢迎与追捧，把活动办出一种艺术的境界，实为难得。G&G 创意社区是创新行动派的地盘，是共享经济下的创意目的地，是聚焦新生活方式的产业创意中心，是深度垂直文化创意的孵化加速平台。

1. 风火创意尤其注重创意团队的建设。风火创意有一群平均年龄在 35 岁左右的青春活力的创意团队，公司的每项行为都致力于提升团队成员的参与感、拥有感，并且促进团队整体的成长。如今沉淀下来的二十人的精良团队，更是一个精锐的创意团队，生产出巨大的创意附加值。

2. 风火创意在新媒体时代注重"云营销"。通过网络、视频、网络建设等制造舆情、新闻软文、微信公众号、活动事件等云口碑，精准量化带来良好的营销结果。

3. 风火创意注重实现客户的价值。风火创意最宝贵的财富在于风火创意的客户洞察，它以策略思维深度洞察客户需求点，以创意管理强大的全球化资源平台来提供客户需求的可落地，并可以实现全国复制和品牌溢价的解决方案。

4. G&G 创意社区是孵化器和加速器，一起共同打造新的商业机会，共同向市场赢取价值。"复制"是一种很好的商业模式，风火创意的许多活动经济就可以无限地复制到任意地方，让幸福、时尚的生活方式得到迅速蔓延。

5. 风火创意注重品质。基于品质的价值主张，风火创意高标准、严要求地对待每一项工作，缜密地构思、精心地制作，用品质真正赢得市场。G&G 创意社区举办的每一场活动等都是精心策划的、高水准的，创意十足的产品，赢得了消费者的口碑。

6. 风火创意常常创意出新潮、接地气的新概念、新玩法、新活动，引领时尚潮流的新生活方式，打造出共享经济下的新创意经济。"Fun Market 好玩集了""Ing Market 好吃集了"等创意的提出，引领出时尚的气息，并受到广泛关注，从而迅速流行开来。

开放式创新的个人品牌成长之路

——以 APUJAN 为例

吴淑玲　叶明亮 [①]

> 远离试图贬低你抱负的人，格局小的人总是那么做，但真正伟大的人将让你觉得，你，也能够变得伟大。（Keep away from people who try to belittle your ambitions. Small people always do that, but the really great make you feel that you, too, can become great.）
>
> ——马克·吐温（Mark Twain）

伦敦的天空总是如此迷蒙且神秘，对于总是在伦敦的天空下忙碌穿梭的詹朴而言，这一片天空总是充满惊喜却又挑战连连。APUJAN 于 2012 年由詹朴创立于伦敦，他也是 APUJAN 的服装设计师兼创意总监，朋友都称他为"Apu"。直至 2017 年，他已经第十度带领 APUJAN 登上伦敦时装周，其作品更是被收藏于法国加莱蕾丝暨时尚博物馆。回想起短短五年的自创品牌之路，詹朴步步如履薄冰，一丝不敢松懈。此时的他望着桌上摊开的 WALL PAPER、VOGUE UK、i-D 等知名国际媒体对 APUJAN 的肯定与赞誉，一方面感到欣慰，另一方面却觉得身上的担子更重了。他很清楚，人们总说机会是给准备好的人，但在时装设计产业里，往往在自觉预备好了的时候，机会却可能已经消失了。詹朴冷静地收起桌上的媒体报道，打开视讯软件，一如往常地准备与散布在世界各地的伙伴们开始下一季的主题发想与策划。

从品牌经营的观点来看，现阶段的 APUJAN 距离詹朴心目中所定义的品牌尚有些许差距，在未来，詹朴会更用心地设计出能带领大家在情感、时

---

① 吴淑玲，台湾暨南国际大学观光休闲与餐旅管理学系助理教授；叶明亮，台湾暨南国际大学观光休闲与餐旅管理学系副教授。

间、奇幻与现实的世界间穿越的服装，这是 APUJAN 对消费者不变的承诺。时装产业的节奏常常快到让詹朴来不及对所发生的事进行梳理，因而常有未能透彻找出事情背后所蕴含的意义的感慨。然而，历经了四年压缩式的成长，詹朴比任何人都清楚，APUJAN 品牌的未来就在奋力前进的每一天中，与 APUJAN 一起成长是詹朴内心最深的期许。

一、初探时尚产业——APUJAN 的品牌元年

2008 年，詹朴带着在台湾辅仁大学织品服装学系毕业展第一名的光荣印记，旋即进入英国皇家艺术学院（Royal College of Art，RCA）攻读女装设计硕士。APUJAN 这个同名品牌，便是于他毕业两年后在伦敦诞生的。那年，詹朴才 25 岁。忙完毕业展之后稍获喘息，2013 年，他在 RCA 的毕业作品"石油的一生"，便入选由伦敦时装周举办的品牌时装秀，也同时在巴黎时装周的 showroom 展出。由此，26 岁的詹朴在时尚界一鸣惊人，而来自台湾的詹朴和 APUJAN 这个品牌，也在伦敦柯芬园附近的古老共济会建筑 FREE-MASONS' HALL 大堂里为世人所见。詹朴自从 25 岁开始创业以来，在不长的时间里，已深切地体认到当美丽的梦想变成每天实际要面对的责任时所面临的挣扎。詹朴清楚地意识到，若要让 APUJAN 继续发光发亮，便必须把 APUJAN 在时装秀舞台上的闪亮夺目转换成能让这个品牌发展下去的实际资源，因此，APUJAN 必须成为一个有特色且令人爱不释手的品牌，要能在人们的生活中扮演着重要的角色，并把美丽与精彩带到人们的生活中。

对服装设计师而言，时装周（Fashion Week）是非常重要的曝光管道，是一个设计师能向时尚界的买家或社会大众揭示自己的设计风格与成果的平台。除此之外，时装周也被认为是能够取得下季全球服装，甚至是鞋子、包包、配饰及帽子等服饰配件之全球流行趋势的管道。所以，时装周往往会吸引来自世界各地的媒体杂志、通路商、制造商、上流名媛等时尚界的要角参与，而且以美国纽约、英国伦敦、意大利米兰、法国巴黎四大时装周最为著名。四大服装周各有特色且发挥不同的功能，纽约被视为最商业化的服装周，比其他三个服装周更有自给自足的实力；米兰和巴黎服装周较能吸引知名时尚老品牌的参加；詹朴参加的伦敦时装周则被视为对创新、实验性材质

及跨领域创作接受度较高的时装展演场，因而成为受独具新意的独立设计师青睐的服装展演场域，同时在社群媒体上曝光广度及效率也是很高的。事实上，除了四大服装周外，近期也有一些新萌芽的服装展演机会，比如荷兰政府及其文化机构所推广的诸多较不具商业性却独具风格的时装展览，便是设计师可以让创意曝光，甚至与商业媒合的新兴管道。

在四大服装周中，每年定期举办的春夏时装周（Spring & Summert，简称SS）及秋冬时装周（Fall &Winter，简称 FW/AW），被称为时尚界的两大盛事。"台上十分钟，台下十年功"这个比喻用在复杂的时装周运作上，是再贴切不过的了。在时装周上虽然可以看到诸多创意及艺术美感的呈现，但它的本质其实是商业展，参加时装周的最终目的在于营销服装以赚取利润，因此时装周的邀请对象往往是设计师十分费心之处。通常设计师在时装周邀请函的调配比率为：40% 全球顶级时尚媒体，30% 的知名时尚买家，10% 的明星、嘉宾，10% 的顶级 VIP 客户，最后还会预留 10% 的随机调配名额。除了精心规划邀请对象外，其他如整场秀的设计、设计团队的协调与管理、秀场中的危机处理等服装周的工作项目，都可被视为设计师能力的展现。人们在伸展台上看到的服饰，往往必须等到发布后的半年才会正式上市，亦即设计师在忙碌、高压的服装秀后，便要马不停蹄地投入产品的销售。此时，才是真正的对服装设计师的成果验收。基本上，在服装正式于各式通路中展售前，设计师需要铆足全劲投入下列四大活动中：

1. 上市前一年半：流行色彩会议（2015 年 6 月）；
2. 上市前一年：布料展（2016 年 2 月）；
3. 上市前半年：时装周（2016 年 9 月）；
4. 上市：陈设于店面中的系列时装（2017 年 2 月）。

从在英国被正式登记为品牌到每年的时装周表现博得喝彩，再到由于知名人士的扩散效应而逐渐被一般大众看见的 APUJAN，进而 APUJAN 最终成为一个能有稳定收益的品牌，继续在时尚产业中发光，詹朴仍将其定位于一个需要极度呵护的萌芽品牌。正如他在时装周谢幕时一贯谦和、腼腆的致谢姿态，面对 APUJAN 的未来，他也是谦虚以对，全力以赴！

二、创业——跟时间赛跑

像许多年轻的设计师一样，创业并不在詹朴原本的人生选项中，海外创业更是他未曾想过的大事。詹朴将自己会走上创业之路视为是顺其自然、不强求的结果。他刚从学校毕业时，也与 RCA 大部分的同学一样，一边接设计案，一边努力争取更多的展演曝光机会，同时也在思忖着是否要进入其他设计师品牌的旗下工作。在"石油的一生"系列推出并受到赏识而进入产业经营之前，詹朴对于服装设计的看法，与大部分服装设计系毕业的学生无异，只是把自己设计出来的服装视作一件件的创意作品，当时努力的目标仅止于为每一件作品找到一个亮相的展演机会。然而，在"石油的一生"系列名声大开之后，詹朴开始有机会接到订单，各种合作机会随之接踵而来。此时，创业的可能性才开始在詹朴的心中萌生。一踏入创业生涯，他也开始面对生产及资金的压力，"资金永远不会到位"是詹朴对创业最深刻的体悟。创业初期，他曾为了筹措经费，而逼自己研发出珍珠调酒，取得了一家珍珠奶茶厂商的赞助。创业虽然有许多不为人知的血泪日子，但不可否认，创业确确实实是让詹朴激发出他自己都未曾意识到的人生潜力。

对詹朴而言，创业让他在服装设计的思维上产生了本质的改变。他过去认为一个称职的设计师应该把大部分的精力花费在搜集灵感、绘图及服装的设计与制作上，但当身份转换成经营者时，却面临必须将大部分的时间花费在处理自己并不熟悉的营运环节的诸多事务上。比如，詹朴为了找到将设计创意转变成实体产品的方法，开始实地投入工厂去熟悉服装的生产线，以取得对服装生产流程的认识与掌握。在此期间，詹朴频繁地进出工厂进行实地操作，为了更有效率地学习生产相关的技能，甚至会驻扎在工厂里，不断地与工厂人员沟通、实验及反复对不同的材质进行测试。对于过去从未直接面对生产线且长时间驻扎于伦敦的詹朴来说，这项新任务是异常艰巨的；尤其对于一个新手来说，要透过视频和台湾地区乃至其他地区和国家的生产团队进行跨时、跨域的沟通，是非常有挑战性的。更何况，服装产业的步调十分紧凑，往往开始启动下一系列的服装设计项目时，上一系列的服装也同时进入繁忙的生产流程中。詹朴和他的团队一边对上一系列服装的生产进行缜密的规划与监督，一边抓紧时间进行下一系列服装的设计，通常会产生春、夏时设计秋、冬的衣服，秋、冬时生产春、夏的衣服的奇异情境，由此，也练就了詹朴对于时间及场域之模糊性的接受度与弹性。

在詹朴创业的过程中，台湾辅仁大学织品系的学弟高元龙是带领他接触并熟悉生产流程的重要推手。透过与高元龙的合作，詹朴方能和台湾的服装供应厂商接触并学会生产质量管控。高元龙和詹朴的合作始于他们都对振兴台湾的夕阳产业——服装制造业有着相同的热切，并对 APUJAN 能在台湾生产制造有着强烈的坚持。为了找到能生产出 APUJAN 独特织作工法并能在出货排程上配合的厂商，他们一起挥汗如雨地跑过了许多台湾的纺织厂，努力地一家家和工厂沟通、协调。在这个寻找生产合作对象的过程中，这两个同样出自服装设计系的年轻人，得到了许多在课堂上学不到的人生启发，也逐渐摸索出适合 APUJAN 的生产模式。除了高元龙的大力协助，另一位细心地为詹朴打理行政并处理 APUJAN 所有公关事宜的重要团队伙伴林怡君，也是詹朴创业路途上的重要战友。她最主要的工作是在服装周开始前，主动搜寻时尚买家及知名时尚部落客的名单，并从中找到 APUJAN 时装秀的嘉宾名单即潜在客户。在 APUJAN 的团队中，林怡君可以说是 APUJAN 的大总管，更是强大的一人销售团队。

迄今为止，在短短五年的创业历程中，詹朴时常会在创意与商业之间产生激烈角力。身为一个经营者，对于找资金、企划、发表作品并确保 APUJAN 有稳定生产的能力等攸关企业存亡的事，詹朴自然是要加倍费心。然而，在 APUJAN 里，詹朴同时也是一位创作者，当这些经营上的事务挤压了他投入实验与创作的时间时，他一方面虽然能理解，为了让 APUJAN 更加茁壮，有朝一日成为一个优秀的品牌，自己需要义无反顾地扩展在商业上的知识与能力，但每当面对自己内心里那个活跃却饥渴的创作灵魂时，他内心里便有诸多的不安油然而生。事实上，詹朴知道，专心于研发、设计是非常重要的，因为若能开发出更独特的设计工法，也可以成为 APUJAN 未来产品的优势来源，因此，对于创作这件事，他是不会放手的。为了能让自己的创作与 APUJAN 同时成长，詹朴的下一个事业目标，便是建立出一个能各司其职的专业团队，让自己能有更多的时间投注在设计创作上，而且能在 APUJAN 的经营上无后顾之忧。

三、跨界的超越性——跨越自己与文化藩篱

　　与许多曾到异乡求学的游子相似，詹朴在英国皇家艺术学院也遇到了他人生中的第一个文化冲击。在英国的学习，无论是在生活形态还是在学习方式上，都与台湾存在着相当的差异性。台湾辅仁大学织品系的专业养成十分重视设计师对织品的认识。为了让学生能彻底对材料有所掌握，老师会要求学生在开始进行服装设计与制作前，必须扎扎实实地花两年的时间钻研布料，甚至会在课堂上发下一大批布料，让学生进行每一种布料织成的识别。这样的设计养成环境，启发了詹朴对纺织品服装知识与技术的认识。他同时也体认到服装的源头就是织品，对于一个设计师而言，若能从纱线、从原料开始思考服装可能有的表现，就能更细腻地找出让服装与人体完美结合的方法。他认为这种训练方式对他的设计师职业生涯有着极显著的帮助，不仅大大地增加了他对服装成形结构性的理解度，奠定了他在技法创新上的基础，更是开启了他对服装设计的新视野。英国皇家艺术学院则较重视原创养成及对不同时尚文化之认识。英国的教学是较为模糊、抽象的，常常需要自己去抓到方向与重点，而除了课程的学习外，与来自不同国家的同学一起互动，也让詹朴见识到多元的待人处世之道。

　　在英国创业后，詹朴常常要一边处理创作与创业上的事情，一边还要调适在异乡生活的种种琐事与不便利。例如，在台湾进行服装的拍摄，只要随处拦下出租车，就能直接把一袋袋的服装快速地运到摄影棚；然而，在英国，为了省下昂贵的出租车费，詹朴便须鼓起勇气拜托朋友，大家一起搭乘大众交通工具，把衣服运进摄影棚。可以说，在异乡开创事业，往往一些芝麻小事也变成了大考验。语言差异也是詹朴在创业初期深感头痛的问题。时尚产品与一般功能性产品最大的不同，便在于它会蕴含许多抽象符号（symbol），这些符号意义的诠释可能会在翻译的过程中流失或产生误解，特别是詹朴喜欢在服装作品中运用大量的中国元素与意象。在向西方人介绍自己的作品时，詹朴发现往往在转化成英语的过程中，会出现隔阂感。另一个冲击则来自台湾地区与英国在设计产业的营运架构上的差异。英国设计产业的分工较细，例如设计中的各种配件都由不同的设计师专门负责，因而提供了一个

让设计师能专精于某一专业的环境；相反的，台湾的设计师则多半必须身兼数职，亦即在设计专业之外，可能也要处理订单、生产等设计师本来不熟悉的事务，这种情形比较能培养出设计师应付不同状况及经营品牌的能力。在异国创业的日子，虽然需要经历一连串的调适与不断地自我定位，但也让詹朴学习到了在多元文化下的生存能力，同时获得了在学习欣赏别人的同时又能以自身的文化为荣的悠然。在詹朴所处的创业时代中，最大的特质就是"快"与"跨界"，甚至有时候也会带着一点"随兴"。当然，任何时代的创业都是艰辛的，詹朴所面对的创业环境可能较过去多了一点时间与文化上的冲击。

创业之后的詹朴，经历了许多自我的突破。在品牌的经营上，他清楚地意识到自己本身或团队其他成员在此领域的专业知识是较为匮乏的，但经过这些年的闯荡，他相信专业知识是可以透过经验学来的。在资源稀少的情况下，跨界学习尤显重要，他自己便是在不断地询问各领域有经验的人之后再实际投入实验、操作中，得到了营运的知识与技能。在 APUJAN 的开发过程中，詹朴拥有双重身份——创作者与经营者。对一个创作者来说，单次展演上的创意呈现及话题性是主要的关注点，但对一个管理者而言，要关注的议题是更广、更深的。在建立品牌的过程中，常常管理上的重要性是远大于创意表现上的重要性的，因而在创作人与管理者身份之间的切换是詹朴目前最大的挑战。目前，詹朴并不担心创作灵感缺乏的问题，反而对于如何把创意转换成实际成品或品牌元素比较忧心。对于创业，詹朴早有会遇到各式各样问题的心理准备，然而，当詹朴发觉自己一半的时间是在做创作以外的事情时，例如处理会计、生产、人事乃至寻找展演与资金投资的机会，心中的不安感便油然而生，常常会在心中对自己是否已失去了创作者该有的本质而对自己的工作产生怀疑。然而，历经了五年的成长，关于这个身份定位的解答，詹朴把它留给未来，现阶段的他只能让自己不断地往前。

在资源稀少的情况下，跨界合作便成了詹朴创业的重要资源。詹朴不仅把跨界合作视为事业的拓展契机，更是自己能力提升的重要管道。不论是为歌手苏打绿设计演唱会服装、为云门舞集的"关于岛屿"作品设计舞者的服装，还是为吴宝春的台中面包店设计制服，都让詹朴对产业、对服装有了更深入的认识。詹朴也从协助 APUJAN 设计官网的朋友身上看到跨界学习的威力。在官网建置的初期，为了协助这位从未接触过时尚产业并以宅男自居的朋友为 APUJAN 打造出一个能与时尚消费者沟通的网站，詹朴必须先向他传授时尚美学等相关知识。在官网完成的同时，这位网页设计的朋友也不禁惊叹于自己收获的对时尚产业的认识。这件事情让詹朴体认到原来跨界合作的效益并不仅在于成品的丰富且有趣的表现，而是在合作过程中为所有跨界合作的参与者所带来的对异产业的理解与启发。

在诸多的跨界合作中，与曾获得 2011 年世界 DJ 大赛（DMC World DJ Championships）台湾区冠军、被人们称为 QuestionMark 的应奇轩的合作，是 APUJAN 前进的重要动力。此项合作也让向来自认为是音痴的詹朴，透过与许多优秀的音乐独立工作者合作，跨越了自己对音乐的想象，并和应奇轩共创出许多能传述 APUJAN 品牌精神的音乐。事实上，应奇轩不只是 APUJAN 的音乐创作人，更是詹朴在创业征途中的重要战友。应奇轩也在与詹朴多次的合作中，经历了不少突破。事实上，他个人专业的养成过程，便是一个跨界学习的典范。应奇轩在高中以前，也像许多人一样，在家人的安排下学习了多种艺术，例如钢琴、长笛及画画，在偶然接触了一次 DJ 后，便一头钻入了 DJ 的世界。后来，在台湾大学土木系学习的时候，因为体认到自己在传统音乐才能上的限制，而确立了自己在音乐中的创意创作之路，由此开始研究如何将各式器具所发出的声音转为音乐。应奇轩在与知名茶品牌 COMEBUY 的合作案中，便用杯子、咖啡机、碎冰块、大桶子等器具的声音，制作出了有趣的音乐广告。他后来为 APUJAN 的 2015 "遇见一只羊"服装系列制作的 "缝纫机之歌"，也是延续这个概念而来。当时应奇轩为了打造出一首能清楚传递 APUJAN 特色的音乐，刻意将一台缝纫机摆在家中两个礼拜，强迫自己每天去触摸它，从中找出各式各样的声音，将所有的声音录下之后，再用计算机软件系统化、编曲，最后产生了可用于服装秀现场使用的音乐。从一个单纯的音乐创作者成长为时尚展演的灵魂共创者，应奇轩也练就了能在自己不熟悉的领域中，快速地搜集并处理信息，进而将其内化成创作养分的能力。他每次与 APUJAN 合作，都会让自己学着去感受詹朴想要传递的画面、颜色及文字，再将这些感受用自己熟悉的音乐语言表达出来。要胜任这样的任务，应奇轩必须从自己的专业以外去搜集不同的元素和养分，然后内化并转译成自己专业的语汇，最后才能完成创作。

四、跨界的调和性——那一场同好撑起的场子

从在英国举办的毕业展到现在的创业，詹朴十分珍视那些和他一起在创业路上拼搏的朋友。正是由于这些志同道合的朋友的加入，让詹朴在创业的路上不觉孤单。詹朴对于能在一场服装秀的企划与执行过程中，与诸多跨领域的独立工作者一起合作感到快乐而满足。詹朴犹记得有一段时间，当自己在创业中感到迷惘时，看到一位在英国学玻璃工艺的台湾朋友亲手拉出一个一个的高脚杯，他的内心被其间展现的工艺精神所震撼，同时也对于那些用自己的双手一排一排地以纱线织出的服装感到无比的自豪，由此也更加肯定了自己对前途的选择，由此产生了坚持下去的意志。对像詹朴这样的创意人而言，这种人与人之间有血有肉的心灵相会，可能比那些商场上的成功经典更具激励效果。

詹朴与这些定居于世界各地、分属不同专业领域的伙伴们的合作模式，与一般的商业合作十分不同。这些与詹朴合作的人，并不像是商业伙伴，他们大多是在自己工作闲暇时自愿提供协助的朋友，吸引他们投入合作关系的主要诱因并非来自金钱上的利益分享，而是主题的吸引力及彼此之间的契合度。因此，用以管理彼此合作关系的并不是契约，而是对彼此专业的尊重、信任并拥有充分的自我发挥空间。詹朴从不认为自己需要"管理"这些与自己合作的人，他通常会先有一个想法，接着就和几个朋友一起讨论出方向，然后就在彼此信任的基础上进行互动。在众多的合作伙伴中，应奇轩是和APUJAN合作最久的人，他们在中学时已经相识，但正式的互动关系则开启于詹朴在英国皇家艺术学院的毕业展。他们在合作过程中发现了彼此创意上的契合，由此建立了在APUJAN服装秀音乐方面的长期合作。住在台湾的应奇轩为此常常需要在伦敦、台湾两地奔波，Skype或Facebook等媒体也成了他们跨时、跨域沟通的管道。他们之间的大部分沟通都是实时且零星的，一旦有灵感出现，便立即和对方分享或讨论。随着彼此之间合作机会的增加，应奇轩也从APUJAN时装秀的走秀音乐制作变成APUJAN时装秀及品牌体验呈现上的共同创作者，他们会一起讨论每一系列作品的主题故事，再各自发挥专长，分头进行服装与音乐的设计。后来更由于APUJAN服装秀的现场音乐演出已建立起知名度，愈来愈多音乐界的独立创作人，如音乐制

作人余佳伦、歌手阎韦伶和吴南颖、古典跨界小提琴家苏子茵、中提琴手叶棣绮、低音大提琴手王群婷、贝斯手程杰、吉他手程明、午后之树爵士跨界乐团等，都纷纷共襄盛举。于此，应奇轩所带领的现场音乐团队变得愈来愈有规模。在一场时装秀中，詹朴和应奇轩各自扮演前后台的控管，而前台与后台在秀场进行过程中的联系其实是不容易的，因此，对彼此专业的信任便成了重要的联结因子。例如有一次，模特因塞车在秀场即将开始前才匆匆赶到，在后台的詹朴忙于进行危机处理并没有时间和应奇轩进行完整的说明，在前台的应奇轩虽然无法对后台的状况完全掌握清楚，但因为相信詹朴会将事情解决而不致有慌乱之感，只是加倍留心整场的状况，最后，二人仍顺利地完成了彼此的配搭，让服装秀顺利进行。詹朴和应奇轩将他们之间的这种彼此协调而非任何一方主导且看重彼此内心真实感受的合作关系称为是有机的，此种合作模式也为他们带来了彼此成长的力道。现在詹朴的设计团队日臻成熟，而应奇轩也建立了自己的 PROJECT APJ 音乐团队。目前，他们已能从容地带领自己的团队在 APUJAN 的时装秀及品牌上进行合作。PROJECT APJ 也会朝着开发出自己的音乐产品的方向前进。

要带领如电影剧组一般根据不同任务而由不同成员组成的项目团队，如何建立出有效的沟通是一大挑战。在与团队成员的沟通上，詹朴除了需面对因专业领域不同而造成的思考逻辑与语言上的差异外，地理因素也成了詹朴需要努力克服的沟通障碍。APUJAN 的时装秀散发着一种吸引同好相聚的魅力，每一次都能号召到 40—50 位因工作或求学之故而定居在世界各地的独立工作者投入，大部分的人是利用工作之余的时间来协助 APUJAN 时装秀的进行。詹朴和他们大多透过网络社交媒体进行在线沟通，往往在服装秀秀场才有第一次面对面的机会。虽然团队成员在服装秀进行前未曾谋面，只能在在线沟通时仔细揣摩彼此的想法，然而，这些团队成员却能在服装秀当天一起毫无隔阂地讨论和互相协助。此种合作模式完美地呈现了专业性及效率性。詹朴曾在 2014 "The Signal 讯号"服装秀结束后，在自己的脸书上表达了对这种合作关系的惊叹："结果连庆功宴都还来不及，才几个小时，大家一瞬间就回到了现实世界，各奔东西。好像好像，一场太过短暂的梦。"

经过了几次服装秀的操练，詹朴对这个虚拟团队中几个经常互动的成员有了更为透彻的了解，同时也磨合出较稳定的合作模式。以詹朴和印花设计师吴盈的互动关系而言，他们会先在线进行多次沟通，然后再由吴盈画出当季主题故事的数个画面，接着交由詹朴从中挑出他认为符合主题的元素，最后再利用这些元素创作出服装构成的图案；又如，当詹朴和设计鞋的张芮绮合作时，张芮绮会先依照詹朴给的主题故事进行制鞋材料的挑选，然后等到詹朴提供出完整的系列服装的款式时，便开始决定设计款式。整体而言，詹朴淡定的个性发挥了相当程度的稳定功能。2014 年伦敦时装周的发表会模特事件，詹朴在整个危机处理的过程中，虽忙碌却仍然井然有序地和其工作团队进行最后的开场确认，展现了在青年创业家中少见的稳健与成熟。事实上，詹朴常笑称担任服装产业中的品牌创意总监的主要能力是"心脏要很大颗"，要同时扮演全面掌控前场及后场的所有工作人员及运作细节且能细腻地掌握服装秀会场的所有来宾的情绪与喜好的角色，的确是不容易的。致力于自己的情绪管理，避免让自己身边的工作团队甚至台下的观众感染到自己的负面情绪，是身为创意总监的詹朴极重要的修炼。

五、创意，变身！品牌，GO！

相较起那些品牌资产较为丰厚的传统知名品牌，APUJAN 像是一个蓄势待发的年轻小伙子。从创立品牌至今，APUJAN 是以年为单位在改变。在快速发展、更迭的时装市场里，APUJAN 必须要马不停蹄地前进。APUJAN 现已在消费者的心目中建立起情感及其奇幻的品牌形象。为了建立明确的品牌形象，詹朴十分用心于服装工法的创新及故事性的形塑。在服装工法上，詹朴的针织技术的确为 APUJAN 确立了独特性。事实上，针织是服装设计中很重要的一种创作类型。随着科技的进步，针织设备虽然有所更新，但针织的基本原理及精神在历经几百年的发展后，仍被完好地持守着。相较于其他服装设计的技巧，针织设计可能更近于织品设计，是先以织品本身为主，再谈各式的造型，因此，在创作上需要有足够的技术知识与经验才能驾驭。透过不断地实验、调整，目前 APUJAN 所呈现的针织技法已有诸多创新和突破之处。当发觉针织本身的垂性与弹性会带来它在结构上的不稳定性，许多人将其视为是一种限制，而致力于找出解决其不稳定性的方法，然而，詹朴却认为与其花功夫于找出让针织固定以达到稳定的方法，不如学会和这项限制共处，顺势让针织垂坠到自然形成的位置，反而能创造出一个空间，能使服装自然地与人体联结，使人与自己所穿着的服装，产生了美好的情感交流。由此，詹朴将针织本身所具有的自然、随性特质，灌注到 APUJAN 的服装中，形塑出一种无法复制、勇敢展现个人色彩样貌的品牌形象。

詹朴习惯以"作品"而非"产品"来称呼自己设计出来的服装，总觉得服装所传递的价值应该是超越商业性的。然而，进入经营维度的他也明白，经营品牌终究是要面对消费者的。随着 APUJAN 愈来愈壮大，不可避免地出现商业与理想的权衡，只是对于 APUJAN 必须关怀人与服装之间的关系与情感的建立，詹朴的坚持是不容妥协的。除了独特的针织工法为 APUJAN 创建出产品的独特性，因而增加了 APUJAN 的能见度与吸引力外，不断地进行产品创新也是 APUJAN 一直能保持活力的重要原因。为了让 APUJAN 的作品展现出更丰富的样貌，詹朴开始了与旅英图案设计师吴盈的合作关系。他们将数字印花与针织提花等元素加入服装设计，让 APUJAN 有更多元的美感呈现。年轻的 APUJAN，正在大胆地尝试各种可能性，而台湾所拥有的布料质量与生产环境的优势，为詹朴的服装创新提供了强大的支持。他不但可以在奔走各纺织厂与实际进入工厂时，产生一些产品创新的点子，同时也借由对材质及整个生产流程的了解，增加了对服装产品设计与生产的掌握度，因而有更大的信心进行服装上的创新。除了在服装设计上进行创新外，2016 年，詹朴和同样毕业于英国皇家艺术学院的女鞋设计师张芮绮合作，开发 APU-JAN 的手工鞋。于此，APUJAN 也跨入了服装配件的设计与生产，让 APU-JAN 的产品类别更具多样性，使得消费者有更多的选择可能。

除了产品设计工法及产品品类上的创新外，有故事且独具文学性的产品主题定调也是 APUJAN 的品牌特色来源。从 2013 "石油的一生"、2014 "讯号"与"湍流"、2015 "遇见一只羊"与"在森林深处"、2016 "光年"与"眷恋"、2017 "夏夜古梦"与"门的彼端"以及 2018 "当花瓣落下"，共计 10 个系列，主题固守"奇幻""人衣联结""中国风格"三大核心要素，延伸出许多不同样貌的故事诠释。詹朴之所以能在短时间内产生如此多元的主题，应该与他自小的兴趣养成有着密切相关。詹朴从小就在蒂姆·波顿及昆汀·塔伦蒂诺的电影及爱伦·坡的恐怖小说的陪伴中长大，从事服装设计后便自然将自身对文学与艺术的热爱投射于服装作品中。在 APUJAN 的服装里，随处可见黑色系、破旧的科幻感、奇幻风与平行世界设定等文艺元素（见表1）。

表 1　APUJAN 时装主题设计

编号	时间	主题	主题概念与设计呈现
1	2013 秋冬	石油的一生	以旁观者的角度，利用针织演绎岁月的亘古与短暂。此系列作品分四小段，演绎石油从海底古生物残骸到地层的酝酿乃历日旷久才得以形成，却因人类短时间内的使用而几乎消耗殆尽。以此主题故事暗喻时间的流逝与那些生命中的事物的一去不复返，就似石油积年累月淬炼成形，却如同花朵在绽放后迅速地消失不见
2	2014 春夏	讯号	以各种穿越时空的讯号，将从古至今人们传递讯息的方式，如花、鸽子、雕塑、电波、服装等，透过针织技法及印花图案，融合东方服饰元素，展现在系列作品上。虽然传递的方式不停地在进化，人与人的距离却好像没有变近，仍然在误解，仍然会传送不到。尽管如此，我们还是不停地在尝试，不停地碰撞，仍然想要了解彼此，仍然努力地将讯号发送出去
3	2014 秋冬	湍流	借由压抑的深色调的独家开发布料，配合东方风格手绘混杂电绘的数字印花技术，以织品布料的画面来传达湍流的概念及时代躁动感
4	2015 春夏	遇见一只羊	以"寻找羊""遇见羊"的旅程为主题贯穿全系列，除了试图传达羊在东西方文学作品中所扮演的不同面貌，更以"羊"的意象暗示对人性的各种想象
5	2015 秋冬	在森林深处	作品中包含了各种森林中的元素，如动物、精灵昆虫、童话角色以及森林的阴影。这片森林同时也代表自我的探索，以及内心多变的情绪。作品的颜色除了以黑白为主外，更加入了深蓝及酒红隐喻人的内心，它隐藏着各种情绪与不同角色
6	2016 春夏	光年	此次以 39 套作品，从未来到现代，再回到过去甚至更久远之前，包含了想象中的科幻元素、嬉皮元素、百年前的维多利亚风格和清朝的旗袍元素，利用倒流的时序带领大家穿梭不同的时空。技法上，则运用了从手工到自动等不同时代的制衣方式以呼应主题

续表

编号	时间	主题	主题概念与设计呈现
7	2016 秋冬	眷恋	采用品牌标志性的东方传统服饰细节，如旗袍领、马蹄袖，此外结合了许多介于隐约的性感与宽松之间的针织品项，利用针织的垂坠性与弹性使之与人体的不同线条产生联结
8	2017 春夏	夏夜古梦	灵感汲取自古老梦境，借由各式纯丝与纯棉的针织成衣单品、围巾、针织帽、手工鞋间的多重搭配，使用蓝白黑色系搭配线条与格纹，糅合不同质感、材质与细节，丰富春夏时装轮廓
9	2017 秋冬	门的彼端	灵感汲取自门与门之间的想象，借由各式纯羊毛、纯丝的针织、梭织单品，以及长大衣、围巾、针织帽、手工厚底牛津鞋间的多重搭配，展出更加多变的穿搭可能。借由对不同扇门的想象，拆解各式复古的门的图腾，重组成为服装经典的格纹、直条与菱形纹。提花布料为品牌自身与厂商共同开发，以针织或梭织制成，并融合了现代化或是传统手工等不同时代的针织技艺
10	2018 春夏	当花瓣落下	向欧·亨利的短篇小说《最后一片叶子》致敬，全系列 33 套，丝质针织、数字印花、开发的半立体提花布料以及雪纺的交叉运用，西式服装轮廓与东方传统服饰细节的融汇；色调以灰色和黑白色为基底，象征花瓣的粉红点缀；印花图腾包含散落的叶片、寂寞的树、即将凋零的花瓣、调色盘、墨水、时钟、奇幻生物，暗喻各种角色

资料来源：APUJAN，参见 http://www.apujan.com/tw/collection.php

　　另一个为 APUJAN 注入灵魂的元素是其独特多变的音乐，特别是时装秀场 Live 音乐演出更是深获好评。在为 APUJAN 设计音乐时，应奇轩把 DJ 专业中对于空间氛围的创造力与敏感度带入 APUJAN 时装秀。在服装秀现场，他会仔细观察并推敲现场观众的情绪，以现场音乐进场的节奏与乐手、歌手进行配搭调配。他还巧妙地应用多变且创新的音乐风格，让音乐表演成为时装秀开场前的主角。这种设计让来宾产生看了两场秀的惊喜感。也就是说，如此有创意的音乐设计，为 APUJAN 的时装秀创造了多层次的体验。事实上，音乐在 APUJAN 品牌形塑上占有非常重要的地位。它不仅是促成 APU-

JAN 时装秀顺利进行的得力功臣，更随着 APUJAN 之时装展演经验与品牌定位成熟度的增加，扮演着愈来愈重要的品牌精神与理念传递的角色。让音乐与服装设计有更紧密的结合，是应奇轩和詹朴下一个努力的目标。应奇轩在 2015 "遇见一只羊" 的时装系列里，便开始使用与服装密切相关的针织机来进行音乐的设计。为了能找出针织机的音乐性，在应奇轩的大脑里，本能地将针织机转化成一台大型的钢琴——他将针织机上的三百支针想象成钢琴上的键盘，然后将针织技法上的织、不织、半织的三种织法进行不同的排列组合，从而设计出一支能与服装相呼应的音乐。

除了追求服装上亮丽的呈现外，如何让时装秀场的成功与实际销售绩效相联结，是詹朴当今的重要课题。目前，詹朴和他的团队除了在音乐与服装的整合上付出更多的心力外，也对秀场中及秀场后的消费者行为有了更深的洞见。例如，为了刺激现场的下单率，他们会在时装秀现场提供最详尽的产品信息，即在展示的服装上、节目单上或参加来宾的座位上，置入了不同短网址的 QRCODE 联结，使得现场来宾能在服装秀进行的同时，透过超链接而进入 APUJAN 的网站，随着各人喜好截取服装相关信息，如制作过程、服装主题与设计理念说明等。然而，虽然 APUJAN 的时装秀在时尚界已有相当不错的口碑，詹朴却发现在 APUJAN 的潜在客群中，只有 10% 的人有机会进入 APUJAN 的时装秀现场与服装、品牌进行互动。为了能将时装秀现场的体验带给另外 90% 的顾客，APUJAN 的官网及 youtube 等媒体便成了另一个服装展示场。詹朴将每一张出现在大众面前的宣传影片、图片都视为将 APUJAN 带给潜在客群的重要媒介，因而努力将时装秀现场的体验还原至影片中，同时为了让大众与 APUJAN 产生正向的情感联结，会特别在影片中嵌入时装秀现场看不到的幕后筹备故事。如此坚持所获得的成果超乎詹朴原来的预想，这些宣传影片除了对外成功地扮演了产品及品牌沟通的媒介外，也成了内部的成员用以检视产品和品牌表现成果的管道。詹朴及其他成员可以从影片中看到团队以外的人对于 APUJAN 的想法，例如可以了解摄影师感兴趣的景物及 VIP 的现场反应。在众多宣传媒介中，詹朴对 APUJAN 官网的要求是最高的。为了能让对 APUJAN 有兴趣的人在官网获得美好的浏览经验，因而在官网上放上布、鞋子及音乐制作过程的种种细节，每一个接触 APUJAN 官网的人都能在网站上看到 APUJAN 对每一个细节的用心。

一路带着 APUJAN 过关斩将，詹朴对品牌经营有了全新的体会。现在的詹朴比单纯的创作者多了较为务实的看法，知名设计师吴季刚的品牌故事也给了他启发。他认为吴季刚这个品牌，并不仅是因为美国前总统夫人米歇尔穿了他的衣服，且能在屏幕前曝光而成功的，而是吴季刚在这个机会来临前，已经完善地把生产线及营销通路建置完成，因此才能成功地把热门话题转换为实际的利润收入。有了这一层领悟，詹朴也全心全意地朝着提升 APUJAN 生产稳定度的方向前进。为此，他和团队成员积极地与纺织厂合作研发新式的纺织技术并开发原创布料。由于已建立起布料与织法的数据库，以利将来能应用于将源头打样的技术拆解成量产，目前詹朴已对 APUJAN 的接单及量产能力有了信心，扩展营销通路成了詹朴下一个努力的目标。APU-JAN 现已拥有台北 3 间实体店面、中国大陆 2 间实体店面及英国 1 间实体店面。期盼在不久的将来，APUJAN 的通路版图能更加茁壮，让更多的人能透过实体店面接触到 APUJAN 的品牌，并获得完整的 APUJAN 体验。

相较于其他知名的时尚品牌，APUJAN 仍是一个稚嫩的品牌，它也与其他品牌一样承载着时代的故事。APUJAN 诞生于一个科技发达、青年创业与价值共创的时代中，詹朴透过 APUJAN 与许多年轻的灵魂相遇，共同打造了十场大快人心的奇幻展演，建立了品牌形象和知名度。这群共同投入打造 APUJAN 品牌的志愿军，与传统的合作对象的概念不同，更像是同好，他们用自己的专业与热血陪伴 APUJAN 走过了第一个五年。未来，詹朴及其团队将继续以跨界、虚拟和信任专业的方式，带着 APUJAN 冲向下一个五年，立志在欧美主导的时尚产业中打造出一个有故事的亚洲品牌。

【案例解析】

APUJAN 案例作为时尚创业人才养成启示录所要揭示的，并非是镁光灯下的个人传奇，而是期望透过青年创业过程中的细节探索，能够为正在或即将投入创业且有志于发展品牌的人们，提供一点借鉴，传递一点盼望之光。

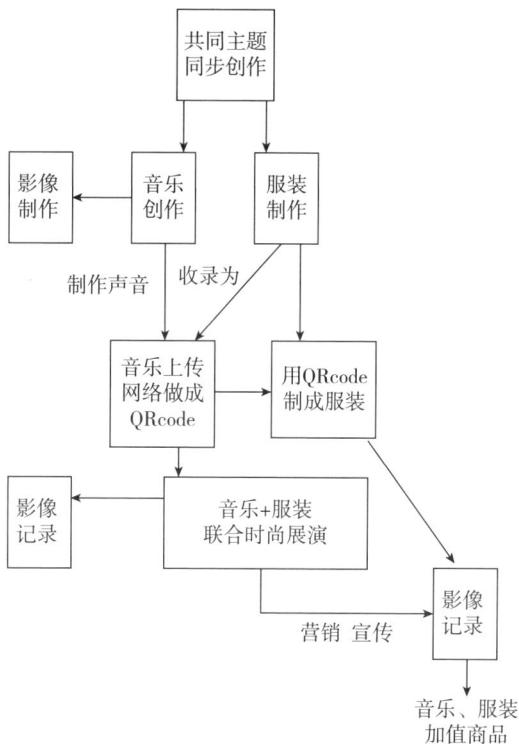

资料来源：APUJAN

图1　APUJAN 创作流程

　　在全球化与科技进步的影响下，产业之间的疆界已逐渐模糊，一家企业已越来越无法仅凭一己之力而顾全其内部的发展。美国加州大学伯克利分校教授亨利·切斯布朗（Chesbrough）提出了"开放式创新"（Open Innovation）。这个论点给企业提供了一个重新检视企业创新与资源使用的新视野，让企业理解企业的创新不是全部来自内部，创新的成果有可能是从企业"由内而外"或"由外而内"而产生的；更多的情况下，创新可能是内、外共同拥有的。拥有这种思维的企业比较不会产生闭门造车的封闭情形，企业会将眼光拓展至企业外，甚至是其他的产业。于此，企业往往会积极地与外部关系人建立网络，以增加资源交换之管道，如此一来便可能会用更快的速度及更少的成本以达成创新。亨利·切斯布朗也提出三项企业必须采取开放式创新的原因，即知识员工的高度流动性、产品生命周期缩短、研发成本急遽上升。APUJAN 便诞生于这样一个开放式创新当道的时代里，而在消费者品位变化快速及产业结构复杂的时尚产业里，企业主更有张开双臂拥抱开放式创新的必要性。开放性创新与封闭式创新最大的不同，在于企业特别是企业主应在创新发展的过程中，扮演资源、流程的整合者而非拥有者。在 APUJAN 的发展历程中，詹朴便成功地扮演了整合者的角色。虽然詹朴一开始对企业经营的知识与经验是缺乏的，但他却清楚地体认到企业内部资源的缺乏，并十分乐于向外部寻找合作的资源。同时，可能是因为詹朴的创意表现及人格特质，他在外部人脉建立的过程中创造出滚雪球效应，一个带一个地不断有跨界人才自愿性地投入 APUJAN。

在开放性创新中最令企业担忧的问题，就是合作对象透过模仿等方式偷走企业的优势。这个问题似乎并未在詹朴的创业过程中出现，应该是由于詹朴本身也在不断地精进自己的核心能力（core capability）以创造出专属优势，如针织技术等设计能力，同时，合作的对象来自其他产业。从 APUJAN 的案例中可见，对于文创产业中为数甚多的微型企业而言，在创业或品牌发展的初期，由于内部各种资源之缺乏，因此向外部开放的程度可能会比其他形态的企业大，此时，企业内部是否有自己的核心能力便愈显重要。

詹朴的案例给了我们一个与未来创意人才相处的参考。许多人会将创意、好玩和创新画上等号，实际上，创新是一件不容易的工作。希尔等人认为通常在相异背景的人才一起合作的情况下比较容易产生创新，激荡出各式各样不同的想法，而在追求创新的组织里，领导人应该营造一个鼓励分享创意的环境，并要勇于尝试和犯错。设计思维的提出者蒂姆·布朗（Tim Brown）2017 年在《哈佛商业评论》（*Harvard Business Review*）中提出，企业应从追求营运效率转而追求创意竞争力（creative competitiveness），亦即追求组织和社会创造、接纳、成功执行新构想的能力；追求创意竞争力的组织会聚焦在学习速度与严谨的实验上，组织内的成员会因为好奇心等态度而彼此受惠，亦使组织受益。[1] 在 APUJAN 团队运作的两位灵魂人物——詹朴及应奇轩的身上，均可发现好奇、不断学习与实验等特质。蒂姆·布朗认为，

---

[1]　T. Brown, "Design Thinking," *Harvard Business Review*, 2008, 33(6), pp.84-92.

无论是创意竞争型企业还是一般以追求经营效率为主的企业，领导方式及领导人所创造出的组织文化都是企业经营成功的重要起点，而创意竞争型企业的领导人必须要担任以下三种角色：

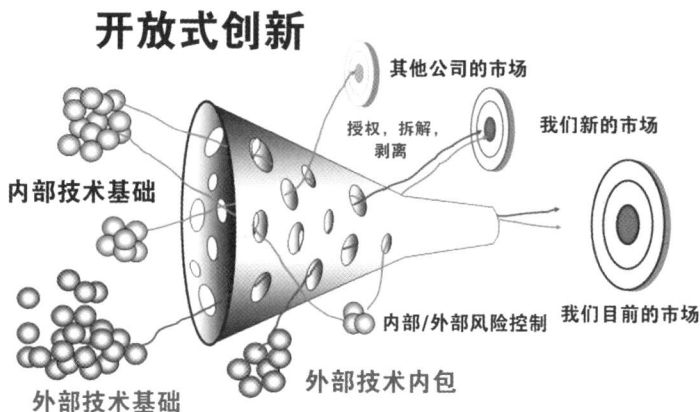

资料来源：Chesbrough（2003）

图2　创意竞争型企业的领导人角色

1.探险家：与效率挂帅的组织相似，领导人需要在前方带领团队，但其主要的责任并非是发号施令，而是提出具体策略目的问题，这些问题要能让组织展开探索行动。如果探索成功，将带来重大价值。

2.园丁：领导人要能打造有利于创意蓬勃发展的环境，园丁培养新能力、提供鼓励创意和协同工作的空间与工具，并保护创新的嫩芽，避免组织核心受到以效率为导向的行为的伤害。园丁透过这些做法，来释放组织的创意潜能。

3.球员教练：作为挑战性最高的角色，领导人必须参与创新行动，但并不主导和掌控一切。球员教练的工作，是预见团队可能没有预料到的障碍，促成并引导实施构想时必须进行的实验周期。

詹朴与APUJAN团队成员相处，向来坚持尊重专业与充分讨论、沟通，很乐意倾听他人的想法与意见。然而，在请教他人之前，他并不是没有定见的，而是已经预想了一个大概的走向，但却愿意在他人的建议中寻求更完整的方案。同时，在詹朴与应奇轩及其他伙伴的互动中，也可以看出詹朴确实扮演了称职的园丁角色，提供了一个大家可以一起将创意发挥到极致的不设限空间。最后，詹朴自己也热情地投入每一个创新想法的实验测试中，与团队成员一起发现问题，进行问题的修正，共同完成任务。可以说，詹朴充分发挥了球员教练的功能。

下编

文化新经济模式

创意生态系统的逻辑与构建
——以腾讯互娱事业群为例

白晓晴[①]

"下一个迪士尼将出自中国，它的名字叫腾讯。"[②] 2017 年 1 月，美国科技网站 Backchannel 刊登了一篇以此为题的文章（见图 1），介绍腾讯是当前世界上最大的游戏公司，并对腾讯的生态化娱乐商业模式给出了非常高的评价——它很像迪士尼，但更加智慧。（It's like Disney，but even smarter.）

JONATHAN PAN BACKCHANNEL 01.26.17 12:00 AM

THE NEXT DISNEY WILL COME FROM CHINA AND ITS NAME IS TENCENT

图 1　美国科技网站 Backchannel 新闻标题

确实，相比欧美的文化娱乐企业，以腾讯互娱为代表的中国泛娱乐产业没有模仿，而是正在走着一条独一无二的新的道路。在腾讯互动娱乐 2017 年度发布会上，腾讯集团副总裁程武总结到，西方奉行精品策略、多出明星 IP，且长于线下衍生；中国的泛娱乐则根植于新兴的互联网土壤，拥有广阔多元的创作空间、丰富活跃的 IP 源头、形式多变的线上衍生，"互联网＋文

---

① 白晓晴，北京大学艺术学院博士研究生。

② 参见美国科技网站 Wired，https://www.wired.com/2017/01/the-next-disney-will-come-from-china-and-its-name-is-tencent/。

创"是中国特色。

一、腾讯互娱简介

腾讯互娱（IEG）是腾讯互动娱乐事业群的简称，该事业群是腾讯旗下的数字创意产业部门，涵盖腾讯游戏、腾讯文学、腾讯动漫、腾讯影业、腾讯电竞等互动娱乐业务平台，其主要产品包括网络游戏、文学、动漫、戏剧、影视等基于互联网、移动互联网平台的体验型、互动性、低消费性产品。2012年，程武在UP腾讯互娱年度发布会上发布了"泛娱乐战略"，即基于互联网与移动互联网的多领域共生，打造明星IP的粉丝经济。在泛娱乐战略的指导下，腾讯互娱在网络游戏业务基础上，先后推出了动漫、文学、影视、电竞共五大实体业务平台，初步构建了一个开放、协同、共融共生的创意生态平台，以龙头企业的姿态推动互联网时代文化创意产业的升级。具体而言，腾讯互娱旗下的主要业务的发展历程如下：

2003年8月，腾讯开始经营游戏业务。

2010年12月，腾讯游戏升级标识——"用心创造快乐"成为主要口号。

2011年7月，程武首次在行业内提出以IP打造为核心的"泛娱乐"构思。

2012年3月，腾讯动漫正式成立。

2013年9月，腾讯整合所有相关业务，"腾讯文学"成立。

2014年4月，腾讯互娱首次作为发布会主体，发布了"泛娱乐"战略2.0。

2014年9月，腾讯进一步进军影视行业，提出了"电影＋"的平台建设方案。

2015年7月，腾讯以50亿元整体收购盛大文学，组建阅文集团。

2015年9月，腾讯影业正式成立。

2016年9月，腾讯电竞正式成立。

截至 2017 年，腾讯互动娱乐旗下的五大业务，都发展到了行业领军的规模。其中，腾讯游戏的总用户数与收入规模位居全球第一；腾讯文学既是目前国内最大的 IP 内容源头，也打造了独有的网文生态体系；腾讯动漫已经成为月活跃用户 9000 万的国内最大的动漫领军平台；腾讯影业也在用"联结一切"的思路积极探索和布局；成立仅一年的腾讯电竞，也已成为国内领先的电竞品牌。在过去五年的时间里，中国已经成为全球最大的数字内容生产和消费市场。腾讯泛娱乐战略的探索，也推动了中国整个互联网文化产业探索中国模式，并且逐渐走向成熟。

二、腾讯互娱的"泛娱乐战略"

1. 泛娱乐战略的产生背景

首先，互联网和智能手机技术的成熟和普及。技术的支持使人们参与娱乐的门槛大幅度降低，也使参与娱乐的时间得以延长，大量碎片化的时间可用于网络娱乐。设备的支撑作用一方面增加了消费者娱乐上的消费需求，另一方面也为生产者提供了大量娱乐变现的机会。其次，文化产业在全国范围内得到大力发展。文化产业与互联网的联姻实现了娱乐的"泛"化，游戏、文学、动漫、影视等娱乐形式之间的边界被消除。消费者可以轻易切换娱乐形式，其接受内容的广度也大幅提升，不同娱乐形态相融合成为必然趋势。第三，文化消费的偏好和结构发生转变。新一代青年消费主体的出现使发展性、智能性文化消费占据主导地位，娱乐性、享受性、消遣性的精神文化消费所占比例呈现逐渐扩大的趋势。也就是说，越来越多的年轻人依赖互联网生活，且更加愿意为娱乐产品进行消费。

2. 泛娱乐战略概念的发展过程

2011 年的中国动画电影发展高峰论坛上，程武在整个行业范围内首次提出以 IP 打造为核心的"泛娱乐"构思。2012 年，在 UP2012 腾讯游戏年度发布会上，程武正式宣布推出泛娱乐战略，当时将其定义为以 IP 授权为轴心、以游戏运营和网络平台为基础的跨领域、多平台的商业拓展模式。2013 年，腾讯动漫平台成立，成为腾讯互娱继腾讯游戏之后的第二个泛娱乐实体业务平台。同年，腾讯文学成立，又确立了腾讯互娱旗下的第三个泛娱乐实体业务平台。2014 年，在 UP2014 腾讯互娱年度发布会上，程武对泛娱乐战略又做出了全新阐释，即基于互联网和移动互联网的多领域共生，打造明星 IP 的粉丝经济。此后，泛娱乐战略的概念开始被互联网创意产业广泛使用，其内涵和外延基本沿用了腾讯互娱的界定。

3. 泛娱乐战略的内涵

泛娱乐是产业融合的现象，是网状价值链的整合，同时也具备线性价值链。娱乐产业的融合主要体现在现代数字技术基础上传统产业之间的融合、现代信息平台基础上新兴业态的发展与融合，以及现代技术手段基础上文艺表演等各种文化表现形式之间的融合。娱乐产业十分重视版权，注重保护无形创意成果，并将其作为产业发展的关键，因此各产业之间的联系日益增强，形成了娱乐产业分工与协作的网状产业链结构。从纵向的产业功能分工角度来看，技术研发与应用、文化创意产品的制作与传播、衍生品的制作与推广等环节同样具有价值增值功能。它们从产品或服务运作的逻辑实现产业增值过程，表现为娱乐产业的线性价值链，涉及技术研发、策划、生产制作、市场营销等环节。在此基础上，泛娱乐战略是结合社会、经济、技术、文化背景而展开，能够充分利用技术优势、有效融合产业并将价值链多维化的战略形态。

首先，泛娱乐战略的核心是明星 IP。IP 是 "Intellectual Property" 的缩写，可被译为 "知识产权"。实际上，IP 的概念已被业界赋予了丰富的内涵。它不再是知识产权的单纯简写，而是在承载形象、表达故事和彰显情感的文化生产过程中，成为一种经过市场验证的情感载体，成为一种有故事内容的人格权。原创的优质文化产品是 IP 的起点，它需要经历多领域的共享与涵养，才能最终形成超越具体平台和单一形式的 IP 价值，成为现象级或经典化的明星 IP。一般而言，明星 IP 包含五项基本要素。其中，最中心的要素是核心价值观（Values），然后依次向外展开的要素为鲜明形象（Image）、故事（Story）、多元演绎（Adaptation）与商业变现（Commercialization）。越趋近中心的要素越偏重内容质量，越居于外缘的要素越具有吸金能力。

第二，泛娱乐战略的基础是粉丝经济。粉丝经济是一种聚焦于消费端，以情感资本为核心，主要依赖社交媒体网络进行营销的经济形态。泛娱乐的

"泛"是以 IP 为核心而实现的以点带面的"泛"，其中带动的一方面是不同类别文化产品的生产，另一方面就是以粉丝经济为形式的不同文化产品的消费。一旦粉丝对某一文化产品产生情感，那么与该产品 IP 有关的其他类别产品也可以调动粉丝的兴趣，使他们投入情感和资金，并参与内容的共创，从消费端转成生产端，进一步提升 IP 的影响力。因此，以粉丝为目标的情感链接，是泛娱乐战略的重要基础。

第三，泛娱乐战略的手段是平台经济。泛娱乐战略栖身于互联网中，不仅为产品的消费提供了便利，更重要的是为组织形式的网络化和平台化提供了天然优势。平台两端的创意者、中小企业、专家、营销者、消费者等主体，通过文化创意内容的生产、传播、加工和消费被产业网络相连。随着进入网络的平台越来越多，多元化的平台群就形成了一个"连接一切"的生态化创意平台。生态化的平台不仅实现了比以往更加广泛的产业组织，也实现了更加深度的分工。随着连接的增多，边缘发生碰撞，越来越多的创新也就更加被创造出来，创意创新也随之实现了"泛"化。

三、腾讯互娱创意生态的结构与特性

通过建立腾讯互娱事业群，并将腾讯旗下的创意产品生产部门进行了网状联结（见图 2），以实现创意内容的创作、筛选、精制和协同开发，腾讯的创意生态平台实现了三段式、立体化的全方位资源管控。每一个创意生态层都为生产者与消费者提供丰富的产品和服务，将每个生产和消费环节的参与者有机地结合起来，高效推动整个生态系统的运转。

1. 内容层

在内容层，不同于苹果应用平台，腾讯互娱在自身进行内容创意与内容加工的同时，还将腾讯的大生态系统与生产内容的创意个体、小微企业链接起来，完成对内容端的培育和管理。腾讯的四大实体业务不仅各自进行着专业的创意内容生产，还广泛吸纳外部的优质内容，为整个创意经济体提供源头活水。

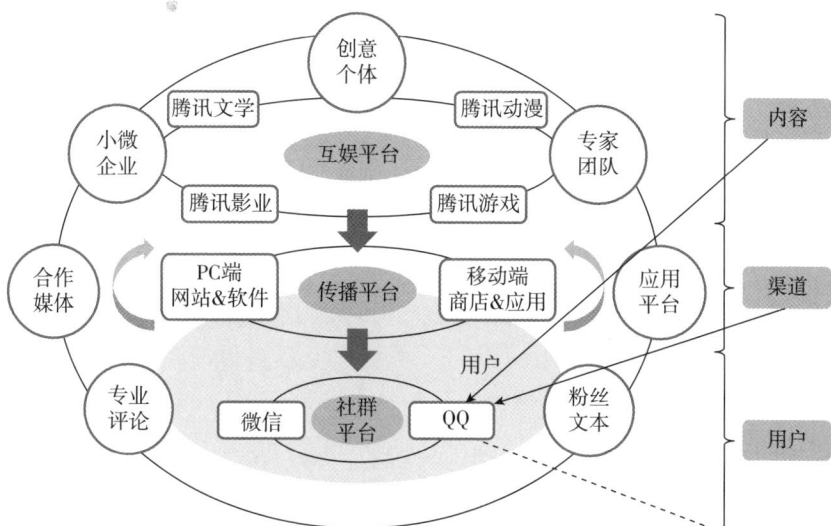

图2　腾讯互娱创意生态的资源控制形态

腾讯文学和腾讯动漫既是典型的内容子平台，也是明星 IP 的孵化器。以腾讯文学为例，2013 年 3 月互娱事业群内部成立了内容与版权部门，腾讯文学成为腾讯泛娱乐战略中创造和获取原创 IP 的重要一环。在收购盛大文学之后，腾讯互娱成立了阅文集团，拥有文学作品近 1000 万部，全面覆盖网文 50 大类型，同时拥有 400 万原创作家。在动漫领域，腾讯专门成立了泛娱乐大师顾问团，并推出了腾讯原创动漫发行平台。上传作品的人分为投稿作者和签约作者，签约作品包括全版权作品和部分版权作品，且与日本集英社、小学馆、角川集团等第三方企业达成战略合作，购买日本动漫出版权与游戏改编权。同时，腾讯与中国动漫集团、迪士尼签署了动漫创意研发合作项目，为明星 IP 的进一步开发提供更多的可能性。

腾讯影业和腾讯游戏是内容创作与商业开发的连接器，也是明星 IP 的强化器。以腾讯影业为例，其功能在于链接腾讯的自孵化 IP 与其他企业的版权开发业务，旗下囊括了黑体、大梦、进化娱乐三个国内新锐工作室。基于明星 IP 的开发，腾讯已经与华谊兄弟、光线传媒、新丽传媒、唐人影视、原力动画等影视公司开展具体业务合作，与其分享资源并联合开发影视作品。腾讯游戏是互娱事业群中发展最成熟、市场规模最大、变现能力最强的部门。自 2014 年，腾讯已成为全球收入最高的上市游戏公司①，腾讯游戏的衍生行业吸纳了无数创意者生产文化产品，且为超过 500 万人提供了就业机会。

总的来说，腾讯互娱一方面可以通过腾讯文学和原创动漫平台创造和获取原创 IP，另一方面则可以通过腾讯动漫、腾讯游戏、腾讯影业等部门将 IP 进行多向度开发，实现内容发掘与产品变现的多线齐发。

2. 用户层

在创意生态平台中，用户层的子平台群主要由腾讯旗下的社交工具包括微信和 QQ 来实现。随着微信市场份额的不断提升，QQ 的稳定用户已经渐渐地转移到微信中。首先，微信的高用户量是内容得以传播与发酵的先天优势。微信作为社交平台，可以向用户推送优质的腾讯自制内容，朋友圈的功能丰富了用户的内容共享、沟通交流与评价反馈，助力了产品推广。在腾讯的生态平台上，内容端的信息不仅可以通过官方推送传达到微信的海量用户，将用户吸引到其他的终端（PC 端网站和手机端应用等）去消费，还可以在这个巨大的生态圈中进行扩散和发酵。这种过程不是混乱无序的，而是可以被微信平台所监管和引导的，可以有序健康地完成产品的推广与营销。

此外，微信内部通过公众号搭建无数子平台，在为用户推送腾讯官方消息的同时，也为第三方提供渠道，让创意个体、行业专家和各种企业都能够通过微信公众号发布广告、软文、评论等。这种自生的信息生产和传播方式，使用户更加自在和便利，甚至构建了一种基于移动互联网的生活方式。在公众号信息发布和阅读中，大量的文化热点得到了大规模发酵，这其中包含着无数腾讯自生产的内容作品。公众号是一个信息量极其丰富的资源库，这个资源库中生产多种文本，包括粉丝评论文本和自媒体大 V 文本等。这个资源库不仅可以推动腾讯官方文化产品的传播与口碑建设，提高文化产品的销量与影响力，同时还能够为内容端提供优质原创材料，助力新 IP 的挖掘与孵化。

同时，粉丝文本在补充官方文本的同时还成为有价值的反馈意见，甚至成为新的原创内容，在传播的闭环中优化内容端的生产。不仅如此，微信和 QQ 中的海量文本还是对用户信息进行收集与分析的大数据源。这些数据不但可以

---

① NEWZOO USA 市场研究公司：《2014 年全球游戏市场报告》，2015 年 4 月。

帮助企业感知市场风向，分析产品舆情，协理内容筛选，为影视编剧或游戏策划提供参考，同时也可以为企业寻找整个产业链条上的合作伙伴提供可靠依据。

3. 渠道层

在需求端与内容端之间的渠道端，腾讯 PC 端的软件与网站、移动端的应用商店与应用产品既为用户提供全面的服务，又发挥着强连接的作用。如腾讯视频是典型的渠道端平台，腾讯互娱推出的动画、电视剧、电影均可以通过腾讯视频播出。腾讯视频的热门内容会定期在微信、QQ 等社交终端上推送，把用户流量引入腾讯视频，完成内容端与用户端的高效对接。另外，腾讯的便捷支付平台使内容消费者能够完成一站式的消费体验，微信的微票儿服务和微信支付使用户看电影购票更便捷。在电影《爵迹》的开发过程中，腾讯还打造一个围绕 IP 的粉丝站 APP，为探索粉丝经济、收集粉丝反馈提供渠道。可以看出，腾讯的目标是联动全平台资源助力影视作品营销。

在渠道层，腾讯的外部合作对象包括硬件商、应用平台、视频网站、移动端 APP 等。腾讯在拥有微信、QQ、应用宝等自有平台的同时，还与华为、三星、HTC 等智能硬件厂商达成战略合作，将其精品应用发布在这些厂商的智能手机商店中并强力推送。腾讯制作的影视产品同样可以在爱奇艺、乐视、优酷等视频网站上播出，吸引更多的用户观看。渠道层的特性是以扩散性为主，即将产品最大限度地推广出去，同样带动第三方媒体或平台的发展，与大量第三方企业达成共赢。在渠道层，腾讯旗下的各类网站与移动 APP 构成了多个渠道平台，在分别链接内容与用户的同时，实现信息互文、流量互补与巨势宣发的作用。腾讯的渠道层优先传播自制内容产品，同时也播出大量非自制内容。这些外来内容与自制内容形成竞争关系，协助腾讯的内容产品实现自过滤与自完善。

总的来说，腾讯互娱将内容端进行了高度整合与合理管控，原创内容在其整个生态层中经过了充分的自我净化，优质资源在层层叠叠的竞争中脱颖而出，成为跨界开发的对象。系列文化产品在不同的部门中被生产出来，又进入渠道层的子平台群中，传播给用户。最后在用户层，腾讯旗下的微信、QQ 等社交平台，突破了原来的交友、分享等功能，为用户提供了一个反馈和发酵的话语场域。腾讯在自己的平台上也可以方便地收集用户的大数据信息，以推进内容创作和筛选的优化。

四、腾讯互娱创意生态的内容生产模式

在创意生态平台中，腾讯定义了两种主要的内容形态，分别是 UGC 即用户生产内容和 PGC 即专家（或专业）生产内容。UGC 可以在平台的联结作用下转化为 PGC，在内容质量和生产方式上趋于精品化和专业化。普通用户在内容平台中发布评论、段子、小说等 UGC 内容，其中一部分用户通过生产完整的、优质的内容转变为创意个体。经过内容平台的筛选和专业人士的指导，部分业余创意个体成长为内容专家（网红、网络作家、网络漫画家等），其生产的内容逐渐转化为 PGC，最后在与专业团队对接后，开始逐步实现创意内容的商业变现，并拥有了更系统化的生产方式和更成熟的流程管理。总的来看，PGC 具有更强的明星效应和粉丝经济属性；UGC 具有长尾化的特点，影响力相对持久，整体质量也更有保障。

对于不同的内容形态，腾讯提出要建立分层次孵化 IP 的平台生态。互联网平台带来的优势之一是提供了丰富的 IP 源头，诞生了大量生机勃勃的UGC。腾讯的目标并不仅仅是打造具有社会影响力的明星 IP，而是要建立一个 UGC+PGC 的"UP"生态，以进行更多题材的探索，满足更多用户的细分需求。以 IP 为核心的主线串联与内容互动是近年来互联网文化企业最为热衷的内容生产模式。腾讯创意生态平台在庞大的内容子平台群中，通过培育和筛选 UGC、养成与精制 PGC，完成了 IP 的扇形流转（一对多）和立体开发。第一步，对潜力 IP 进行筛选和签约授权。第二步，通过对原 IP 小说形式的网络文学、漫画、动画、手游等版本的改编开发，创造出"1+N+N"体系中的第一个"N"。在这个阶段，腾讯 IP 管理系统同时完成了"放大器"和"现金牛"功能。第三步，在动漫、文学、游戏三条产品线完成故事讲述与粉丝积累后，腾讯凭借其中具有极强粉丝价值的角色与故事开发影视作品，进一步扩大 IP 的社会影响力，并再次获得大量经济收入。电影、电视剧、网络剧等影视作品的开发，可以看作是"1+N+N"体系中的最后一个"N"。

1. UGC 的培育与筛选

UGC 来源于广泛的创意者。故宫和腾讯合作之后，数十万计的青年人得以接触到其中部分顶级的馆藏文物资源，借助年轻人喜闻乐见的表情包、衍

生品、电子游戏等形式，文化变得更加生动起来。

更为重要的是，海量创意者的参与不仅仅是将传统文化活化了，还带来了更多的视角，有助于我们更好地关注和传播那些传统文化中不被人关注的细节。比如那些获得大奖的作品，包括以斗拱搭建为主要游戏内容的"五大发明"、以故宫消防水缸为素材创作的表情包，都获得用户群的大量关注，但这些都不是故宫曾经设想和力荐的最优质素材。

创意生态平台将创意者和消费者链接在一起，同时为创意个体提供了价值平台、专业服务与商业对接器。腾讯大量的网络文学和原创动漫是典型的UGC，由广大网络写手和画手创作。首先，阅文集团等网络平台和星漫奖等创意赛事建立了各类内容评价体系，包括人气排行榜、专家评价机制等，可以通过用户数据与内容本身筛选优质IP。比如《何以笙箫默》就是脱胎于网络文学平台的UGC内容，在故事成名后，"何以IP"成了明星IP，这一过程也推动了创意个体的专家化和明星化。在腾讯互娱的内容筛选过程中，除了内容热度，价值观是评判其是否可以进行IP开发的最重要标准，非正能量的内容无法进入IP产业链的下游。第二，网络文学平台拥有专业的编辑团队和大数据工具，可以对市场需求进行准确的追踪。网络文学不同于严肃文学，它是以娱乐性和互动性为主，因此，这些追踪到的信息不仅可以帮助作者改良作品，还能够整体引导创作方向，最大化地满足市场需求。第三，创意生态平台为高水准的作者和作品在下游提供了大量商业合作机遇，不仅可以通过微信公众号等渠道将内容推广给更多的用户和企业，还可以与作者签下版权协议，协助原创者把作品的开发权出售给其他文化企业，使作者获得版权收益。当然，腾讯互娱的其他部门也可以接手优质内容进行IP开发，创作更多的PGC和UGC产品。

2. PGC的养成与精制

在互联网中生长的PGC，其中一种是专家生产内容。事实上，很多互联网平台中的专家，都是草根出身，如唐家三少、顾漫等知名网文作家，是经过数年时间在平台的滋养下成长并成名的。其内容分类更为专业，具有一定的专家品牌价值，符合精英化、分类化和品牌化的生产趋势。[1]腾讯注重

① 姜海：《数字化出版的专业性转向——基于PGC模式的出版建构与实践研究》，《出版发行研究》，2015年第6期，第33-37页。

内容专家的培育和扶助，如腾讯动漫签约《尸兄》的作者七度鱼等优秀漫画家，并建立起漫画家福利体系。PGC 作者通过优秀作品而成为专家，在具有一定的影响力和感召力后，为了提高商业利益，PGC 通常不会局限于在单一的平台上发布内容，而是跨平台、跨媒介地在多个领域对内容进行营销。因此，平台在获得明星 IP 后，为了在后续阶段开发具有竞争力的内容，可以通过与专家合作，充分将原创者的明星效应和专业能力纳入麾下。比如《三体》系列小说的作者刘慈欣以腾讯移动游戏"想象力架构师"的身份加入腾讯游戏，在原著作者的把关和协助下，《三体》粉丝对游戏质量的信心显著提升，IP 文化产品的品质和延续性都得到了保障。但是，专家的意见在 IP 开发过程中是有一定的限度的，原著的改编策略一般由编剧等各领域的专业人士决定，如《勇者大冒险》IP 版权委员会由腾讯游戏、腾讯动漫、像素软件及南派三叔这四方代表共同构成，所有参与者共同拥有《勇者大冒险》IP 版权，又分别开发漫画、动画、游戏等产品。就 IP 而言，版权委员会在进行共同创作，但就产品本身而言，每个部门依然独立创作，遵循各自的专业规则，以求在借力优质 IP 的同时保障产品水准。

PGC 中的另外一种，是专业生产内容，主要依靠企业团队进行开发，拥有专业化的生产技术和成熟化的管理机制。迄今为止，腾讯互娱的"泛娱乐"战略已经覆盖游戏、动漫、文学、影视、音乐这五大重点领域，在每个领域腾讯都拥有自己专业的内容生产部门，其优势就在于专业的制作水准、大数据的分析以及整合管理机制，通常依靠大力度的整合营销来推广其产品。对于此类 PGC 产品，创意生态平台首先构建了良性的内部竞合关系，内部事业群、工作室形成开放性的小生态，工作室独立核算制度推动了内部的市场化竞争。此外，腾讯连接大量合作伙伴，与外部生产者、开发商、制作商、平台商构建外部竞合关系，通过转包、授权、协作等方式建立网络化的生产组织。在专业开发中，每一个部门都处于庞大的生态网络中，需要完成多种与外界的合作业务，因此，企业需要大量的复合型创意人才。比如小说《择天记》在改编为电视剧的过程中，小说的人物修炼体系与电视剧的叙事方式很难兼容，因此腾讯组建的编剧团队大多由写过网络小说的编剧构成。

3. U+P 内容联动模式

在腾讯泛娱乐产业链中，网络文学、漫画、游戏的创作为轻产业链阶段，电影、电视剧、演出、衍生品等的产品生产为重产业链阶段。总的来说，UGC 更倾向于创意生产，PGC 更注重内容优化和社会影响，且追求更高的商业效益。在全版权开发的过程中，U+P 产品的联动表现为共同积累、相互融合与独立精制。PGC 可以改编自 UGC，UGC 也可以作为 PGC 的补充和延伸，从而为用户提供最宽广的创意生态层。比如在《勇者大冒险》的 IP 开发中，不同的 PGC 类别——小说、动画和游戏之间都实现着内容联动。南派三叔为游戏撰写世界观断章、动画内容被植入游戏中、动画中出现小说新人物等，所有产品的故事主线最后都指向一个共同的大事件。故事的串联使用户充满惊喜，其流量的转化、留存数据都表现良好。此外，很多粉丝也同时生产着自创的评论文本或故事番外（UGC），吸引受众流量的同时也为官方内容产品提供了有力的宣传。在管理层面上，基于同一 IP 的多种产品在开发过程中都在吸纳市场意见，并且由内容管理者充分整合与选择性采纳，再分别调整每一类产品的开发路线。腾讯互娱中存在一个游离于四大板块之外的 IP 业务管理部门，就是负责全版权开发的协调整合工作。在 U+P 内容的联动互文中，IP 开发实现了生态化的内容生产与价值发酵，全面地满足了受众需求。

【案例分析】

文化产业的竞争优势是通过掌控企业内部的创意资源和经济资源，以及联结企业外部的创意资源和经济资源，沿着标准化的融合模式和多元化的混成模式两条路径展开的。[①] 在互联网的技术优势下，创意生态平台充分融合了这两种路径，成为互联网平台经济与全产业链商业模式的有机结合。整个系统形成了培育、竞争、过滤、开发、整合的价值开发回路。平台的生态化促进了内容创作方式多样化、内容风格类型多元化。在精准的子平台管控下，分众性的优质内容脱颖而出，并用于产业链下游的内容改编与跨界开发，以长尾化和体系化的内容多层次满足受众需求，对丰富当代大众文化具有积极作用。

从互联网＋文创的产业实践来看，腾讯开创了一个全新的文化生产范

---

① 向勇：《文化产业导论》，北京大学出版社，2015 年 2 月，第 280 页。

式，且经过多年的市场验证，取得了一系列瞩目的成果。创意生态平台的搭建实现了从创意经济向创意者经济的转变。腾讯以龙头企业的带动能力，推动整个社会进入了创意者经济的新时代。从表面上来看，"创意者经济"的提法是一个强调个人主义、自由主义和市场主义的概念，似乎与中国社会倡导的集体主义、民族主义和社会主义不是完全一致。但事实上，"创意者经济"的深层内涵恰恰是在个人与集体、自由与秩序、市场规律与宏观调控之间寻找到了一种精妙的平衡。

创意者经济高度尊重个人创意。腾讯的创意生态平台是自下而上长成的，因此，腾讯的决策层应重视对内容生产的宏观引导。在关注市场需求的同时追求较高的文化素养，由重视 IP 孵化走向重视 IP 强化，打造更多的精品内容，以行业领军的身份推动互联网文化产业的可持续良性发展。

科技与人文交融的产业集聚新模式
——以深圳天安云谷智慧园区为例

刘睿　罗怡①

在转型变革的中国，科技创新、产业升级、低碳环保、艺术人文一起成为时代的浪潮。天安骏业集团倾力打造的天安云谷园区，位于深圳市龙岗区坂雪岗科技城核心区域，毗邻华为总部，占地76万平方米，总建筑面积289万平方米，分六期开发，预计建设周期为十年。与人们对产业园区的传统认知不同，天安云谷以云计算和大数据的思维设计，将产业、商业、居住空间有机地连接为开放、包容、互联、共享且以人为核心的云空间。通过城市更新，将原来低端落后的加工工业区升级为聚焦智慧产业的国际化产城社区。

一、天安云谷全景扫描

天安云谷项目一期计容总面积约40万平方米，目前已全部建成使用，引进华为终端、艾比森、中软国际、世强电讯等知名企业，以及三百多家中小民营科技企业。与此同时，还围绕人才关爱，引入建设银行、江苏银行、华润万家、城市候机楼、星巴克、屈臣氏、五星级纵横国际影城、香港比诺儿童教育、华西口腔、华尔街英语、云谷图书馆、云谷美食汇广场，形成了文娱、休闲、购物、康体、教育等的一站式服务。天安云谷提升了这一片区的整体产业链价值，成为深圳新兴产业综合体的样板。2016年的年产值超过1800亿元，创造税收增量50亿元。园区整体建成后，将引进3000家科技企业研发机构及金融科技中介等专业配套机构，吸引8万名科技人才，培育50

---

①　刘睿，上海大学文化新经济研究院秘书长；罗怡，深圳天安云谷文化新经济研究中心联合执行长。

家上市企业，预计年产值达 3000 亿元，税收超过 200 亿元。互联网、物联网、新一代通信技术为主导的新兴产业集群，将在这里快速聚合，形成强大的规模效应。

为进一步拓展园区运营服务，2016 年 7 月，天安云谷企业服务中心正式运营，将区政府及各部门的服务事项延伸至园区。目前，已开通党群服务绿色通道 42 项、政务直通车 36 项、创新资源协同 11 项、物业服务 19 项、非核心业务外包 23 项，共计 131 项服务。2016 年 8 月，华南首家国际化人力资源服务智慧广场落户园区，为涉及人才的 94 项服务审批事项提供一站式办理。上述两家联合服务，基本实现企业、人才办事足不出园。2017 年 1 月，深圳市龙岗区行政服务大厅天安云谷分中心揭牌，开启全国首个政企共建产业园区公共服务平台的先河，打通了政务服务"最后一公里"，依托服务平台推动政府服务进园区、进企业，实现企业诉求与产业政策的精准对接。2017 年 5 月，天安云谷获评首批"国家文化新经济开发标准试验区"。此外，园区还聚焦"绿色云谷·智慧未来"承办了第九届 APEC 技展会分会场；顺利开通了以色列、德国、澳大利亚创新创业直通车；作为全国双创周深圳分会场引领创新创业浪潮，成为深圳创新创业大赛首个官方指定合作园区；打造"深圳市科技金融联盟工作站"全息化科技创新平台；综合金融服务平台战略合作成功签约。

天安云谷秉承"绿色、智慧、开放、协作、共享"理念，以 SMAC（社交化 Social、移动化 Mobile、大数据 Analytic、云计算 Cloud）创新驱动为引擎，倡导互联网思维和平台思维，通过资源整合、服务集成和组织创新，打造了一个线上线下互动、产业链联动的智慧园区产业生态圈。天安云谷倾力打造的智慧园区 CC+ 综合服务在线平台，创造性地提供八大服务体系，对接深圳最丰富的高端产业资源和创业资本，帮助中小企业形成协作链，为新兴产业的初创企业提供一站式拎包入住服务。先由智慧园区实现线上线下无缝对接，以极致服务加速企业的转型与发展，进而建设智慧产城社区，实现城市运营与服务水平的全方位创新，再造产业发展的新生态系统。

在云空间、智慧空间之外，低碳空间是天安云谷搭建的第三度空间。天安云谷采用 BIM 建筑信息模型技术，规划、建设、招商、运营全流程贯穿绿色低碳理念。绿色建筑、绿色施工、绿色材料，全方位能效智能化，管理循环经济产业链，实现人与建筑的和谐共生，并引入 IP+，为产业和空间注入持久的活力。天安云谷为身处其中的人们提供了一座城市森林，在洞察世界产业先机的同时，可以体验最环保的绿色建筑、最智能的低碳生活、最温暖的人文社区。

二、旧改原来可以更美的：一个产城社区融合共生的梦

过去十年间，城市更新像一场浪潮扑面而来，加速度地改变着我们的生活和我们生活的城市。但回头看，这场浪潮远远没有最初想象的美好，反而更像被打开的潘多拉盒子：对于主导更新的政府而言，可能更舒适，有现代化的建筑和高大上的城市形象，也可能更闹心，有不堪重负的城市配套和愈来愈拥堵的交通；对于生活其间的市民而言，可能更美好，有改善的建筑空间和生活环境，也可能更糟糕，有难以忍受的高压力和密集恐惧；对于投身其中的开发商而言，可能会是一个香饽饽，有还算不错的经济利益，也有可能会是一个馊馒头，逃脱不了各方的不满和项目受阻带来的困境。以经济利益为前提，以拆赔比、容积率、财务数据为核心指标的城市更新，注定甘苦自知。我们是否应反思，城中村改造，除了崭新的建筑符号与丰厚的经济回报，还应该为这座城市留下什么？如果加重对"人"的思考，我们会发现城市旧改可以归纳为三个阶段：旧城改造——城市更新——城市再生。

> 旧城改造（urban transformation）：局部或整体地、有步骤地改造和更新老城市的全部物质和生活环境，以便根本改善其工作、生活服务和休闲等条件。着眼于对"旧"的消除，以优化城市布局、改善基础设施等物质属性的改变为主，重点在"拆迁"。
>
> 城市更新（urban renewal）：将城市中已经不适应现代化城市社会生活的地区做必要的、有计划的改建活动。立足于对"新"的构建，综合了改善居住、整治环境、振兴经济等多元化目标，以城市发展元素合理有序的重组为主，重点在"更新"。
>
> 城市再生（urban regeneration）：即"城市空间持续再生"，在正确把握未来变化的基础上，更新城市功能，改善人居环境，恢复

或维持许多城市已经失去或正在失去的"时代牵引力"的功能。立足于"持续发展"，重点在"传承"和"激发"。

天安云谷按照"城市空间持续再生"的规划理念开展市场研究，在城市功能布局与空间规划方面强调对多样化人群共享空间延续传承的重要性，打造复合人群的中心活力场；保留与提升村落原有宗祠文化和食街文化；通过不同面积段的 SOHO 公寓留住都市活力、多元化人群等。他们期望在改造后的城中村，城市多样性能得到延续，城市活力能再次激发，精彩多元的城市生活剧能天天上演。

天安云谷致力于实现产城社区融合共生之梦。事实上，在一个高度分工又流行跨界的时代，定义一个企业的产业标签并非易事。比如苹果公司，怎么定义它的行业？智能手机、音乐、电子出版等，都似是而非。在产业传统的线性结构中，微笑曲线不再是一条线，而是成了许多离散的呈线性分布的点，不同的点代表着一个行业的分工位置，同时所有的点都可能出现在另一条微笑曲线上。随着产业生命周期变得越来越短，这些点的动态化也愈加明显。满足变化需求、满足低成本需求，这两大价值成为企业创新途中的主要关注点。在所有的努力中，将长板做长、短板剥离，是谓转型；将优势集中、服务输出，是谓升级。于是，产业地产在发展过程中，面临着将产业发展与城市空间相融合的难题，主要体现在三个方面。第一个困惑，就是不清楚未来应该引进的企业在哪里，以及是谁。因此，必须审慎思考与聚焦那些具有潜力、爆发力的产业。在此基础上，相对于引进龙头企业，在拟选址区域考察可能异化的对标企业的生态更为关键。

城市是最伟大的文明创造之一，它大幅提升了人类分工与资源交换的效率。城市化进程愈演愈烈，城市也变得越来越大。但今天我们所遭遇的大城市问题，很多并非是大城市所固有的，而是我们急功近利、盲目规划带来的。事实上，一个健康的城市应该是经济与产业发展的自然产物。所谓的城市规划，应该是对经济与产业发展规律的寻找与尊重。当然，这其中更深层次的原因，在于我们制度上赋予市场的自由度不够，产权制度需要改善，各种政策规定也应回归"负面清单"思维，对民用建筑的使用自由不应进行过多限制。

产城融合、城市节点化，是城市发展的规律。城市如何能全息化更便利、更就近地为企业与居民服务，而不是像过去那样一味用功能区的概念人为割裂城市，以致造成城市钟摆，是我们应该思考的方向。产业地产的发展也要遵循这两条规律，依此来推敲产业定位与特定区域之间的关系，进而规划设计，打造更契合发展的城市空间，更完美高效地植入城市功能和公共配套，才可能解决产业地产的第二个困惑：规划设计究竟应该怎么做？

"没有人是一座孤岛，每个人都是大陆的一片。"——这句诗很形象地说明了人的社会性。在城市的特定节点上，企业与人之间的关联密切度明显更高。过去，由于共享的设施与服务稀缺，即便在产业聚集的地区，也大多不过是独立的"企业庄园"。这明显与城市应有的价值，即高度的专业化分工带来的协作便利和成本降低相背离。特定的地理位置产生社区价值，特定的群体之间产生社群价值。社区价值与社群价值在空间上互相交织，这也是O2O的一种。移动互联网的发展让线上社群价值越来越显性化，这对我们认识线下的社区价值——价值协同与便利分享，深有启发。于是，产业地产的第三个困惑"运营与服务如何做？"也随之有了更清晰的思路，即运营侧重资源整合，服务侧重业务外包。

在解决这三个困惑的过程中，天安云谷不仅时刻关注产业生态、城市节点、社区人文，更"引名家""至他山"，不断探讨产城社区的发展理论，借鉴产城社区的发展经验，为产城社区和谐共生贡献更有价值的实践。

三、天安云谷：筑更有温度的人文社区

2015年底，在时隔三十七年再度召开的中央城市工作会议上，政府提出让创新成为城市发展的主动力，释放城市发展新动能。天安云谷规划之初，就定义为"产城社区"，强调关联与共享。与传统园区聚焦产业与企业相比，他们以人才关爱为核心，借鉴新加坡邻里中心的模式，集商业、文化、教育、康体、休闲等于一体，提供"一站式"服务，不断促进人与人、人与企业、企业与企业之间的关联，构筑有温度的人文社区。

1.经济双驱力：科技 + 文艺

2010年初，研究产业发展时，借鉴IBM的智慧地球理念，天安云谷敏锐地捕捉到应该用一些新兴的互联网技术作为推动园区建设的引擎。这一选

择让他们一路走到今天，并于 2016 年底获评广东省首批十大"互联网＋小镇"之一。2016 年，文化新经济刚刚作为国家战略提出。当时，天安云谷就强烈地感觉到，应该在园区建设中加上文化元素驱动。文化新经济和互联网＋有异曲同工之处。以前的互联网也是非常窄的领域，但从窄走到宽，变成一个基础性、渗透性、颠覆式创新的产业。今天，文化单独作为一个产业，其实也是非常窄的范畴，文化创意园区占比也非常低，但借助文化新经济的力量，推动企业转型和产业升级，一定会从窄门走向大道。

十年树木，百年树人。随着开发的不断深入，要打造出一个有温度的人文社区，天安云谷的开发周期至少要 50 年。天安云谷必须用更高更远的视角来看待文化新经济。前期有了清晰的规划架构后，建设、运营会更为顺利，也会激发更多的创意。

天安云谷一期经营了一些项目，图书馆、候机楼、儿童托管中心等目前都是不盈利的。但这个图书馆目前已经是深圳社区级图书馆中活跃度最高的。从社区运营的角度来看，这是一个成功的案例，物尽其用，资源共享。二期规划中还有综合医疗服务中心和托老所，在深圳这个移民城市的老人其实很寂寞。想象一下，哪天你觉得不放心，就可以带着父母来上班，是不是很温暖？情怀最终是有价值的，有价值就会有回报。只要商业模式的逻辑是成立的，新经济的力量同样能够推动其他领域的成功。相信这一点，就可以更有耐心一点。

2. 文化新经济：选窄门，走宽道

天安云谷过去也做过很多自发性的、没有长远设想的探索，比如支持新业态发展时使用了减房租、免租期等比较简单的方式，但对很多模式发育的过程，参与的并不多。台湾"范特喜"的社区运营模式，为天安云谷打开了大视野。之前他们是尝试性的，一步一步往前走，二期将形成系统的架构，比如建一个科技文化展厅作为科技与文化衔接的载体，同时在引入新业态时会更深入地参与，共同打造 IP，再利用 IP 做更多的衍生。将 IP 机制运用到极致也是对自己的保护，相当于筑起护城河，创意也不会被随意抄袭。在园区的很多运营尝试，不仅仅被看作是投入，而且被视为投资行为。比如图书馆每天有创业者愿意去抢座，周末很多孩子都在里面认真看书，虽然不赚钱，但有这种氛围的带动，对社区品质也是很好的烘托。总之，有吸引力就会有生命力，有生命力才能持久。

在对坂雪岗片区整体进行城市品质、文化素养提升方面，天安云谷也有一些初步的设想。比如围绕周边的民房策划"向奋斗者致敬"主题，寻找城中村工作、生活的记忆，包括创业的历史，形成一个活着的并且不断演进的城中村博物馆。此外，这个文化新经济试验区的范畴也不局限于天安云谷内，未来可以形成"1+N"的模式。龙岗有很多从事家具、眼镜等在深圳具有优势的传统企业，现在的产值、产量已稳居全球之首，未来通过文化新经济元素来促进品牌影响力的空间非常广阔。

当然，在这个过程中，可以创造一些IP，也可以引进一些IP。比如新加坡国家美术馆达·芬奇的作品与现代科技之间的联系，就是以小型的精品展览呈现。再谈到文博元素，以前的概念习惯停留在宏大的主题、广袤的占地、恢宏的建筑、大量的艺术珍品上，但往往曲高和寡，吸引不了太多民众参与，更加无法互动。其实带小朋友去博物馆是一件很重要的事情，他们进去看什么呢？在新加坡的博物馆有专门的儿童展区，原始人住的地方，一些陶罐、石刀、石斧，小朋友会好奇地发现人类原来是这样的。所以，很多科技艺术馆并不需要从故宫、卢浮宫借来一批珍贵的藏品，而是可以场景化地创设出很多有趣的主题，引导小朋友、年轻人和相关专业人员参与。

3. IP 育成：内驱传统产业竞争力提升

2017 年 2 月，天安骏业集团与北京萨博新经济发展咨询中心（简称萨博新经济中心）就打造国家级文化新经济创新实践项目达成共识，并签署战略合作框架协议。天安骏业集团高度认同文化新经济的战略内涵，即"以文化元素为核心的内在驱动，以产业转型升级和城市更新为最终目的国家级经济发展战略"，并积极参与到文化新经济事业中。事实上，这些年来，作为深圳市十三五重大建设项目，深圳市致力于城市更新、智慧园区、产业升级三者结合的实践典范，天安云谷一直秉承"为时代的企业与创业者服务，打造企业面向世界竞争的平台，推动城市向更高目标迈进"的使命，实践"创新、协调、绿色、开放、共享"的发展理念和"互联网 +""IP+"的时代内涵，助力社区城市更新，加快产业转型升级，以体制机制创新促进产城融合。

为此，天安云谷做了一系列努力，不仅全方位应用 SMAC 创新技术，优化园区运营方式及商业模式，为企业提供关键创新资源协同平台与非核心业务外包服务平台，同时将打造文化新经济创新中心和科技文化艺术展馆，建设国内首个线上线下融合的授权经济交易平台和国内首个协同智能制造、数字化制造的再设计中心和艺文创意产业育成中心。由此推动商业模式创新和产业链再造，推动中国传统文化及原创IP的再生转化，推动IP知识产权维权确权机制的优化，推动文化无形资产授权与传统产业融合所产生的新兴产业发展，并且积极开展金融创新为新兴产业发展提供可持续的发展动力，结合入园企业的实际需求提供量身定制的服务，吸引世界各地优秀企业进驻。

文化新经济的说法很宏大，但可以从点滴做起，从一个小的形态、小的建筑、小的社区开始培育。文化新经济标准试验区"1+1+1"的推进思路十分具有前瞻性，这是第一次顶层设计。天安云谷不仅参与设计还与标委会、政府一起去执行，虽然指标是标委会下达的，但最终三年是不是有50家企业育成，以及有没有各种成果，标委会、政府、企业要共同为这个目标负责。回想六年前，天安云谷从完全的互联网门外汉，凭借执着认知、不懈精进，走到智慧园区前沿领域，不仅得到了政府、同行的赞誉，甚至还赢得了很多业界专家、领袖级企业的认可。天安云谷有信心在未来三年为整个国家的文化新经济建设输出一些经验，理出一些标准，在注入文化新经济基因、推动社区持续发展和让天安云谷更有厚度、更有温度的同时，让涓涓细流汇聚成大江大河，带动珠三角地区以文化元素内驱传统产业竞争力的提升。

文化新经济蕴含着无穷的力量，承载着无数的梦想，必将创造出无穷的价值。作为首批国家文化新经济开发标准试验区，天安骏业集团将携手萨博新经济中心，集中各自优势，整合文化产业资源和资本，以社会机制的创新推动城市更新与社区公共艺文服务的推广，以产业生态的创新推动艺术文化创意与传统行业的融合，着力培养国际化文化资产运营人才，助力文化新经济攀向更高峰。

四、天安云谷"六脉神剑"：一路风雨，一路歌

在2015年2月召开的广东省科技创新大会上，省市领导曾总结天安云谷的更新经验，认为天安云谷不仅是建筑空间的更新，更是发展模式的转

变、产业内涵的转变、城市运营和服务水平的提升，为产业组织方式创新、产业技术应用创新、产业载体建设创新、产业管理服务创新提供了很好的发展示范。近年来，天安云谷在以下六个方向做了更加深入和细致的探索。

1. 城市更新

天安云谷是深圳市的城市更新项目，基本上是按照《深圳市城市更新办法》推进相关工作的。深圳市城市更新主要依照政府引导、市场推进的方式进行，政府主要承担"城市更新单元的计划管理（主要确定更新范围、更新方向等）、规划审批（主要控制土地贡献、公建配套类型、容积率增加等）"，涉及与原土地和建筑物权利人的经济关系清理补偿则全部由市场完成（经济关系补偿的定义有效规避了对于违法建筑的认定难的问题）。改造主体将清拆完成的集体土地以零成本的方式征转成为国有土地，原已出让的国有土地也重新入库。政府扣除公建配套用地（如新增道路、学校用地）后，按规划将建设用地以协议的方式出让给改造主体（开发企业），改造主体需对新增容积率部分按相应的规则补交地价（不同的更新类型适应不同的地价政策）。更新范围内的公建配套（道路、学校），由政府和企业按照企业出资60%、政府补贴40%的原则统一由开发企业代建，大大提升了公建配套的供给效率。保障性住房等配建项目，由政府按造价加合理利润回购。

深圳市城市更新主要包含"工改商、住""工改工""居改居""城中村改造"等几种类型。天安云谷属于其中的工改工项目，即由原较为低端的传统工业区通过拆除重建的方式，更新为适应战略性新兴产业发展的新型科技园区。在土地性质上，深圳市创新设置了M0类的新兴产业用地。其地价基准为工业和写字楼的均值，建成后的物业全部可以按规划单元进行预售、登记产权并向企业自由租售流转。

天安云谷拆除的主要是岗头村的工业区，原为比较落后的"三来一补"加工工业区，基本上属于村集体或私人自然发展的产物，没有规划特征。村集体原来的年出租收益大约800万元；天安云谷通过"拆一还一"的方式返建了全新标准的研发办公物业，并协助其引进了华为终端公司，目前村集体年收益已经超过5000万元。更新前，村集体负债约6000万元；目前村集体不仅没有负债，还拥有了市值价值超过30亿的优质资产。

2. 产城融合

天安云谷主要依据产城融合的理念进行建设。深圳 M0 用地允许规划 30% 的居住与商业配套，这使得天安云谷产城融合的理念得以实施。在整体架构上，天安云谷的规划以研发办公为主，同时规划了居住功能，包括商品房和小型公寓两种居住形态，解决了职住平衡的问题。在整体城市规划上，天安云谷除了设置研发办公、居住、商业功能外，还备有学校、公交站、酒店、文化中心、展览馆等设施。在空间规划层面，天安云谷致力于打造互联互通的开放空间形态，不同分期的地下停车场全部互联互通，建筑物之间通过架设空中平台、连廊实现较好的人车分流和空间复合性，提供了更多的活动场所。

新兴产业最宝贵的资源是人才。因此，天安云谷以人才的需要为优先导向架构城市功能，提供了丰富的餐饮休闲文化运动基础设施，如电影院、咖啡厅、便利店、图书馆、室内泳池、健身房、网球场等；规划了儿童教育托管中心，解决职工的工作时间与子女的教育时间不匹配的问题；引入体检中心、牙科诊所、社康中心等关爱人才的健康。

此外，天安云谷不仅引入了华尔街英语培训等专业机构，还打造了"云谷大讲堂"等公益培训品牌，力邀社会各界知名讲师、学者，围绕政策解读、职业能力提升等主题展开，旨在丰富园区活动，降低中小企业培训成本，搭建沟通交流分享的平台，助力员工专业素养提升，同时提升云谷文化品牌形象。

3. 公共服务

天安云谷聚焦于云计算、物联网、移动互联网等新一代信息技术产业及智能设备、机器人等智慧产业，是以 SMAC（社交化、移动化、大数据、云计算）为创新理念的"绿色、智慧、开放、协作、共享"的智慧产城社区，主要打造关键性创新资源协同和非核心业务综合外包两大平台。天安云谷以"让专业的人做专业的事，让企业聚焦核心业务"为核心理念，基本实现了企业与人才办事足不出园，同时还可以辐射服务周边的企业与人才。

深圳市与龙岗区政府一直致力于政务服务创新，提出"在不需要的时候感受不到政府的存在，需要的时候政府就在身边"的新型政商关系建设目标。天安云谷虽然是市场化运作的园区，但不仅市区企业与人才政策可以无差别落地，而且市区政府还以园区为创新改革试点，让市长与市场共同携手服务企业与人才。其主要举措有如下四个方面：（1）引入华南首家人力资源服务智慧广场落户园区，为涉及人才的 94 项服务审批事项一站式办理；（2）积极支持天安云谷"两新"（即新经济组织和新社会组织）党建，创建"服务型党委"，设立了党群服务中心、企业服务中心，并在全国范围内开创政企共建产业园区公共服务平台的先河，承接了 176 项政务服务，涉及市、区、街道等 18 个政府部门和机构；（3）创新人才保障房的分配机制，改变以往必须由各企业申领的做法，由园区作为统一的受理、分配、管理平台，从而提升保障房的运转效率，降低政府管理成本；（4）各类协会服务通过服务授权形式，委托园区企业服务中心代为受理。

4. 智慧园区

天安云谷的管理与服务是基于智慧园区的建设与运营展开的。天安云谷的智慧园区建设不是传统意义上的智能化园区，而是通过智能基础设施与网络建设一个平台，紧扣园区的管理者、企业、人才等各方用户需求，通过与政府、协会、金融机构、学术团体、商业机构等多方的产业资源合作创新，优化产业创新生态圈的分工与交换，形成园区产业的外部经济，提升企业效率、降低经营成本。智慧园区的平台将这些资源以"随时、随需"的敏捷方式提供给企业和人才使用，并在这些资源的基础上构建了八大服务平台，包括"战略协作服务体系、创新驱动服务体系、人才关爱服务体系、企业配套服务体系、孵化和加速服务体系、拎包入驻服务体系、三十分钟采供服务体系、融资租赁服务体系"，开启产业园区智慧化运营的领先实践。

天安云谷智慧园区的建设由自己专门成立的一个互联网公司——深圳市智慧园区信息技术公司负责，目前拥有百余人的团队，已经是国家级高新技术企业。该公司还拥有中国"智慧园区"商标注册。除此以外，他们还积极构建了智慧园区发展联盟，通过合作创新的模式，以园区实际需求出发，开放市场机遇给合作伙伴并引入相关的企业入园经营发展。在此基础上，还联合入驻机构一起打造智慧银行、智慧警务、智慧公交、智慧健康等项目。同时，天安云谷还设立了"堆栈"垂直融合型的孵化器，聚焦智慧城市、智慧园区业务领域，驱动创新创业。

目前，天安云谷智慧园区 CC+ 服务平台已经上线，园区服务及资讯基本上可以通过手机申请和响应，园区的设施、设备管理也可以通过一部手机轻松实现。该平台已具备对外输出服务的能力。深圳前海梦工场、青岛海尔云谷、武汉光谷等园区均已经部署或正在部署。因此天安云谷成为广东省首批"互联网＋小镇"创建示范项目。智慧园区不仅要利用人的智慧。还要更好地发挥万物互联的智慧、平台的智慧。利用大数据结合不同场景更广泛更深入地应用，既能够促进园区企业、人才、政府等不同主体间的关联与协作，又能够让资源得到最大化的共享，从而让园区运营和服务更"智慧"，为企业成长和创新提供更"智慧"的引擎。

5. 绿色运营

天安云谷的绿色运营获得了国家二星标识。这是新国标后深圳首个也是唯一一个获得二星运营标识的项目。在第九届 APEC 中小企业技展会绿色论坛上，来自新加坡、德国、中国香港、中国台湾等成员体的专家学者和政府官员均肯定了天安云谷绿色建造和绿色运营的做法。新加坡建设局官员甚至认为天安云谷的绿色运营标准已经达到了新加坡最新推出的标准，领先新加坡的行业实践。2016 年 9 月，天安云谷代表团应邀出席业界重磅的"新加坡国际绿色建筑大会"，并做主题分享，多维度展示天安云谷"以产业聚集驱动城市更新——以新型城市化加速新兴产业发展和聚集——以绿色低碳智慧运维支持新兴产业发展"这一滚动开发的良性循环共进模式。

天安云谷采取 BIM 设计，并采用了移动终端智慧检测和在线工程档案及大数据系统，减少设计和施工误差，提升工程质量并做到可以随时溯源管理。同时，积极采用绿色工艺、绿色材料和绿色技术。比如采用智能排气通风、铝模板施工工艺，普遍采用双银、三银中空 LOW-E 玻璃，太阳能照明，物联网智能照明，能耗管理系统等；加强园区环境监测，打造健康的室内气候，并在规划设计之初，就积极考虑风环境、光环境，充分利用自然采光通风，降低能源消耗；应用海绵城市技术，积极利用雨水回收并应用滴灌系统等。在绿潮涌动的今天，云谷绿是对健康的关怀、对舒适的关注，也是对高效的追求。节约地球资源、保护自然环境，天安云谷一直在奔跑的路上。

6. 人文驱动

文化新经济是以文化元素核心为内在驱动，以产业转型升级为最终目的的国家级经济发展战略，着手于重塑产业链、价值链，以体制机制创新促进产城融合。

2017 年 2 月，文化新经济先导区在天安云谷启动，天安骏业集团与萨博新经济中心就打造国家级文化新经济创新实践项目达成共识，并签署战略合作框架协议。萨博新经济中心将把文化新经济顶层设计植入天安云谷园区，整合全球文化产业化资源和文化资本，三年内建立健全文化新经济先导区的功能，促使天安云谷园区在新经济业态中立足本土、接轨国际，在产业运营和产业聚集能力上具有绝对优势。双方以文化新经济创新中心先行，涵盖"三位一体核心模块"（即"授权银行""再设计中心""文化新经济资产交易中心"），以实现文化无形资产授权化、授权接轨产能化和授权接轨金融化的支撑运作机制。

2017 年 5 月，国家文化新经济开发标准试验区／试验基地授牌仪式隆重举行，天安云谷获评首批"国家文化新经济开发标准试验区"。天安云谷将通过"标委会、政府、企业"三位一体的创新路径有序推进文化新经济先行试验区建设，全面整合文化产业资源与文化资本，以社会机制创新推动城市更新与公共文艺服务的融合，以产业生态创新推动文艺创意与传统行业的融合，以产业平台创新推动文化产业与资本市场的融合，为培养国际化文化资产运营人才和文化新经济机制创新做出贡献。与此同时，也将在政府的支持下，乘深圳东进战略和粤港澳大湾区规划的东风，以大时地利人和之势撬动龙岗、深圳乃至珠三角地区，以文化元素内驱传统产业竞争力的提升。

五、联手萨博新经济中心，相约文化新经济

随着文化新经济成为国家新经济发展战略的两个重要抓手之一，天安云谷与时俱进，不断探索推进文化新经济落地。如前所述，2017 年 2 月，天安骏业集团与萨博新经济中心达成战略合作关系；5 月，天安云谷园区获评"国家文化新经济开发标准试验区"。目前，天安骏业集团和萨博新经济中心已经在科学艺术馆、IP+ 创新中心、城中村改造等重大项目上进行了深入的合作。

2017 年 7 月，萨博新经济中心的战略发展、艺文策划、企业创新育成、风控等领域的专家，与台湾范特喜创始人团队及天安云谷文化新经济执行团

队共聚，探讨文化新经济的参考范式和实施路径。

基于对位于天安云谷的盛思科教、安奈儿、铁汉生态、大智无疆和其他四家企业的前期调研，围绕"IP+产业育成"，就项目选择、育成路径等问题，专家与两个团队进行了方向性探讨。根据数据模型的研究，中国的经济增长已从工业转移到服务业，艺文元素将成为产业创新和城市活化的原动力。但是，目前绝大部分文创企业势单力薄，停留在工艺优势的层面，缺乏系统的产业化运作经验。这也成为文化新经济的重要发力点之一。

与会者认为，萨博新经济中心在无形资产资本化、产业化模式方面的思路和尝试，值得天安云谷借鉴。超级未来必将是艺术与科学的汇聚点，天安云谷作为首批国家文化新经济试验区，将如何在承载公共服务和产业创新的资源组织上进行模式探索？怎样才能让 IP（Intellectual Property，即权利人对其智力劳动所创作的成果享有的财产权利）即知识产权或智慧产权资产化？以类 PPP 的模式，获取资本、空间支持，奠定"50% 招商引入、30% 孵化育成、20% 公共服务"的适宜文化新经济发展的"金三角"结构，或许是一个选择。此外，更需将内容、运营、产业链、组织形式等模块逐个盘活，循环往复地不断深化推进。

关于天安云谷科艺馆的推进节奏、人员配备、内容设置、管理运营等，专家们也提出了诸多建设性意见。天安云谷科艺馆作为公共科学艺术中心，将以"家庭美育养成"为支点，打造有温度、有魅力、有活力的多元空间。科艺馆在内容设置上，初步设想分为常设展和特展区两大部分，搭配原创商店、艺术体验店、生活提案馆、艺术家驻地计划等一系列衍生业态，强调鲜明的价值主张，凸显品牌个性，吸引资源聚集，筑就城市地标。

文化产业表面上看来缺少量化指标和标准化模型，但背后的商业逻辑同样有章可循。从业者必须经得住挑战，要有勇气跳脱既定框架，又要有功夫把握商业与文化的平衡，信守初心和企业的社会责任。当告别"唯 GDP 论"后，城市建造、城市更新更要有前瞻性思考，要考虑百年后我们今天的选择和所作所为将会给城市和子孙后代留下什么？在跨界整合的同时，要展开创新竞速，挑战传统的商业做法，注入文化、艺术元素，力求城市温度、黏度、聚合度兼而有之。引领国际潮流的 AHAA（考古+历史+建筑+艺术）模式，值得参考。

在粤港澳大湾区建设中，深圳龙岗凭借文体大区的产业积淀及文博会奠定的品牌效应，主打文创牌，十分重视文创园建设。在二期产业规划、招商过程中，天安云谷不断突破思维定式，逐步意识到文创企业的范围很广，并不局限于传统文化艺术领域。随着新经济赋能，企业转型愈加重视文创因子，特别是很多大众印象中的高科技企业，如华为实际上也是"国家文化出口重点企业"，龙岗国家高新企业兆驰股份也同时是深圳文化创意百强企业中的前五强。放开视野，才能更广泛地嫁接和聚合资源，得到政策、资金、企业、人才、媒体等一系列文创产业要素的支撑，实现为空间注入活力、让空间更有灵魂的初衷。

"一个城市的进步，不在于豪宅盖了多少，而是生活在这里的人能不能时时感受到幸福的小氛围。"怎么让"你的生活成为我远道而来的风景"，是值得所有有志于以文化推动经济动能、城市发展、生活幸福的人们共同思考的命题。

六、政策建议：如何打造优质产业和生活空间

商业地产、人文社区、文旅综合体是文化新经济试点的三个重点应用场景，在房地产步入存量市场的今天，城市更新与以上场景的营造和提升息息相关。城市更新又有狭义和广义之分。狭义的城市更新即传统的旧城改造，将老房子拆除重建，仅仅是对城市面貌进行改造。广义的城市更新就更多元一些，不是只把房子扒掉重建，还有很多文化的注入，让居民生活丰富起来。所以，在城市更新浪潮下，文化新经济将迎来更宽广的舞台。如何打造优质产业和生活空间，以更宽广的视角拥抱中国下一轮经济发展的大趋势，是作为城市更新标杆的天安云谷一直坚持发挥基层创新精神、承担区域经济先行先试的不断实践探索的方向。

自2016年颁布《深圳市城市更新十三五规划》以来，深圳确立了"单元制""组团开发"等更新模式，城市空间得到有效释放，空间结构进一步优化，但依然存在土地利用粗放、规划规范滞后、公共性缺失等问题。在打造优质产业和生活空间的进程中，作为需求端的企业和个人往往能动性有限，关键在于作为供给端的政府从政策制定、规范提升等层面进行统筹规划，有序引导市场主体参与城市空间的更新改造工作。

1. 增强政策供给，提供积极的规则引导和秩序保障

政府在打造优质产业和生活空间中的角色定位，建议考虑为规则引导和秩序保证，重点通过法规手段保证参与规则的公平合理，在项目确定、范围划定和资金支持上采用更加公开、透明的双向竞争模式，规范各方利益和开发行为。

一是从法律上明确保障产业用地，严格控制工改商、工改居等，优先保障新兴产业、高技术产业用地，重点保障上市公司、总部企业、高成长企业等优质企业用地等。

二是制定明确的城市更新区域划定和协商制度、实施细则等。完善土地用途管制和规划技术标准，提高土地利用和城市规划的弹性。制定更合理的土地权利转换和差异化补偿的政策和方法，在保障社区居民和原土地使用者利益的基础上，增加政府、社会和个人的成本分担和协议共建机制，理顺土地增值收益在政府、集体经济组织、用地企业和原权利人之间的合理分配关系。倡导城市中心区适度的土地混合使用，通过用地和建筑物功能的空间混合提高土地使用效率，构建高效、多样的土地利用模式。

三是建立健全科学合理的程序。比如可以通过开发权转移的方式，解决公共设施成本负担不均的问题；通过设定城市更新单元标准、允许多元参与者自主申请更新的方式，形成多方竞争而非单方垄断；通过设定区域的保障住房贡献率，解决公共住房供给不足的问题，等等。

四是在政策机制设计中进一步减轻城市更新主体的负担。目前，城市更新存在多环节监管、重复过度监管的问题。建议在风险较低的环节，政府设置一些硬性条件，减少因大额资金监管给更新主体造成的企业负担，以此激发企业改造动力。

2. 增强机制供给，促进空间产业统筹协调发展

传统的城市更新项目一般采取零星用地改造的方式对建筑单体进行改造，忽视周边关系的处理，导致区域缺乏整体性，尤其缺乏与产业的衔接性。为防止碎片化发展，建议政府加大对片区的主导性规划。尤其是在重点片区内，一方面，政府要更科学和主动地划分更新单元的范围，以驱动更新单元内的利益统筹；另一方面，在不同更新单元之间以及更新单元与城市现状功能之间，努力做到不留缝隙、紧密衔接，避免各自为政，同时确保能够落地实施一些立意长远的基础设施项目，或适当留白，为未来持续发展留下空间。

一是大力开展片区研究，明确片区发展目标，进行专项城市设计。比如共同管沟、空中（或地下）慢行系统、绿道（含自行车高速）、海绵城市、智慧城市、云轨、地下道路及重点空间研究等。专项城市设计成果可采取"法定图则"加"城市设计要点"的方式审批项目（落实到"两证一书"）。同时，明确非政府投入的、具有公共属性的项目的资金投入和分担原则。

二是加强片区产业规划，尤其是加强政府在产业上的规划布局与投入。明确建设公共技术平台、公共基础设施及创新性产业用房的产业主题，引导企业做实产业规划，把政府投入"四两拨千斤"的带动作用提前释放出来。在重点片区内，前置产业配套设施，有效引导产业的发展与布局，避免各自为政。比如结合全市的国民经济和社会发展十三五规划、深圳市战略性新兴产业十三五发展规划、深圳市未来产业十三五发展规划等分行业产业发展规划，引导一些配套的科技产业实验室、研究机构等基础设施落地。

三是加快建立开发建设的利益统筹机制。比如在一定程度上对重点片区"工改工"项目进行松绑，实现一定限度的业态结构（住宅、办公）的调整及优化，积极探索不同主体在城市更新中的利益统筹机制。

3. 增强功能供给，实现产城社区化复合开发运营

未来新型的城市空间，除了现行法定图则规定的诸如幼儿园、菜市场、邮局等公建配套外，还应该多一些体现立体城市的 24 小时开放的空中慢行系统、立体化呈现的社区公园，体现企业服务与配套职能的大型会议室、多功能厅、展览馆、画廊、小型图书馆、体育活动中心等具有公共属性的空间或设施。比如日本、新加坡等地均鼓励引导开发商在商场、社区配套建设书店、画廊、美术馆等。

一是减少单一业态独立占地。鼓励在城市空间中商业与医院、学校、产学研办公、创意办公等多种业态混合，鼓励利用产业办公指标设置社区共享使用的多功能厅、展厅、会议中心等大空间。

二是在城市更新项目中探索采用奖励容积率的方式鼓励配建公共基础设施。利用"强区放权"的契机出台实施相关制度规范，比如城市更新活动中采取奖励容积率的方式要求配建（如多少开发体量必须要有公共会议室、多

功能厅等）。通过地价优惠政策鼓励配建，比如不收取地价（不能销售出租）或以一定条件将产权转移给政府，再委托专业机构运营。突破目前幼儿园和社康中心的配置标准规范，根据实际情况适当提高或者降低标准进行配置，比如允许设立 3 班制以上且土地供给条件有限的幼儿园、提高社康中心的软硬件医疗配备等。

三是对于公建基础设施用地的征转和建设，建立政府兜底机制，确保公建配套基础设施的供给。参照深圳市已有的一些案例（地铁征收与城市更新并举让业权人选择、棚改的做法、罗湖的经验），对于政府最终采取征收方式取得公建基础设施建设用地的，对于更新单元可以重新核算土地贡献的，扣减相应的土地或根据容积率扣减物业面积，以防止企业甩包袱、消极推动公建基础设施建设用地上的城市更新工作。

四是建议在深圳全市范围内选取试点项目，进行立体城市空间和功能开发的试点工作，探索立体城市开发建设的相关规范、准则和实施方案。

4. 增强技术供给，打造紧凑、高效、舒适的城市空间

现有城市空间特别是产业空间开发的主要问题，是园区空间结构零散，空间功能无序、单一，以及土地价值与使用功能不匹配。现代产业发展的治理资源密集、规模小和信息网络化的特点决定了园区功能的综合性，因此，相应的产业和空间规划要综合安排产业、科技研发、商业服务和居住等用地，形成产业发展区、生活居住区、商业服务区等多组团布局、空间结构紧凑、功能高度混合的空间形态。因此，针对产业和生活空间的规划模块和相应的建设理念，有待优化。

一是多组团布局，促进职住平衡。在具体规划中，划分出产业组团、居住组团、生产性服务中心、生活性服务中心和综合服务中心，根据产业和生活空间发展需要，综合布置生产、居住和服务功能。比如苏州工业园区的做法，就是居住用地按居住分区、居住邻里、小区或组团三级规划，商业设施按城市级、分区级和邻里级三级配套；公共服务设施方面，居住区以邻里中心方式集中设置社区主要配套设施，工业区以综合性便利中心方式设置居住和商业便利服务设施。

二是建设多元化、网络型的服务设施。生活性服务设施包括城市公共服务设施、市政基础设施及城市商业服务设施等，需要确立合理的服务半径。

比如前海深港现代服务业合作区按照城市级和社区级两级配套，包括商务办公、商业、教育、医疗卫生、文化娱乐、体育和社区服务。生产性服务设施按照企业运营链的各个环节，提供相应的基础服务设施和增值服务设施，即在规划中预留生产性服务中心用地。比如筑波科学城在中心大楼附近配套建设了会展中心、会议中心、公园等，又如天安云谷产城社区的开发建设等。

三是建设立体交通、绿色交通为骨架的道路交通。综合考虑各层次、各功能交通的平衡，即联外交通和内部交通、生产性交通和生活性交通的平衡。优先考虑公共交通，从时空两方面优化交通系统、合理布局路网密度，构建多层次、全面保障步行、合理引导自行车的慢行交通系统。鼓励立体多层、高层车库，预留未来立体交通发展用地。

四是培育完备的城市运营链。着重在优化城市功能、完善生活配套、创新社会治理等软实力方面下功夫，提升产城人融合发展的质量和高度。通过建立健全"横向到边，纵向到底"的"网格化"城市管理机制，充分借助物联网、云计算、智能电网、智能终端及无线网络等技术，打造绿色低碳的智慧空间。

5. 因地制宜，推动产业空间项目建设提速提质

针对高新园区等优质产业园区巩固提升项目，建议在高新园区稳步、优质发展的基础之上，在不改变现有行政架构和空间范围的前提下，充分结合片区统筹发展思路，推进区域协调发展，实现高新园区的"扩大与提升"。一是将都市产业园区建设、片区产业规划、容积率管理、绿色低碳城市、公共优先等先进的规划设计理念，尤其是智慧城市、内涵式发展、区域融合规划等新的理念，引入高新园区的规划运营。二是加强园区综合服务能力建设。创建创新园区动态管理系统，对园区的面积、提供的服务、入驻企业的创新和经济产出、补贴情况、毕业企业等基本信息，实施电子信息化管理。提升园区专业服务能力，着力通过资源整合促进创新园区在产业链服务上的竞争力。三是加速园区运营管理市场化改革。针对政府主导型的创新园区，建议加快推进公司化治理力度，将园区战略定位、整体规划交给市场力量来裁定。

针对旧工业区改造项目，建议通过加建扩建、局部拆建、环境整治、管理优化等措施，不断提高产业空间品质，释放存量土地潜力。支持旧工业区

实施综合整治和功能改变等混合类城市更新。推进传统产业转型升级，促进高效益产业和高素质人才集聚，建设生产、生活、生态和谐发展的现代化产业园区。同时，对于涉及旧工业区局部加改扩、部分功能调整等改造的，在规划、土地和财税等方面给予支持。

针对股份公司城市更新项目，建议建立健全旧工业园区改造的利益平衡机制，以建立现代企业制度为长远目标，力求实现股权人格化、多元化改革突破。推动股份公司积极参与城市更新，促进其物业经济由低端向高端转型升级，扩大投资领域，因地制宜地发展集聚化、特色化现代产业经济，提高社区经济与片区内产业高端产业链及价值链的关联度。实施城市更新、产业规划、招商引资和引才引智"四个同步"推进机制，不仅使城中村改造后成为功能齐全的综合区域，同时拓宽股份公司产业经营范围，提高资产盈利能力，把股份公司做大做强。

作为"国际创都"，敢为人先、敢于创新是深圳最突出的基因。随着国际视野不断开拓、政策不断完善、规范不断突破，必将激励和引导社会各界充分发挥创造力，集思广益，为深圳民众提供更多、更开放、利用效率更高且更具亲和力的人性化公共空间，打造全新的立体城市风貌，为深圳迈向国际化"超级之都"奏响铿锵的进行曲。

七、结语：以智慧、绿色、人文，致敬城市更美明天

你有多久没有打开那扇探索的心门？每天，当阳光洒在这巨大的城市，一群群年轻人已经冲入地铁、巴士。现代化的大城市仿佛巨大的蜂巢，或许当我们醉心于改变世界时，却在不经意间迷失了自己。我们渴望相互靠近、表达、沟通，不断向前，让这里通往未来。

天安云谷二期在一期基础上全面升级，占地面积约8.7万平方米，总建筑面积约82万平方米。为助力企业发展、加速产业升级、促进城市更新，天安云谷深入思考人与城、城与智慧、智慧与工作、工作与生活的关联，以文化元素为内驱动力，促进产业融合，打造文化新经济中心，并有机组合产业研发大厦、人才寓所、文化新经济中心、城市运动公园等复合形态，构建高效、开放、多元的智慧产城社区。

在天安云谷未来智能化产城综合社区，你可以透过它了解世界，人们可以透过它看到无数个不同的你。你想随时享受工作与生活，有时你想足不出户看遍大千世界，有时你想随时联系他或他们，或许你只想要简单的快乐，总之你想花更少的时间获得更多的惊喜。在这富有生趣的城市生活背后，是天安云谷产城社区的智慧凝结。从产业研发大楼到开放共享的公共空间，天安云谷的服务领域在与你共同成长。灵感与智慧孕育的天安云谷，等你来发现。

每天从停车到会议室预定的管理，智慧园区为你呈现高效服务。多少新的领域，都是天安云谷数据云平台对产业生态圈优化分工与交换的孜孜不倦的追求。无数个不眠之夜，无数次研发攻关，他们一直在追求更完美的产品、更卓越的服务，让"智慧产城社区"满足不同企业的风格和使用需求。

智慧产城社区，你享受优雅生活，我处理复杂细节。云谷公寓，专为下一代精英人才量身打造，巧妙将细节完美融合在半 LOFT 式的高拓空间内，而公共宴会厅、多功能室内运动休闲场、无边际大泳池，创造开放式泛会所，更让年轻人共聚无限精彩的欢乐社区。优雅的云平台生态廊道，成为天安云谷的功能主轴和立体复合式的园区交通景观。既有云月花谷悉心照料下的闲适，更有极客公园里创新无限的澎湃激情，以及科艺馆里前卫科技的冲击、艺术的邂逅。在这里，精致的风景与两旁的多功能展览馆、水云间剧场融为一体。移步易景，全新的 BOX 商业街区，注重消费品质升级，集合体验感与艺术范，汇聚创想文化前沿业态，构成了缤纷活力的下班后生活。一路向前的探索，乐在其中的创新，身心愉悦的收获，没有边界的事业，就在天安云谷。

伴随着天安云谷三到六期功能区的建设，一个可持续发展的智慧生态圈已向我们快步走来。让我们坚持自己的梦想，一起携手去发现更多。在天安云谷，我们坚信，每一颗享受科技、涌动创新的心，都承载着城市更美的未来。让我们携手以智慧、绿色、人文，致敬城市更美的明天。

【案例解析】

天安云谷是高科技园区中较为典型的创新者，以城市更新、产城融合作为自身旗帜鲜明的特点。作为大体量的产业园区，传统的产业聚集型发展思路遭受很大的挑战。因为在当下，全国各地各类园区比比皆是，严重的同质化竞争使得寸土寸金的深圳并不具有更多的优势。如果仍是通过规模效应来带动产业发展，势必会付出更多的代价。天安云谷在近些年的商业探索中，将产城社区管理运营服务作为核心业务，将产业功能、城市功能、生态功能融为一体，园区入驻率高、优质企业多，受到了市场的肯定。

居安思危，创新就需要先行一步，提前进行产业布局。通过对天安云谷实际情况的调研分析，我们发现，园内入驻企业基本集中在互联网、高端制造、金融服务等方向。虽然这些企业大都比较成功，而且所处产业还保持着发展态势，但不可否认，很多产业的整体格局已经开始趋向于"红海"，寡头渐显，竞争激烈，利润固化。如何进一步开发存量资产和开辟新的发展方向，可以说已经成为普遍性的问题。当然，这些绝不仅仅是天安云谷园区的企业所面临的局面，而是具有一定的行业代表性。

在探索的过程中，天安云谷积极与萨博新经济中心达成战略合作，选择文化作为未来发展的新引擎，选择文化新经济作为新的发展理念，选择用育商体系来进行园区的结构化调整，并且有了一定的实践积累。

文化新经济是以文化元素核心为内在驱动，以拉动文化消费为主要手段，以产业转型升级为最终目的的国家级经济发展战略。作为系统性的理论体系，虽然还需要逐步完善，但在现阶段，文化新经济已经展现出旺盛的生命力。文化产业的传统思路主要是从内容出发，从传统的文化视角来推动产业发展。文化新经济则从经济发展的量化指标来衡量，注重文化元素的提炼，致力于通过文化的内在价值推动存量经济的发展。换言之，文化新经济是一个经济概念，而不是文化概念。

文化新经济的核心理论是NECTIS（New Economy Cultural Triangle Innovation Solution）模型，围绕新业态、新消费、新增长三个核心展开。其中，新业态是文化新经济的内在驱动力，是指应用文化元素，通过新型业态为传统产业融入高附加值。新消费是文化新经济的模式先进性，是指催生增量市场，优化消费结构为商业创新提供多元模式。新增长是文化新经济的终极性目的，是指央地共建育商，转变增长方式为区域发展打造坚实基础。

从新业态的角度来看，其重点在于将文化元素作为商业形态的核心价值。文化元素与市场对接的形式就是文化IP。我们耳熟能详的迪士尼，就是围绕一个核心IP，在动漫、电影、主题公园、出版物、音乐等多个领域进行充分开发，创造了商业形态的共生多赢。

天安云谷在园区一期的运营中，发现园区内的图书馆每天都有创业者去抢座，每个周末都有很多孩子在里面认真看书，虽然这里只是承担了文化公共服务功能，面积不算大，也不是以盈利为目标，但已经发展成为活跃度最高的深圳社区级图书馆。"仓廪实而知礼节，衣食足而知荣辱。"当物质消费水平发展到一定程度时，人们对于精神层面的消费必然呈现出上升趋势。正是受到这样的启发，在天安云谷二期建设中，开始以新加坡滨海湾金沙艺术科学馆为样本，通过艺术与科学的完美融合为社会公众提供丰富多彩的展览、教育等公共文化服务。此外，通过与萨博新经济中心等权威专业机构的合作，天安云谷在原有的商业项目中也开始寻找与文化的结合点，人文社区概念的提出就是体现之一。可以说，天安云谷已经实施、正在实施以及规划状态中的项目，都在探索文化IP作为核心价值的可行性。

从新消费的角度来看，其重点在于将文化消费作为商业模式设计的核心。根据发达国家的经济发展规律，恩格尔系数降到30%以下、人均年收入突破8000美元时，该国家或地区的经济发展一般会产生结构性的变革，其中最为显著的就是文化消费的提升。近年来，中国的消费市场整体规模已经接近美国。根据国际公认的消费标准结构，文化消费至少要占到整体消费的30%左右。因此，中国的文化消费规模预计有10万亿元，而实际上，我国实际消费规模却不足2万亿元，文化消费市场发展潜力巨大。

在天安云谷IP+创新中心的建设中，针对传统行业的上市公司，提出了以文化消费作为方向的转型路径。比如，某上市公司以服装生产为主业，在全国开有两千家左右的专卖店，具有较强的经济实力和品牌认知。随着经济的波动，制造业整体下滑，网络购物也对传统专卖店模式形成冲击。该公司经营状况虽然尚可，但危机意识很强烈。作为上市公司，战略性的全局转变会影响较大，所以采取了与IP+创新中心合作新设品牌运管公司的方式。初期将重点放在了IP形象确立、IP发展战略规划上。首先就是将原本单一的商标形成系列故事，使商标转变为有故事、有性格特征的IP；同时，随着IP

拆分，品牌覆盖面大幅拓宽，为之后的IP化发展重新树立了市场定位，并计划在此基础上进行体验空间、主题餐厅等IP衍生发展。该企业希望这样可以实现从制造业向文创类的转型，改变估值体系，提升市场价值，拓宽发展方向。

从新模式的角度来看，其重点在于将育商作为新的运营理念。文化IP是文化新经济中进行产业驱动的核心要素，在文化IP的形成中，对于本地文化企业的培育和孵化至关重要。因为文化IP是有生命的、有温度的文化符号，真正生长浸润在文化土壤中的机构和从业者才有可能进行有生命力的创新与创造。对于地方而言，传统的招商模式严重依靠土地税收优惠政策，往往成为外来企业控制成本的选择。消耗本地资源、服务外来企业，虽然能够实现增加税收、拉动就业的短期目标，但很难避免同质化经营和人才外流。育商则是进行央地资源融合，通过活化本地文化元素，扶育本地企业，坚持差异化发展，树立唯一竞争力，在实现跨地域税基、稳固财政实力的同时，进行本地规模培养、实现人才输出。

天安云谷在现有的商业实践中，围绕育商合作机制的建立，已经与盛思科教、安奈儿、铁汉生态、大智无疆等业内知名企业进行了较为深入的接洽。其目的在于通过文化IP的注入，孵化出新的高附加值的子品牌，最终实现IP化输出。育商体系具备了IP化输出的基础和能力，其理念和实施路径得到了传统企业的认可。虽然合作方式等细节问题还需要不断更新与完善，但针对企业发展过程中的痛点，育商体系所做的分析是精准的，所做的定位是准确的，现有的解决方案是可行的。这也是文化新经济育商体系从理论研究层面真正下沉到实践操作层面的一个突破。

2017年5月，天安云谷获首批"国家文化新经济开发标准试验区"称号，在探索文化新经济发展之路上迈出了坚实的一步。任何一个产业的发展都离不开敢于创新、敢于实践的先驱者，希望在天安云谷的引领下，百舸争流，千帆竞渡，实现国民经济的真正腾飞。

日常生活审美化与审美日常生活化

——以家传品牌为例

刘睿　张尔泽①

"家"对中国人有着特殊的意义，从家庭到家族、国家，再到家国天下。"家"既是中国社会结构的单元，也是整个社会价值体系的基础。中国传统文化强调"修身齐家治国平天下"，讲求"厚人而同厚家，厚家而同厚国"。这种东方式的思维观念渗透在社会的各个领域和层面，"家"这个词不是仅停留于表面，而是逐渐演变成为一种"家文化"。

一、家传的文创渊源

1. 家文化与家传

近年来，家文化也逐渐成为党和国家领导人所关注的焦点。十八大以来，习近平总书记在不同场合多次谈及家文化，曾指出："不论时代发生多大变化，不论生活格局发生多大变化，我们都要重视家庭建设，注重家庭、注重家教、注重家风"，"使千千万万个家庭成为国家发展、民族进步、社会和谐的重要基点"。②

正是在这样的背景下，"家传"品牌应运而生。作为品牌的持有者，爱传家文化发展（北京）有限公司（简称"家传"）于 2017 年成立，并在北京前门北京坊设立了中国第一家"家文化体验中心"，打造与中国中产家庭共

---

① 刘睿，上海大学文化新经济研究院秘书长；张尔泽，爱传家文化发展（北京）有限公司联合创始人、CEO。

② 2015 年春节团拜会，习近平总书记发表重要讲话，首谈"重视家庭建设，注重家庭、注重家教、注重家风"，还谈到要"使千千万万个家庭成为国家发展、民族进步、社会和谐的重要基点"。参见 http://www.xinhuanet.com/2015-02/17/c_1114401712.htm。

同实践文化理念的"家空间"，推出家文化设计商品、大师传家宝定制、儿童美育和德育教育、艺文活动策划、人生大事服务等特色业务。在社会合作与创新领域方面，家传发挥在文化梳理、IP 保护及跨界开发、文化科技的结合应用、设计与柔性制造对接等方面的专长，与社会各界共同探索商业向善、共益多赢的文化新经济模式。

家传以传承、弘扬中华"家文化"为企业责任，以"养贵于心，藏富于民"为企业信念。"养贵于心"，贵生于内，是无惧之心，承担并践行自身的价值观念；贵重德行，是利他之心，追寻并实现内心的真正自由。"藏富于民"，富藏于家，是价值载体，是家庭延续的保障。从得到到给予，从守护到创造，实现价值的延续。

家文化的核心是家族传承，我们可以从六个层次来进行概念解读：第一层，血缘；第二层，姓氏；第三层，辈分；第四层，财富；第五层，荣誉；第六层，历史。其中，辈分、姓氏、血缘，是由家族成员天生的基因决定的，与生俱来，无法改变；财富、荣誉、历史，则受制于家族的财务规划、社会价值认同以及可传承的精神资产，可以通过家族成员的努力与奋斗而改变，这些因素决定着家族的兴衰。家传希望以此为目标，在"家文化"养成与存续的过程中，陪伴更多家庭共同成长。

2. 得意典藏创新发展的里程碑

作为家传的主要联合创办及投资方，得意典藏集团（简称"得意典藏"）是博物馆数字典藏领域的国际知名企业，业务范围涵盖网络教育、文化地产、艺术金融、授权出版、文创开发等方面。得意典藏于 1988 年创建于台北市，三十年来，以"分享中华文化最美的基因"为企业使命，致力于将"博物馆精致典藏"转化为"文化生活价值"，通过文化商品及数字媒介将皇家的艺术品位转换为国人的时尚生活。"家传"是得意典藏以二十八年来积累的庞大数字典藏数据为基础，依托得意典藏业界顶尖多媒体互动设计的实践经验及对"国宝再造工程"所涉传统工艺的长期研究，结合萨博 CIAB 国际顶尖艺术品经营模型及运营理念，创造出的全新文化生活商业形态。

得意典藏的发展历程如下：

1992 年取得台北故宫博物院授权，制作与发行一系列故宫文物数字出版品，历年出版包括"五千年神游眼福""清明上河图""龙在故宫""翰墨光华""境揽故宫"及"名宝上珍大系"等作品，版本包括英、日、法文版，畅销国际；

1997 年率先研发出全球第一套博物馆高科技 DVD-ROM /Video Hybrid 产品"境揽故宫"，并于美国旧金山成立得意美国子公司，积极推展国际市场业务与博物馆中文化图像信息管理平台的技术研发；

1999 年 4 月，台北故宫博物院与得意典藏签署合约，共建台北"故宫博物院数字典藏资料库系统"，共享知识产权五十年。目前已完成数千件藏品、数十万张影像的数字化保存工作；

2002 年研发 PDA 数字行动导览，与台湾历史博物馆合作，成为台湾首例 PDA 导览系统成功案例，从而把国际最先进的 PDA 导览技术推广和应用到博物馆界，将多媒体数字导览应用于无线局域网，完成博物馆数字化行动新里程；

2005 年成立"得意典藏科技开发（北京）有限公司"，开发大陆业务。陆续完成包括故宫博物院、首都博物馆、河南博物院、南京博物院、上海博物馆、湖北博物馆等多家大型博物馆的多媒体项目；

2007 年创建"把博物馆带回家"品牌，推广中华文化精致生活品位，成为故宫博物院文创产品开发合作伙伴；

2009 年得意典藏与九洲音像公司、中央新闻纪录电影制片厂三方共同出品"台北故宫"12 集纪录片。在央视 1 套首映后，于全国各地电视台播出。该片荣获 2009 年度中国第三届"记录·中国"金牌节目奖；

2010 年成立"紫德宝商贸（北京）有限公司"，得意典藏旗舰门店进驻北京前门台湾文化商务区大江胡同 125 号——"台湾映像"；

2011 年开始，得意典藏在北京市台胞交流服务中心、台湾会馆、前门管委会的支持下，主办"幸福的邀约——得意文化艺术讲堂"系列讲座，以及"We Salon"小型文化沙龙，传播中华文化精粹；

2013 年起，系列台北故宫博物院主题文创商品进入大陆市场，大受好评，风靡一时；

　　2015 年组织台湾国光剧团新编昆曲《梁祝》大陆首演，创造国家大剧院多项戏曲演出纪录；

　　2016 年，注册"家传"品牌，入驻北京坊，开启全新事业模式。

3. 与两岸故宫的故事

　　故宫，是中国最大的古代文化艺术博物馆，是中国文化的象征。从得意典藏到家传，都浸润在两岸故宫的文化典藏之中，都是从弘扬文化经典的初心开始文创之路的探索。到目前为止，家传拥有十八大类传统工艺制品、上百款文创商品的研发制造能力，是两岸故宫及南京博物院、上海博物馆等大型博物馆的文化产品开发合作伙伴；已主办数十场文化演出、讲座及文化沙龙活动，与博物馆协会、故宫、北京大学等学术研究及教育机构保持密切往来，文化进校园项目则为在校大学生、中小学生带来每年上百堂文化体验课程。

　　其中，特别是数字故宫项目，以多媒体技术为支撑，重现活化故宫经典，打造创新型文化体验。数字故宫项目旨在打造文化艺术城市综合体，汇集数字故宫国宝综合展馆、中华艺术培训中心、儿童娱乐体验中心和数字影院、数字故宫中华国礼专卖和文化特色超市、文化主题酒店和文化会议中心、文化主题餐厅和咖啡吧六大板块于一体。多媒体技术展示则是通过投影系统将动态图像投影于桌面上，取代传统的文字、图像展示方式，具有展示新颖、设计独特等特点。用户可以在桌面进行触控操作，让人和数字内容的交互变得更直接，使用户得到全新的操作体验。同时，真人与观众产生实时互动，不论是会议、活动、展览还是发表会，都可以编排有趣的互动情节，在现场的屏幕上与来宾直接互动，也可轻而易举地将舞台上的讲演利用虚拟道具与三维效果来达成令人难忘的演示。

二、家传的商业探索

1. 产业发展的天花板

　　改革开放四十年来，国民消费发生了翻天覆地的变化，每一次经济的结构化转型和跨越式发展都伴随着一次消费升级。人们对物质与精神层面的需求升级，已经成为经济发展与商业变革的原动力之一。改革开放以来，中国已经经历了三次消费升级，而眼下正面临着第四次消费升级的时代机遇。

第一次消费升级出现在改革开放之初，粮食消费下降、轻工产品消费上升，对轻工、纺织业产生了强烈拉动，推动了第一轮经济增长。第二次消费升级是 20 世纪 80 年代末至 90 年代末，家电消费快速增长，耐用消费品向高档化方向发展，对电子、钢铁、机械制造等行业产生了强大驱动力，带动了第二轮经济增长。第三次消费升级是 2001 年至 2010 年，通信、交通、住宅、互联网升级，房地产业相联系的消费增长最为迅速。第四次消费升级正发生在当前，消费需求增长最快的是教育、娱乐、文化、医疗保健、住宅、旅游等方面。

2015 年全国文化及相关产业增加值 2.72 万亿元，比上年增长 11%，比同期 GDP 名义增速高 4.6 个百分点；占 GDP 的比重为 3.97%，比上年提高 0.16 个百分点。2016 年北京市文创产业实现收入 13964.3 亿元人民币，比 2015 年增长 12.3%，占 GDP 总值 14.3%，成为北京市第二大产业；实现增加值 3570.5 亿元，实现利润 1031.5 亿元，完成固定资产投资 372.1 亿元。

可以说，无论是产业结构调整还是社会消费升级，都昭示了以文化为核心的产业发展方向。但理想是丰满的，现实是骨感的。在产业发展的现实情况面前，需要脚踏实地，从具体的问题着手，解决行业痛点，优化商业模式，才能找寻到柳暗花明的创新之路。

按照现行的产业政策，狭义的文创产业是指文化创意产品开发，包括文物、影视衍生品开发和工艺传承。相对于宏观的、广义上的文创产业，狭义的文创产业发展存在很多困境。就得意典藏在文创领域进行的实践探索而言，问题的症结在于：玩的人多，挣钱的人少；卖萌的多，有内容的少；抄袭的多，原创的少；老传统多，新模式少；口头支持多，落实政策少；自掏腰包多，融到资金的少。

2016 年故宫博物院在售文创商品 8000 余种，总销售额突破 10 亿元，但平均到每种商品的销售额只有 12.5 万元。这里面还要减去故宫博物院的 50% 的销售提成，到开发者手里的就只有 6.25 万元，再减去设计、制作等各项成本，剩下的利润就微乎其微了。这还是依托故宫博物院平台才能达到的销售数据，还有很多甚至连这个数据都达不到。这是文创产品开发者面临的窘迫现状，也是真实的行业现状。

2. 文化经典与新中产的文化消费力

2012 年，台湾国光剧团诚邀文学大师曾永义、鬼才导演李小平，汇聚台湾国光剧团第一小生温宇航、北方昆曲剧院当家花旦魏春荣，全明星阵容打造新编昆曲大戏《梁山伯与祝英台》。此次创作除了在唱词唱腔、服装道具、舞台设计等方面突破以往，更是在传统故事情节之外增加了"痴梦乍醒"一折，祝英台在梦境中与梁山伯结为夫妻，有情人终成眷属。梦境的美好虽没有改变无奈的现实，却为我们展现了另一个温情而美好的结局，让人观之悲怆中颇感欣慰，一经推出，轰动台湾。除了一众票友支持外，更吸引了众多年轻族群走入剧场，并从此爱上昆曲，这一文化现象堪称昆曲奇迹。

家传的核心团队与国家大剧院合作，在台湾相关文化部门、北京市台联的大力支持下，历时三年，奔波两岸，凭借一颗传承中华优秀传统文化的痴心，感动两岸政界、文化界，终将此剧成功引入大陆。2015 年 10 月 22 日，新编昆曲大戏《梁山伯与祝英台》媒体见面会在修缮一新的北京劝业场成功举办。

传统戏剧市场已经没落，如果没有国家的政策支持，恐怕仅存的一点生存空间都会被挤压没了。这次新编昆曲在大陆的推广，是文化经典在文化新经济背景下的一次试水，是探索文化消费方式的一次市场摸底。承接此次项目的核心团队也正是以此为契机，开创了"家传"品牌。

主办团队在进行了深入的市场调研后，制定了不同以往的推广策略，大胆喊出"带你去看人生第一场昆曲"的口号，目标直指精英知识阶层。宣传渠道除了覆盖传统媒体外，更将一席、古典书城、幸知在线、跟谁学等新媒体平台纳入重点；线下推广则主要通过在海客俱乐部、北京市鼎石学校、暄桐教室等目标客户群体聚集地举办一系列风格独特的专题讲演等形式，让对戏曲文化心存向往但又不得要领的朋友，以自己熟悉喜爱的方式感受昆曲的魅力，并通过"众筹网"众筹、"匠心手造"衍生品、"爱情承诺金"等活动，吸引大家自愿掏钱买票进剧场。

令人吃惊的是，众筹活动一经上线，备受高知女性群体关注和追捧。上线仅两天就超过预定目标，众筹活动截止时，达成了预定目标的 459%，打破众筹网戏曲类项目的募资纪录；昆曲票友不再是购票主力，众多中产阶级、高知阶层关注并爱上中华优秀传统文化成为流行时尚；海客俱乐部、北京市鼎石学校、暄桐教室、国家大剧院四场推广讲座场场爆满，现场听众累计超过 1300 人，线上关注度突破 10 万人次。对参与此次活动的消费者的问卷调查结果显示，超过 90% 的消费者愿意再次前来观看，并将推荐朋友前来观看。

这次活动充分验证了国内中产阶级对高雅文化消费的强烈需求。调查显示，中国大陆的新兴中产阶级大约 1.5 亿，他们基本生活在城市中，25—45 岁之间，大学以上学历，很多位是某领域的专业人士或企业家，年收入在 1—30 万美元。根据马斯洛的需求层次理论，中产阶级的温饱、安全、社会、尊重等需求都得到较好满足，正在努力追寻自我实现，关心子女教育，追求有品质的生活，有投资理财意识，有公益习惯，有全球视野，对中华文化认同感强，但工作压力大、身体亚健康、未来缺少保障，有焦虑感，有较强挫败感，缺少有针对性的文化服务。

胡适曾提出"大胆假设，小心求证"的治学方法。在文化新经济这样的新概念、新思维面前，更需要胸怀大志，脚踏实地。通过新编昆曲的推广活动，验证了文化经典的生命力，也验证了中产家庭的文化消费潜力，更加验证了创新性市场推广方式的重要性。当然，这仅仅是一次探索，管中窥豹，略见一斑，还不能断言市场的全貌，但纵有千重迷雾，既然已经看到了远方的灯塔，唯有扬帆起航。

3. 家传文化体验中心

家传文化体验中心的落成，标志着"家传"品牌的诞生。它位于北京最有文艺气息的新商圈——前门"北京坊"。这里是百年前文化艺术、商业金融的聚集地，是当代新中产家庭的"中国式生活体验区"。在家传文化体验中心一楼，以"人生大事"为主题，围绕着"生、婚、寿、喜"，以生活美学设计为主要的产品内容；二楼以"传家宝"为主题，围绕着皇家经典文化元素，以大师定制为主要的服务内容；三楼以"文化交流"为主题，围绕着文化新经济，以文化活动、生活方式为主要的体验内容。

在解读和分享中国经典文化的过程中，家传重新回到了发心的原点，那就是关于"家"的文化传承。围绕着"家"文化、"家"空间、传承、设计师创意、大师定制这几个关键词，家传开始了产业构建。

基于"家文化"，家传致力于与中产阶级消费者一起经历人生中的重要时刻，在"生、婚、寿、喜"这些生命节点上，把中产阶级对至亲好友的心意，变为能够捧在手心里的感动。家传开放了一个平台，邀请传统手工艺师傅和新锐设计师进驻，用他们的手艺和创意，帮助中产阶级寻找到打动人心的物件和背后的故事。

基于"传承""设计师创意""大师定制"，家传寻访顶级艺术大师和工艺传人，为中产阶级消费者量身定制既具有美学价值又具有一定的收藏价值和经济价值的"传家宝"，使其承载关于中产阶级消费者家族的记忆和生命故事，带着温度和呼吸一代代传下去，并可以在关键时刻发挥防范风险的作用。

基于"家空间"，家传举办一系列文化沙龙、展览活动，参与或协办文博会、北京设计周活动，通过传统与当代跨界结合的展览、沙龙、互动体验去重新诠释中国美的当代表达，对中产阶级消费者进行品牌教育。在家传内部，设置"生活提案官"的岗位，作为中产阶级消费者的生活提案顾问，为消费者的文化投资提供支持，分享家传在政策、金融、科技、创新、公益等方面的资源和心得。

家传文化体验中心，承载着中国式的爱的表达。这里有设计师的倾心之作，让"生、婚、寿、喜"等生命中的重要时刻，变为能够捧在手心的感动；这里有艺术大师为你量身定制带有温度和记忆的"传家宝"，让家族的印记在艺术的点缀下传承；这里有高品质的文化展览、沙龙、互动体验，让高冷的艺术也能够亲民，接地气；这里有儿童品德教育的启蒙中心，让文化的氛围伴随着生命成长的重要时刻。这里的一切都是为了传承家、延续爱。

三、进化路上

1. 互益共赢：Gift 计划

中国人表达情感的方式总是含蓄的，所以会有"寄'礼物'情于物"的习惯，于是"礼物"更多了几重无法言说的分量。"家传"强调在人一生中的重要时刻的价值，因为这是中国人"爱"的表达方式。物是媒介，"美物抵心"往往是因为后面造物的人。当一个人把心中的想法和思考通过行动或物件表达出来并触动其他人的时候，他也就具备了影响他人的"天赋"。天赋也算是一个通道，能给人带来常规经验以外的惊喜。

无论是礼物还是天赋，都有某种给予和被给予的关系。也许在一段时期，我们一直是被给予的一方，一直在接受；但当有一天我们身体或心灵足够强大富足的时候，我们也会有给予的冲动，就好像自己种下一颗种子想看它长成绿油油的森林一样。幸福感在这样"利他"和"互益"的关系中更加丰饶。

Gift 计划是由家传文化体验中心发起，以"家"为源点，"爱与智慧"做动力，寻找散落在各处的生活创意与手艺，打造创意者与需求方互益共赢的平台。这个计划希望聚合具有相同价值观的设计师、艺术家及创变者，把每一个人的"天赋"都变成"礼物"对接给需要的人。每个人是"给予方"更是"被给予方"——通过跨界合作与互相支持，激发灵感和创造力；通过专业探讨与其他资源导入，加强与外部市场趋势的链接；通过深入了解中国文化及传统文化的当代解读，在心与手的连接间持续获得滋养。最终，这个计划能为参与者创造幸福感、踏实感以及勇往直前的生活动力。这个动力，也给予了 Gift 计划及家传平台生长的养分。

家传团队一直以成长、支持、利他、互益作为理念，希望聚合各方的创造力、想象力与能量，与国内及国际设计师建立起一个深度合作的网络平台，让每个参与者都成为文化传播的发射器。通过所有参与者的合力，与社会各方共同探索商业向善、共益多赢的人文创新之路。因此，家传面向设计师、艺术家发起了 Gift 计划。

事实上，家传文化体验中心的本身就是 Gift 计划的成果之一。它出自设计师李泳征和李其郅。他们曾是北京交通大学建筑专业上下铺的室友。李泳征毕业后去了伦敦巴特莱特建筑学院（The Bartlett）求学，之后服务于英国顶尖的福斯特及合伙人建筑事务所（Foster+Partners）。李其郅以设计第一名的身份进入了北京市建筑设计研究院，之后又去清华大学攻读建筑专业硕士。他们 2012 年初重新聚到一起，成立了 UUA 北京团队。家传文化体验中心大概是目前最能体现两位设计师的中式灵魂与西式细致理性的建造理念相互完美融合的空间。

为了满足家传包裹在历史建筑群中的"中国美"的内敛与贵气，他们从空间的色调和具有历史感的材质入手，选用了极具历史符号感的古铜色作为基础色，使用了灰色的京砖、古代的藻井等一系列建筑语言，借鉴中国屏风的比例设计了隔间及台面的尺寸。比起一对一的转译，他们更希望家传的空间营造首先传递出一种感受。

家传，没有规矩不成方圆。在整个空间设计中，装修为方，陈设为圆。在设计师精细刻制的模式化设计下，呈现出和谐温馨的体验氛围。这个场域不发一言，却又处处传达家的言语。

家传文化体验中心入口处的玛瑙墙是整个空间的一个亮点，也融入了许多人对于"家传"的别样解读。"传"是指一种精神，一种不变的东西，我们和古人看到唯一一样的就是星空。在这面墙上，"传"这个抽象概念以一种如梦似幻的奇妙方式具象在人们眼前：手工打磨的玛瑙浮于半空，映射在镜面材质的墙体上，犹如宇宙中的点点繁星，闪耀着恒久璀璨的光芒。正如王尔德所说的："我们终将落入红尘，但总有人会仰望星空。"①

2. 寓教于乐：家学苑

亲子主题是目前各类商业活动的核心内容之一，但如果稍加了解就不难发现，许多亲子类活动或者课程多是进行资源的拼接，还处在形式上的改良，其内在逻辑甚至核心体系都属于空白。家传在对文化经典进行深入解读的同时，非常注重提炼抽取出内在的规律性内容，并在此基础上加以重新整合，形成具有方法论体系的商业逻辑。

以家传 2017 年暑假主办的亲子活动为例，家传联合戏剧教育体系专家以及儿童家具设计师举办了儿童德育主题的亲子工作坊，核心主题定为中式餐桌礼仪。家传希望借助戏剧独特的情境模仿表演方式，引导孩子们把就餐时的注意力带回餐桌，去体会吃饭的乐趣，以及与餐桌文化相关的坐姿、长幼有序等礼仪。在这样一个看似普通的活动中，家传却是经过精心设计，挑选了最为适合的合作方，并且打磨出一套具有商业价值的课程体系。一方面，儿童家具设计团队将工作坊现场打造成一个开放且充满童趣的儿童房。其中的不少场景，比如寻找地图风味和团队表演，让家长和孩子们都玩得很

---

① 此句为王尔德《温德米尔夫人的扇子》第三幕中，达林顿爵士所说的台词。

开心。将用餐环节巧妙地设计在场景之中，推动家长与孩子们处在兴趣最高、注意力最为集中的状态，为礼仪教育的开展营造了非常和谐的氛围。另一方面，课程主导老师在儿童戏剧领域拥有近十年经验，能够根据不同环境快速设计互动和游戏环节，将餐桌礼仪的传授转换成一幕幕场景，让孩子们在玩耍和表演中了解并熟悉了中式餐桌礼仪。

这几家看似并无内在联系的机构，经过对各自内在核心价值的抽取与整合，形成了新的创意与形式。家传专注于家文化的养育和传承，家文化养育成形是一个漫长且繁复的积淀过程。家传从梳理家文化源头开始，着力于那些构成文化的组成部分，包括审美、品行、涵养、手艺，等等。这次的亲子戏剧工作坊就是结合戏剧与餐桌礼仪，在儿童美育和德育方面打开一个小入口，是家传开发的儿童德育课程的一部分。在家传未来的系列工作坊中，会更专注于开发对家庭有帮助，同时在内容和游戏设计上更贴近儿童的相关课程。家传希望通过自己在中国文化及美学方面的深耕与积累，将儿童德育与艺术美育结合，让孩子们从小培养美而好的德育观念和行为习惯，在深厚的中国传统文化的浸润下成长。

家传对于文化内容内在逻辑的提炼抽取与整合创新，也得到了业界的认可。在 2017 年 9 月份举行的第十二届北京文博会上，家传作为文化设计师聚合平台，以"再设计，为当代生活提案"为主题参展，为美好生活布置了三个场景空间：儿童玩耍体验的魔法乐园、文人雅士的修心书斋、会亲待友的茶坊空间。家传用既带有传统文化又具有现代设计感的展品打造这些场景，每一处搭配、每一个细节都在展现"中国式爱的表达"。以展出的家居、玩具为例，虽然可以看到中国传统文化的影子，但又与传统有着明显的不同。比如，一款儿童摇椅不仅以杨柳青年画里娃娃骑着的大鱼为原型，而且采用的是中国传统建筑的榫卯结构。家传联合创始人张尔泽强调，"家传"就是希望把中国传统文化中的精粹与现代生活对接。在这次文博会短短三天的时间里，二十多家企业向家传表达了合作意向，这是市场对于家传模式的认可。

3. 携手萨博：IP 育成

萨博新经济中心作为家传的战略合作方，是中国文化新经济开发标准研究委员会的项目执行平台，承接国家文化新经济开发标准试验区 / 试验基地规划及共建运营、文化新经济种子人才培养计划组织执行等项目。在家传诞生、发展的过程中，萨博新经济中心进行了全方面的参与和支持，为家传打上了文化新经济的鲜明印记。

文化新经济中最为核心的内容之一就是IP育成。其中，对于本地文化企业的培育和孵化至关重要。因为文化IP是有生命的、有温度的文化符号，真正生长浸润在文化土壤中的机构和从业者才有可能进行有生命力的创新与创造。家传就是文化新经济育商体系下文创领域的先行者。家传创建发展过程中的市场调研、文化解读、品牌定位、业务布局、产品设计、营销推广等，都体现出文化价值的驱动力，体现出育商体系的生命力。

在家传的业务设计中，同样贯穿了IP育成的理念。文化IP的打造是以文化为根本，以持续性成长和差异化发展为关注点，所以，首当其冲的就是要有最具竞争力的产品，来彰显和传承工艺技术、匠人精神和文化内涵，同时要让产品能够满足大众消费价值需求，进入大众生活，要真正产生效益。基于文化IP开发产品，一方面是消费商品，要产生商业利润；另一方面也是文化传承的载体。围绕这个信念，家传根据中国人的文化消费需求特点，提出"中国式爱的表达"的开发思路，提炼出"生、婚、寿、喜"的消费场景。"中国式爱的表达"要解决的就是中国人的生命中重要时刻、场景下的文化需求，家传就是中国人的"人生大事提案师"。家传结合消费者的"生、婚、寿、喜"提出针对性的文化产品、服务建议，引导设计师的文创作品从"生活美学"转变成"生活刚需"。

传统的文化只有经过再设计、再解读才能融入当代生活。家传就是一个连接供需的平台。当顾客提出需求时，家传给予的是整套解决方案，帮助顾客组合不同设计师的作品。另外，家传也在帮助设计师寻找市场，提高生产能力。产品均由设计师定价，家传争取帮他们做好供应链、销售方面的工作，让他们能专注于设计。家传通过自身的产业理解，对接设计师与消费者，在现有的产业环境中，用自己的专长孵化与培育具有发展潜力的文化IP。

以家传的合作品牌哈木家具的某款儿童座椅为例。它有三大特点，一是设计新颖，整体造型是一个小猴子，非常可爱；二是工艺精巧，采用中国传统榫卯工艺；三是用料考究，使用黑胡桃、北美硬枫这些比较高档的进口木材。这件作品受到业内的广泛好评，但由于制作、材料成本高昂，导致市场价 1680 元，很难实现"走量销售"。文创产品最核心的是设计，是文化 IP，但这款产品的成本主要集中在工艺和材料上，所以在合作过程中，家传决定保留"设计"这一灵魂，采用性价比更高的制作工艺和材料，使这件作品价格降低，形成降维优势，提升了市场竞争力。

家传在文化 IP 育成的实践中，也通过横向对比产生了更多的深入思考。比如羌绣和日本高端化妆品牌植村秀、潮牌 STAYREAL 的商业合作，这三个看起来风马牛不相及的产品组合之后，却产生了意料之外的市场效果，广受年轻人欢迎，不仅产生了经济效益，同时也使得羌绣这一古老的文化符号成为新的文化 IP。

相似的案例也在我们的身边发生着。共享单车兴起后，最早实现盈利的并非这些共享单车企业，而是已经边缘化了的单车制造商；迷你 KTV 兴起后，最早实现盈利的是原来的音响设备制造商。用这个视角来看，制造业、传统工艺并非夕阳产业，通过转换运营思路、经营场景，同样的设计、技艺和产品可能会出现截然不同的买家，市场发展潜力将被重新评估，形成新的品牌竞争力。

对于 IP 育成，家传文化体验中心要为文化元素提供应用和需求场景，通过再设计和转化，搭建消费和应用场景，实现从文化元素到文化 IP 的价值转化。最后，形成可估值的产业化能力，吸引资本进入，激活产业能力。IP 育成既是家传塑造自身核心能力、努力发展的商业目标，也是文化新经济育商体系中的重要板块。通过资源和人才的聚集，文化新经济育商体系形成良性的内部和外部循环，构建起文化 IP 蓬勃发展的新生态。

4. 创新之路：文化新经济协同

未来已来，文化新经济已是产业发展的前沿领域，家传将致力于商业实践与模式创新，秉承文化新经济的发展思路，在"养贵于心，藏富于民"的企业理念下，围绕着"人生大事提案服务""IP+ 产业育成""家族财富及文化传承"三个方向进行线上线下的全方位发展。家传希望能够摸索出有复制推广价值的实践经验，带领更多的从业机构，丰满与完善文化新经济协同体系。

人生大事提案服务：通过提案形式，创造 C 端客户人生重要

时刻的幸福感和美好记忆，既是家传与其会员客户的深度连接，又是家传平台设计师商品的市场验证平台，为业务向 B 端发展积累经验与大数据；

IP+ 产业育成：通过 GIFT 计划，完成设计师平台与政府政策、产业制造端和渠道端的有效对接，补足设计师群体单兵作战的局限性和短板，形成从设计端 IP 保护和开发到制造端试制和量产，再到市场端推广和销售的全产业链形态；

家族财富及文化传承：通过对目标人群有针对性的社群活动组织和服务，如"女主人祝福学堂""亲子生活伦理沙龙"等形式，完成家文化建立以及传承理念的有效传达，并结合健康管理、艺术品投资、家庭信托基金等形式帮助新中产家庭完成从文化到财富的传承。

家传发展进度规划如下：

2017 年

——天使轮投资到位，"家传"文化体验中心正式运营

——"家传"线下模式得到验证（人生大事提案服务、家族财富及文化传承）

2018 年

——"家传"线上平台正式运营

——IP+ 产业育成初见成效，B 端业务起步

——完成 A 轮融资，线下体验中心向其他一线城市布局

2020 年

——"家传"大数据服务及 IP 授权管理业务启动

——社会创新投资基金项目启动

——完成 B 轮融资，线下体验中心达到 5 家以上

——整体经营状况良好，具备上市条件

【案例解析】

家传文化体验中心是得意典藏的内部创业项目，也是 CIAB 种子人才培养计划的一期学员孵化项目。家传成立时间尚短，如果单以艺术资源、文创设计、销售渠道等某一个角度来审视的话，显然在行业内尚不具备出类拔萃的能力，而且无论是哪一方面专业能力的累积都尚需时间以及大体量的资金投入，这是初创团体必然要面对的现实。但是，家传巧妙地依托得意典藏三十多年的行业经验，以及萨博新经济中心等合作伙伴的资源优势，从三个方面入手，在短时间内立足于市场，并展现出勃勃生机。

首先，借助文化解读打造家传品牌。家传在成立伊始就提出了"养贵于心，藏富于民"的企业信念。"养贵于心"，就是"发现自己的价值观，承担并践行贵重德行，出自利他心，是内心真正自由自在的状态"，提高对国家、对家庭的文化认同感、自豪感；"藏富于民"，就是"富藏于家，它是'价值载体'，是家庭延续的保障，从得到到给予，从守护到创造与延续，如何对待财富，映证我们如何成为自己"。

围绕这个信念，家传根据中国人的文化消费需求特点，提出"中国式爱的表达"的开发思路，提炼出"生、婚、寿、喜"的消费场景。"中国式爱的表达"解决的是生命中重要时刻、重要场景下的文化需求，家传作为中国人的"人生大事提案师"，为消费者提出针对性的文化产品和服务。通过一系列的文化解读，并且结合中产家庭的生活方式，家传已经形成了鲜明的自身特色，使得消费者所接受、所认可的是家传这个文化品牌，而不是家传的某一个产品。

同时，家传围绕文化 IP 应用场景，打造依托自身能力的服务平台。通过衔接产业链中的设计端与市场端，依靠再设计等方式实现文化 IP 的价值转化。家传的核心团队作为资深文创从业者，深知有才华的设计师、匠人在行业中坚持的可贵，更深知小微文化企业协同起来共创价值的迫切。所以，家传通过这种方式，由己及人、成人达己，帮助设计端对接市场，精准定位消费客群，为市场端提供文化消费的主题与内容，打破与现有从业机构的竞争关系，建立起互益共赢的良性关系，最终形成共同的品牌输出。

最为重要的是，家传已经意识到文化 IP 在产业中的核心作用，积极参与到萨博新经济中心主导的文化新经济育商体系建设中，以 IP 育成的发展理念，来进行行业布局以及业务设计。

在以文化要素为内在驱动的新经济模式中，IP 是最为核心的资产之一。2017 年 5 月，中国文化新经济开发标准研究委员会在深圳设立了第一个国家文化新经济开发标准试验区，确立了以 IP+ 产业链打造、IP+ 企业育成为核心的国家试验区文化新经济落地发展战略格局。

以文化 IP 的孵化为主要内容之一的文化新经济育商体系，作为国家级文化新经济开放型公共服务平台，集成了文化新经济研究院／中心、数字化验证支撑系统、产业创新发展基金和种子人才培养计划四大支撑体系。其中，文化新经济研究院／中心主要提炼本地文化资源要素，设计核心竞争力结构，构架政企对接机制，建设公共服务平台；数字化验证支撑系统是对接中央云平台的本地系统，实现全要素 IP 确权、流转、结算，对接各国家文化新经济联合实验室，企业全国税源本地结算确认；产业创新发展基金实现专家管理体系输出，政府与社会资本结合；培养计划是国内致力于该专业培养文化新经济领域产业领军型人才的国家级人才培养计划。该培养计划重点打造学员的文化新经济体系协同能力，经过孵化的学员项目可以在内容端、房地产端和工具端等不同接口进行协同，文化新经济平台资源也将优先向种子人才培养计划的学员进行输出。

家传的创始人张尔泽是种子人才培养计划的一期学员，属于从 IT 行业转型到文化产业的跨界人才。家传品牌的诞生就是文化新经济背景下的育商理念的成果之一。家传团队与萨博新经济中心进行了深入合作，将得意典藏在两岸故宫文创的能力和资源积累进行了梳理，把围绕两岸故宫文化 IP 进行产品开发和指定渠道售卖的模式进行重构，跳出了受限的消费场景和故宫文化受众群，使得存量资源得到了更高格局的发展，也打破了之前不对等的供需假象，把模式建立在更高频次的消费场景中。在这个过程中，明确了"陪伴文化 IP 成长"的发展思路，形成了新的行业布局和业务设计，Gift 计划也因此应运而生，并且已经得到了市场的初步认可。

行百里者半九十，文化新经济的探索之路才刚刚开始。在实践中，发展理念的更新和商业模式的迭代也将伴随着家传的成长，希望初出茅庐的家传在崭露头角的同时，更加稳健地前行，积跬步，至千里。

体验经济下的传统文化开发新象
——以妙云新中式生活为例

刘睿　孙铜①

在 1995 年至 2015 年的 20 年间，中国人口城镇化率从 29.04% 飞速增长到 56.1%。新型城镇化更注重可持续发展，而且随着人民生活水平和收入水平的进一步提高，会催生中产阶级的崛起和消费需求的提高。

目前，中国中产阶级人数已增至全球首位，高达 1.09 亿。这些人逐渐成为消费的主流。消费升级的必然性体现在需求端，已经出现了数以亿计的中产消费阶层。2016 年，被称为新中产消费的元年。

妙云传媒文化有限公司（以下简称"妙云"）就是在这样的背景下，带着承继古今的文化理想应运而生，为中产阶级新中式生活提案，从吃、穿、用、度四个维度做中产阶级的生活设计帅，帮助他们由心出发、活出自己，为后代留下有温度的美好生活。

妙云的创始人孙铜是 CIAB 种子人才培养计划的二期学员，妙云的诞生和发展与文化新经济育商体系有着密切的联系，妙云本身带有鲜明的文化新经济的属性。

一、吃：妙云间素食品牌的打造

1. 素食体验：消费升级的新趋势

《2017 中国餐饮报告》显示，2016 年全国餐饮业全年收入突破 3.5 万亿，同比增长 11.2%，到 2020 年有望达到全年收入 5 万亿元。在保持快速增长

---

① 刘睿，上海大学文化新经济研究院秘书长；孙铜，北京妙云传媒文化有限公司董事长。

的同时，餐饮市场也进入了变革期。餐饮品类越来越细分、分化速度越来越快，餐饮竞争加剧，高开店率、高淘汰率成为行业新常态。在北上广深这些一线城市里，每个月餐饮店的倒闭率有 10%，年复合倒闭率超过 100%。未来，好吃、好玩、好看、健康的餐厅才能吸引到消费者。

在消费升级的大背景下，"吃得饱""吃得好"的基础诉求已被满足，消费者的饮食结构正向健康化和品质化的方向转变。"吃得健康"正在成为下一个消费需求点。消费者的消费习惯与观念也在引领着餐饮行业的潮流，健康、素食成为中国餐饮消费的新趋势。健身餐走俏，成为最受追捧的餐饮品类。数据显示，2016 年健康沙拉类外卖的订单增速高达 16 倍，是外卖大盘增速的 5.3 倍，外卖平台上沙拉订单量的占比从 2016 年的 1% 跃升到了现在的 5%。沙拉品类已经逐渐从"尝鲜品"变成人们日常的正餐选择之一。餐饮健康化趋势明显，消费者对于健康菜品的诉求有明显增加。

妙云品牌创始人孙铜多年习茶，感悟到择食与饮茶相同，需要内观，更需要觉察。在物质条件极度丰盛的当下，大多数人择食都是出于情绪体、精神体和心智体的内在需要。饥饿感来自心智、精神和灵魂深处，而不是肉体本身。很多人其实是在吃情绪，吃社会的情绪，吃他人的情绪，从没和自己的身体好好沟通过，它到底需要什么。孙铜认为这些无须言传说教，只需体验、感受，在心中种下一颗种子，假以时日，变化自然发生。

因此，妙云在"吃"这个维度上，创办了妙云美学生活体验馆（简称"妙云间"）。从无菜单素食料理开始，提供一种不一样的饮食体验；从吃喝日常生活环节开始，让大众体验到心的回归。

2. 妙云特色：无菜单素食料理塑造生活仪式感

妙云间素食的第一个独特之处就是"无菜单料理"。餐饮菜单的生成有着悠久的历史，中国餐饮历史讲求"食以体政""饮食，所以合欢也"，因而最传统的食单都是为此服务的。传统宴饮的非交易性，决定了菜单文化载体的唯一性。随着经济的发展和餐饮业态的发展与壮大，餐饮品种不断增多，交易行为的可选择性决定了商业性菜单的出现。菜单经历了由纯粹的文化性到文化性、商业性并存，再到商业性主导的嬗变过程。

现代餐饮市场的完整程度已使其竞争状态达到了前所未有的深入程度，单纯或表层的营销手段已为顾客所厌倦。餐饮业已真正进入了实质餐饮阶段，即客人也在努力"不为浮云遮望眼"，而是追求自己真实的就餐心理的满足。企业有个性的产品能为一定量的客人持续接受，就能形成自己的目标客户群。古老的商训说"人无特色莫开店"，在这个意义上，现代理念与传统思维有异曲同工之处。

妙云间的无菜单素食料理，是对传统文化"合欢"的承继，更是对当下人们因信息过剩而焦虑的应对。信息过载、生活节奏过快、效率至上，太多的营销、商品信息和选择也在增加人们的负担。妙云间的无菜单设计正是为忙碌的现代人减负。

妙云间的用餐需要至少提前一天预约，这种预约制度给消费者营造出一种生活仪式感。工作人员会详细了解顾客的用餐需要，比如用餐人数、用餐主题，形成一个简明的需求记录。厨师的安排是根据客人留下的需求信息，比如是商务餐、生日聚会，还是老友相聚，再加上节气、时令、气候温度、食材的采供情况来量身定制菜单。事实上，妙云间无菜单素食料理体验，除了对菜单、餐品、用餐环境的设计和用心之外，还会通过用餐服务给顾客带来"净心"体验。

妙云间的无菜单素食料理是中式烹调手法、西式摆盘，色、香、味、触俱全。从前菜到甜品，一餐有六七道菜，由妙云使者一道道送上，全餐约需一个半小时。这样的用餐安排，再加上美如画的餐点，让人们真正慢下来、静下来，沉浸在全新的进食体验中。也可以说，是在品味、欣赏的过程中让顾客飞速旋转的日常一点点地慢下来，回到自身来感受和自己身体的连接、和食物的连接，身心一同回到当下。用餐不再是平时吃着饭，看着手机、看着电视，聊着天、谈着事儿，没有片刻的空暇，一顿饭吃下来疲惫不堪。在妙云间的体验设计中，一环环地为顾客"净心"，重构吃、食物、人之间的关系。

吃素食料理的客人，总是存疑吃不吃得饱，也有觉得素食可能不够享受的，但离开妙云间的时候是满满的满足感，精满神足，对素食料理的食材充满好奇。比如，妙云间的米是来自侗族的野米，天然生长，本身是产量极小的品种；元气面的面粉里加入了小麦胚芽，做成面条，佐以香菇笋干酱等。

可以看出，妙云间的所有设计都是围绕"净心"来构筑素食体验。在妙云间用餐是回家的感觉，更是回归本心。

3. 农产品溯源：保证食品安全

对于食品安全，妙云间建立了农产品可追溯系统，形成了极为严苛的食品质量安全保障制度。通过溯源系统，妙云间将食材生产过程细化到每个关键控制点，明确每个生产关键环节的职责并落实到具体责任人，实现了"生产有记录、过程留痕迹"的食品安全管理模式。

通过将生产全过程的数据报备至数据中心，并打印二维追溯码贴在对应的产品上，做到"一物一码"，为产品提供身份证明。产品的所有生产信息都会跟随产品从产地直到销售终端，顾客通过手机对产品二维追溯码进行查询，就能了解该产品的所有生产过程与质量安全信息。

墨子曾说过，"百姓皆得暖衣饱食，便宁无忧"，可见"民以食为天"，不只是一句简单的感慨，而是贯穿了悠悠中华几千年的经典格言。如今，人们对食物的要求更加不是果腹之需，而是上升到了精神层面。

妙云间的红米产自云南侗族地区，在当地这个品种的米也是相当罕见的，是一种野生米，手工收割、采集。消费者使用手机扫描产品包装上的溯源二维码，就可以知道它的种子提供人、播种信息、产地、生产者信息、生长过程等。

4. 空间设计：营造"家"一样的体验

妙云间致力于打造"家"一样的线下空间，使每一个入场的消费者都有一种"回家"的体验。空间运营的重心放在了"艺术"领域，核心理念是"艺术生活"（Art of Living），由艺术型书店、咖啡馆、展厅和活动场所构成。这样的设置安排，是希望来到这里的顾客有一个沉浸式的生活体验。

走进妙云间，云纹、服装、家具都充满了艺术气息，就像进入了一个朋友家的客厅，诸如价格、标签、打光、电源、收银台等所有带有导向性的标识都被删除了。除此之外，所有会让人联想到这是一个卖场的环节也都被剔除。

妙云间的综合活动空间，挂着中式元素的帘幔，白色的真丝点缀手绣云纹，可以自由分隔空间；家具采用中式元素来打造现代风格，用古不复古，古为今用，为当下生活服务。客人来到这里无论是下午茶还是用餐，感觉清新放松、体会到宁静致远。空间、陈设造成的场域能量让人感受到滋养，来到这里的客人不禁感叹：饱食不如宽坐。

　　这种组合式的沉浸体验，使顾客对于新中式生活方式印象深刻，同时引发了顾客对于这种生活方式的想象。空间里开展的各种雅集活动都会产生一种无言的召唤，磁场一样地吸引人们前来参与其中。多功能空间的组合呈现出一种活的状态，以我的生活感染你的生活。形成这样的传递，正是"妙云先生"生活方式设计的发心。

5. 妙云使者：才华横溢的生活提案师

　　妙云员工被称为"妙云使者"，妙云对于"妙云使者"有非常高的文化要求。首先是文化认同，面试环节中关于文化素养等气质考察的项目占有极大的比重。员工通过面试入职后，实施全面轮岗制，进行一定周期的全岗位轮岗，每个岗位都制定了详细可行的学习计划和考核制度。员工完成岗位学习计划并通过岗位考核后，再综合选择到相应的岗位上。通过这样的安排，员工对各个空间和不同门类的产品都有了全面深入的了解，加深了文化认同。同时，根据员工的个人特点进行岗位选择配置，能充分发挥员工的长处，并通过后期不断地深入学习，使员工成长为某方面的专家。比如妙云间每个员工都要学习茶艺，一方面是岗位要求，另一方面是通过茶艺不断提升员工气质，使员工更好地融入整体环境。

　　另外，妙云间还积极鼓励员工学习自己感兴趣的文化艺术，设置了一种类似帅徒传承的学习方式，调动自有的设计师、艺术大师资源，满足员工的学习需要，提升员工的文化素养。

　　妙云使者布置创意茶席时，需要坐在桌前操作，这是为了亲身感受顾客坐在桌前的感受，以及取用茶具和饮茶时的感受。在无菜单素食料理的过程中，妙云使者布菜时需要细细揣摩客人的用餐节奏，与客人保持同频。妙云间所推崇的服务带有一种静心修行的共鸣，来这里的客人感觉"零压力"。因为一切以人为本，这样的一种用心，润物无声。这份带着感知和温度的心，也正是妙云品牌想要传递的美好体验。

　　在消费者体验的过程中，经过专业学习训练的妙云员工扮演着"生活提案师"的角色，在交流中了解消费者的性格特点、生活习惯等信息，进行消费者画像的描绘，有针对性地向消费者提出自己的专业化建议，形成量身打造的解决方案，向消费者传递妙云的生活理念和生活方式。

6.妙云电商：把妙云生活体验馆带回家

妙云间提供的无菜单素食料理，不仅给消费者带来一种全新的素食体验，而且线下体验的同时，消费者可以在妙云厨房的微信商城中，购买到制作线下素食料理所有的食材，还可以在商城里获取相关食材烹饪方法的微视频。线上商城食材订单一部分来自线上传播的导流，但更多的是来自线下体验客户的持续购买。妙云间所提供的米、面、油、调味料，渐渐成为客户生活中不可或缺的物品。

这种集线下体验、实体店消费、线上购买和素食烹饪微课学习于一体的商业模式，形成了不同场景＋不同平台、线下体验＋线上购买的产业链条，使消费者可以自己在家里复制体验馆的相关菜品，使"生活体验"逐渐转化为"生活方式"，培养了消费者的品牌忠诚度。

妙云间提供素食料理，但却不是一般意义上的餐厅。无菜单素食料理的本意着眼于体验，消费者若是喜欢，餐厅的每一样食材都可以带回家。妙云间并不是像传统餐饮一样需要吸引客人经常来妙云间吃饭，而是给消费者提供新的用餐体验，而且这种体验是可以带回家的。在自己的厨房里亲手做出妙云素食料理，更会增加别样的幸福感。

消费者亲身体验品尝美食，倘若认同这样的素食体验，就可以进一步购买同样的食材，学习同样的烹饪方式，甚至可以有自己的设计和创新。这个过程就意味着消费者接受采纳了妙云对于素食文化的生活提案。

二、穿：妙云织造 IP 的养成

在"穿"这一维度上，妙云的理念是提炼非遗元素，创新传统服装特色，形成新的中式服饰体验。

1.非遗元素的选取

改革开放以来，随着中国与国际间的交流合作的增多以及参与国际非遗保护工作的增加，政府、普通民众对非遗的认知更加深入，保护和传承非遗的意识也随之变得更加强烈。2001 年，国家对非遗的保护加倍重视，表现为开始从法规建设、保护工程等方面对非遗进行保护，昆曲艺术、古琴艺术等被列入非遗名录。2005 年，国务院办公厅正式提出"保护为主，抢救第一，合理利用，传承发展"的工作方针，以政策法规的形式明确提出对非遗进行保护。

2007 年，商务部、文化部联合发布了《关于加强老字号非物质文化遗产保护工作的通知》。虽然在这些措施的保护之下，非遗保护与传承取得了显著的成绩，但也出现了一些问题，尤其是越保护越消失的现象令人费解。非遗的保护一直以来基本采取的都是静态保护的方法，政府和社会各方力量加大了资金的投入，但都将非遗当作标本来保护，导致它们并不能实现自身的价值，缺乏生机和活力。那些在加强保护的情况下失去了自身活力的非遗，反而消失得更快。

妙云的目标就是以产业化思路运作非遗，充分挖掘和利用非遗在当今社会的经济价值。通过商业运作，以"生产性保护"传承非遗，并充分借鉴国外奢侈品定制的商业模式，探索形成了用"奢侈品定制的方式来为非遗传承造血"的新路径，并逐步形成了自己的高端定制 IP。

妙云织造采用高级定制的方式，衣料是民间收集来的各种丝料，绣工来自非遗传人绣娘。这样的手造服饰，本身是活的。随着时间的推移，衣服温润了时光，本身渐渐成为主人的一部分。在服饰上留下岁月，并使之成为家族生活、家族记忆的一部分，既是物质的也是精神的家族继承。传统并不遥远，传统活在今天，与人们的日用发生联系，这就是妙云成为消费者生活方式设计师的方式。

妙云织造最成功的就是高级定制缂丝服装。缂丝是中国传统丝绸艺术品中的精华，是中国丝织业中最传统的一种挑经显纬、极具欣赏装饰性的丝织品。宋元以来一直是皇家御用织物之一，常用以织造帝后服饰、御真（御容像）和摹缂名人书画。因织造过程极其细致，摹缂常胜于原作，而存世精品又极为稀少，是当今织绣收藏、拍卖的亮点，常有"一寸缂丝一寸金"和"织中之圣"的盛名。妙云巧妙地将高端服饰与非遗元素相结合，消费者从签订服务协议开始，可以先选衣料、款式、风格，在妙云间店内试穿样衣，直至找到自己心仪的风格。服装中所需要加入的缂丝及造型，可以由设计师、手艺人一起商量，定制缂丝，由非遗传承人提前在衣料上开始手绣。有订单、有收入、有前途，就会有年轻人来学习和传承非遗技艺。

妙云织造更多的是希望能够通过非遗这一文化载体传承家族的爱、家族精神。身为炎黄子孙，血液里的文化基因是无法阻断的。由远古的文身到服饰上的纹样、绣品，表达了中国人特有的家族传承的方式。一件衣服作为长辈的日常穿着，带着家族的记忆和体温；多年以后，晚辈看着这件衣服，一份温暖的记忆涌上心头。

2. 高端定制模式

中国消费者在境外的奢侈品消费，大致分为两个阶段。第一阶段，改革开放初期到 90 年代中期，奢侈品消费 80% 以上是由境外实现的。这主要是因为中国奢侈品市场处于萌芽阶段，国际奢侈大牌进驻中国市场的较少，奢侈品主要集中在百货公司和五星级酒店，消费者可选择的品种较少，因此境外消费是那个时期奢侈品消费的主流。

第二阶段，90 年代中期至今，奢侈品境外消费比例下降。在这个时期，中国奢侈品市场高速发展，奢侈品牌纷纷进入中国。除在北京、上海、广州和深圳等一线城市开设门店外，渠道不断下沉，已经深入二、三线城市。国内的消费者很容易在家门口购买到心仪的奢侈品。此时，奢侈品的境外消费不断下降。根据财富品质研究院的调研发现，目前，中国奢侈品的境外消费基本稳定在 40% 左右，未来境外消费的比例会下降到 20% 左右。

随着物流、信息流的高度发达以及全球经济一体化的发展，境外消费的状况很快会缓解，最终国人出境购买的主要是那些在国内门店买不到的奢侈品，尤其是定制、限量以及小众设计师品牌将最受国内消费者的青睐。消费者希望他们购买的东西能反映出他们的三观，他们想要的是能和他们对话的品牌。

妙云织造采用 VIP 会员制，为中产阶级提供高级定制礼服服务。会员分为 VIP 和高级 VIP 两种。VIP 会员定制不仅有不输大牌的设计感，又是最适合自己且独一无二的衣服。高级定制时装是在消费者与设计师的交流中形成的，不但设计独到，满足客人穿着场合、个人偏爱、生理颜色等需求，而且从欣赏消费者的角度出发，量身定制。因为只有从心里真正欣赏自己的消费者，才能设计出展示他最美好一面的衣服。在中国，设计师与消费者的交流还有另外一层意义，即高级定制是对自己身形最精确的贴合。流水线上生产出来的成衣的最大特点，就是尽可能模糊个体形态上的差异，用有限的几个款型满足所有人的需要。这样做出来的衣服，没有一个会真正合适。相反，定制追求的是精确，从人体的各个围度细化形态。品牌服饰可以套在很多人身上，是用衣服的特点来体现自己；高级定制则完全为自己塑造衣服，是真正"我"的衣服。

　　未来所谓的"奢侈品"，将不光是各种看得见、摸得着的顶级物品，而更多地转化为独一无二的服务和定制化体验。妙云高级定制礼服，提供终生维护和保养。礼服的衣料都是天然丝质，穿用一段时间之后，妙云会有专人提供后期服务，进行维护，甚至包括尺寸缩放。筹划中的妙云珠宝也计划以高端服务的方式来呈现。比如一对情侣在确定恋爱关系初期，请设计师打造一对能够反映他们当前关系的戒指。时光荏苒，当这对情侣觉得彼此关系又深了一步时，设计师将把他们的戒指重新设计。随着他们结婚、生子等感情的演进，这种服务还会不断延续和更新。

三、用与度：妙云个性化定制的产业链布局

　　在妙云间，人们接触到的日用之物，如食具、茶器、酒用、花事、香物还有家居，每一件都出自孙铜和旗下设计师的用心设计。在这里，日用之物是生活本身，更是艺术品。妙云间的种种日用之物诞生于妙云先生自身对食物、茶饮、香事等方面的日常需求。日用之物有着日用之道，"格物"的最终结果不是关于"物"，不是关于设计师与匠人，而是关于我们自己。妙云间的器物往往充满着古典与时尚的张力，在保留传统工艺的同时，加入了时代的印记。妙云间器物的设计感，只是所谓"设计"的一个面向，是为了让使用者能够通过器物感受到被关怀和被关注的惊喜，而那种深沉而内敛的温暖，才是妙云真正要传达的东西。比起占有，人与物之间最恰当的关系应当是爱。美好的器物可以让人心情愉悦，日用之物的价值在于人与物的和谐相处，通过这些物件隔空与设计者对话、与先祖对话，让爱和祝福在时空中流转。

　　在妙云间，黑白釉面瓷盘中一朵南宋的秋菊，啜茗饮尽后杯底的一片轻云，都一一轻挠我们的心底，藏着只有中国人才能懂的深情。这便是我们的血液和 DNA 中与生俱来的本能。面对器物上的古老图腾，只要是一个中国人，不用去解释，无须去言说，幽微处的爱与祝福，只一眼便能引发共情。

妙云间所营造的环境正是这些日用之物叠加生成的空间，物品的聚集是生活的一种印记，我们能从长久摩挲的光泽和使用后产生的裂隙中，看到我们的影子、我们的痕迹，还有流淌而过的岁月。

许多妙云间的会员、粉丝在这里体验到传统文化，透过眼、耳、鼻、舌、身、意"六根"的良好体验，受到美的滋养，渐渐成为传统文化的爱好者，甚至将这里的一些物品买回家，融入自己的生活方式。文化是会滋养人的，当你慢慢地开始了解它、熟悉它，渐渐上手，就会变成一个传播者，甚至开始有自己的审美和创造，直至成为素人设计师。妙云间逐渐将传统文化植入中产阶级的生活，从怡情养性直至成为人们生命里不可或缺的一部分。

以妙云间的龙泉青瓷为例，无菜单素食料理的杯、盘、碗、盏处处可见龙泉青瓷的影子。曾有人在龙泉瓷器的设计师沙龙活动里，爱上了黑釉，一发不可收拾，买回家做茶杯、汤碗、花器。这些手工打磨、经历高温窑变的瓷器，每一件都是唯一的，为她的生活增添了美感。她日渐被吸引，开始学习关于黑釉的点点滴滴，尝试跟随设计师学习制作。她经过在妙云间的体验与学习，甚至随设计师走进了龙泉，与其他爱好者一起亲手制作陶土瓷器，慢慢地积累和沁入手工匠人的生活，慢慢地习得宋人的生活，一抔土、一炉窑，一段千年生活传习，贯通古今。这样的文化传承美化了国人的生活，只有真正的用在生活中，传承这样生活的内核、精髓，这文脉、这精神才会代代承袭。这才是面向未来的承于古、继于今。

四、妙哉云也：化云为雨的生活设计师

妙云将自身的服务定位于"生活设计师"，是将传统文化元素与现代生活方式相结合，并且融入了"泛时尚"与"泛娱乐"概念。依托对市场需求的分析，妙云主要从三个方面来将"生活设计师"的理念进行延伸。

第一，个性定制及兴趣爱好作为消费驱动。在品牌关注度和消费驱动因子的调查中，42%的90后群体对个性小众品牌更具关注度，55%的90后会根据自己的兴趣喜好来进行消费，因此未来仅仅是廉价的产品不再会是他们主要的消费对象，而是私人定制、个性品牌和高性价比的高质量品牌将成为主流。品牌及产品的同质化将受到严峻的考验。妙云织造、素食体验等服务

内容都着眼于产品的差异化特征，旨在为消费者提供更加精准的消费内容。

第二，专注细分市场或生活方式体验空间打造。随着经济的发展，社会的分工一定是细分趋势的，产品的专业度也随之有更高的要求。新时代的中产阶级愿意为针对性的产品解决方案买单，更加相信专业的力量。因此，妙云间的定位就是以中式生活体验为核心，形成吃、穿、用、度的产品集成，以及衍生体验和后续服务。

第三，以情感文化消费为导向。在消费升级过程中，一方面，人们对非必需品的消费比重越来越大，艺术、旅行、音乐会等文化含义较为凸显的活动，在情感的传递中给人们带来更多满足。另一方面，人人都喜欢有故事的产品，将文化内涵融入产品中更容易引发消费者的共鸣。根据有关研究，人们更容易被非理性和情绪的因素所感染，从而对品牌有更深入的认识。妙云品牌的形成就是从情感的共鸣开始，逐步形成对于文化的深度挖掘，从精神层面与消费者进行交流。

妙云间目力所及的吃、穿、用、度，多是消费者心仪的对象，但并没有一个价格标签，是希望给人们的眼、耳、鼻、舌、身、意一个多维度的实际体验和感受。这里的所有陈列都有四个特点：

（1）只有这里可以买到；

（2）物有所值的单价；

（3）可以变成礼物带走；

（4）可以代表中国文化。

整个空间无论是独处，还是三五好友会面，都有一种放松和愉悦的氛围，人们会记住在这里的感觉；当离开的时候，自己的生活中总有什么已经开始发生改变。妙云间让人心动的生活方式提案，接下来还有妙宅——妙云艺术生活、妙云雅集、妙云（曰）等渐次展开，以日益丰富人们的日常生活。

妙云做素食料理，却不是餐厅；做高级定制礼服，却不是服装织造；做设计器物，却不是卖工艺品；设计家具和室内空间，却不是装修和家具公司。妙云作为生活设计师，设计力即是一种提案力，即是一种把为消费者提供的构想变为现实的能力。拥有提案力的公司是能将变革的可能性向人们进行可视化传达的公司。妙云将通过自身提案力的打造，形成在文化新经济背景下具有核心竞争力的创新型公司，开辟新的商业前景。

【案例解析】

妙云立足于中国文化根系，探索当下中式美学生活，意在将自身的日常体验进行分享与传播。妙云的诞生源自创始人"妙云先生"孙铜，她以亲情之爱为发心，追求生活与美学的精神契合。她的处世理念和生活状态逐渐得到了身边更多人的认可与追随。通过种子人才培养计划等一系列的孵化辅助，孙铜开始尝试进行市场化模式的打磨，慢慢形成了可以推而广之的产品与服务。今天已发展成为以生活体验为核心服务，以文化消费为市场出口，线下为主，带动线上，具有一定业务布局的商业模式。妙云的诞生和发展与文化新经济育商体系有着密切的联系，本身就带有鲜明的文化新经济的属性。

首先，妙云在进行业务设计时，紧紧围绕文化消费这个核心，选取生活中的高频消费场景，开发出与之联系最为紧密的产品与服务，从而实现了从文化价值向商业价值的转换。

文化新经济是以文化元素核心为内在驱动，以拉动文化消费为主要手段，以产业转型升级为最终目的。其中，文化消费是目前中国消费市场进行消费升级最为倚重的方式之一。从"十二五"规划开始，扩大内需已经成为中国的一个重要战略。截至2016年，消费已经占到中国经济增长的64.6%，成为拉动经济增长最重要的力量。目前，中国的城镇化水平在逐年提升，2016年中国人口城镇化已达到57.4%；人均可支配收入也在以高于GDP增长的速度逐年快速上升，社会的消费能力大幅提升。在人群结构上，中高收入人群（家庭月收入12500—24000元，定义为上层中产，超过24000元为富裕阶层）不断增加，2015年上层中产和富裕阶层人数已达到2000万，预计在2020年会增长到1亿。他们更重视体验、品味、情调，而非价格，是消费升级的主要推动力。

妙云以中产阶级消费者为目标客群，以文化消费为主要方向，从吃、穿、用、度四个紧密联系消费者的生活场景入手，线上建设自己的电商平台，线下打造"妙云·间"生活方式体验馆。一方面通过良好的线下体验对消费者进行文化输出和品牌教育，另一方面通过线下体验为线上电商导流。与此同时，线上的视频教程也降低了消费者的知识门槛。妙云已初步形成了不同场景＋不同平台、线下体验＋线上购买的产业链条。

其次，文化类的初创团队往往是以轻资产起步、以智力资产为核心，妙云却反其道而行之。在成立之初，妙云就在文化传媒、美学生活、文化投资等方向做了产业布局。这看似违背常规的做法，其实是妙云基于对已有受众的精准分析，并且快速地形成了业务闭环。

文化新经济 NECTIS 模型（New Economy Cultural Triangle Innovation Solution）是以新业态、新消费、新增长为核心。其中，新业态是文化新经济的内在驱动力，是指应用文化元素，通过新型业态为传统产业融入高附加值。新消费是文化新经济的模式先进性，是指催生增量市场，优化消费结构为商业创新提供多元模式。新增长是文化新经济的终极性目的，是指央地共建育商，转变增长方式为区域发展打造坚实基础。

妙云品牌创始人孙铜自称"妙云先生"，是非常典型的新兴中产阶级，一直以来追求中式生活美学。经过长时间积累，"妙云先生"这一称谓已经在中式生活美学社交圈层成为一个具有一定影响力的个人 IP，而且其 IP 的变现能力也得到了市场的验证。作为尝试，"妙云先生"面向市场所推出的若干产品与服务项目都得到了非常好的市场反馈，这也是"妙云先生"敢于在成立初期就进行较大手笔的产业布局的主要原因。那么，如何扩大 IP 影响力并创造更大的商业价值，成为"妙云先生"更高的追求。然而，从当前互联网的发展形势来看，个人 IP 的成长都有特定的背景和轨迹，个人 IP 的形成和孵化也存在较大的偶然性。如果仅仅局限于一定的社交圈层，"妙云先生"的个人 IP 很难有更好的发展。

我们通过文化新经济的"NECTIS 理论模型"来分析"妙云先生"这个 IP，可以看出，未来场景式引导消费者的消费模式会保留下来，核心应该在于品牌影响力。依据这个研判，萨博新经济中心联合"妙云先生"在北京最具文艺气息的北京坊开设了"妙云·间"生活方式体验馆。体验馆紧紧围绕文化新经济的新业态、新消费、新增长的理论核心，从吃、穿、用、度四个维度衍生出妙云素食厨房、妙云织造等四个具体业态，为中产阶级中式生活提案。体验馆将"妙云先生"原有的业务方向进行了立体整合，实现了生活美学的场景化，形成妙云生活方式的载体。不但将原有客群进行了二次开发，而且依靠地段优势、口碑传播等，开发出新的受众，成为进行快速全面业务布局的点睛之笔。

最后，妙云秉承文化元素为内在驱动的文化新经济理念，量身定制了自身的商业模式。值得一提的是妙云织造，在充分借鉴了国外奢侈品定制模式的基础上，与非物质文化遗产的产业化进行了创新性结合。

中国的非物质文化遗产数目巨大，国务院先后于 2006 年、2008 年、2011 年和 2014 年批准命名了四批国家级非物质文化遗产名录，共计 1372 项非遗项目。其他各级政府命名的非遗名录项目，总数更是达到十万之巨。与纷繁的非遗项目数量形成巨大落差的，则是非遗项目极低的活化率。超过 90% 的非遗项目缺乏明晰的市场化转化思路，导致其中很多项目成了"死的文物"，只能摆在博物馆里，无法走进大众的生活。由于项目影响力小，非遗保护传承工作也面临巨大压力。

工业化、城镇化背景下的非遗保护命题，本质上是文化传承如何应对自然和社会环境变化的挑战。这就需要谨慎处理经济建设与文化遗产保护的关系，努力保持文化生态环境的可持续平衡，悉心维护和改善优秀传统文化的传承条件，以利其他传承人学习借鉴和研究，或在适当环境下实现复兴。当下非遗保护工作有一个重要理念，就是"见人见物见生活"。要支持非遗实践回归社区、回归生活，让非遗在千家万户的日常生活中得到体现和传承。要采取多方面措施，帮助传承人群提高传承能力和当代实践能力，扩大公众对非遗的认知和参与，努力扩大优秀文化遗产的传承和传习人群。

文化新经济是以文化元素核心为内在驱动，在产业发展上，从经济发展的量化指标来衡量，注重文化元素的提炼，致力于通过文化的内在价值推动存量经济的发展。妙云织造在非遗活化上的探索紧紧抓住了文化新经济的精髓，深刻学习、引进西方奢侈品定制的商业模式，同时因地制宜进行中国化的调整改良，与非遗文化的传承进行有机结合。它已将非遗元素提炼成"妙云织造"旗下奢侈品的重要元素，满足了消费者对文化、对个性的消费需求，在产生经济效益的同时已产生巨大的文化和社会效益，使非遗项目在消费升级背景下的附加商业价值得到充分挖掘，实现了自我造血，重新焕发了生机。与此同时，妙云织造也在此过程中逐渐形成 IP，未来在为其他非遗项目的活化提供参考的同时，也提高了自身品牌的附加值。

文化新经济作为产业的前沿领域，有着巨大的探索空间。正所谓"天高任鸟飞，海阔凭鱼跃"。无论是妙云、家传，还是其他相似的文化驱动型初创机构，虽然各有特色，但都在用扎实的商业实践去探索新的发展机会。作为国家级文化新经济开放型公共服务平台，文化新经济育商体系愿与它们并肩同行，见证它们走向辉煌。

文化聚落与创意社群的新范式
——以范特喜台湾文创空间为例

刘睿　钟俊彦 [①]

与其说是缜密构思，不如说是许多美丽的缘分让范特喜悄然从台中市美村路一段 117 巷周边一平方公里的场域萌芽成长，迄今已拓展至台湾地区的六个聚落和江苏省无锡市、浙江省杭州市的微创文化聚落，并且逐渐走向国际，通过合作交流模式陆续在日本香川郡北滨、卢森堡等建立微创文化聚落，还积极规划建立越南胡志明及泰国清迈聚落。

范特喜团队坚信一个城市的进步，不在于豪宅盖了多少，而在于生活其间的人们能不能时时感受到幸福的小氛围，让"你的生活成为我远道而来的风景"。因此，围绕"一平方公里的梦想"，范特喜在六年间通过"空间改造、聚落融合与社会观察对话、陪伴孵化"三部曲，萃取当地的文化肌理，尊重原有的商业脉络，打造共创、共享的生活聚落，形成以社区为主体的区域发展，践行企业的社会责任。在此过程中，范特喜始终强调生活的态度和信仰的价值，将现代与传统整合串联，通过城市活化、城乡交流、社区对话、体验经济等营造亲民且具有人文韵味的场域，促进记忆的延续、绿色的觉醒、创造的热爱、梦想的加乘，从而努力用"人的故事"丰富温暖城市的生活。

范特喜是聚落而不只是店铺，是生活而不只是贩卖，是产业而不只是商品，是国际而不只是在地，是有机体而不只是现况。有心人，天不负。这些年来，范特喜因对文创事业的真诚付出载誉无数，先后获得台湾文化事务主管部门文创精品奖、创新服务奖，经济部中小企业处破壳而出企业，台中市

---

① 刘睿，上海大学文化新经济研究院秘书长；钟俊彦，台湾范特喜微创文化股份有限公司创始人。

政府都市空间设计大奖，La Vie 台湾文创产业百大评选文创聚落前三名、文创领军者前十名。

一、台湾文创产业与创意街区内涵

城市的出现，是人类群居生活的高级形式，也是人类走向成熟和文明的标志。城市丰沛的创造力，是文化与文明发展的重心。如今城市经济与社会问题日渐突出，许多戏剧性的变化正在发生。如果城市要继续成长，必须有一个转变的典范来描绘本地居民的创造力，即从经济着手，激发城市领导者与市民主动投身其中。

近年来，世界各国纷纷将文化产业作为重点来发展，积极推动国家经济良性成长。德国柏林、美国纽约苏活区、英国伦敦的克拉肯威尔，这些世界闻名的观光城市，伴随着文化创意产业的蓬勃发展带来的大量人流，产生了非常可观的经济效益。一座座如此炫彩夺目的"创意城市"，就是伴随创意聚落、创意街区而兴起的。

面临全球化经济冲击的台湾，也开始认识到文化创意产业不可忽视的力量，将其纳入重点发展计划。目前，台中市以文化经济作为城市发展主轴，以美学、慢活、悠闲的态度走向新的艺文阶段，期望借文化创意产业来提高城市整体文化水平。与文化资产较为相关的"运用古迹空间活化""闲置空间的再造利用"等问题迅速成为社会焦点，创意街区、创意聚落等新型产业形态在台湾遍地开花。

台湾文化创意产业不只需要用文化、生命、形式的美感引发民众共鸣，更需要有独特的文化服务，锁定目标市场，建立完整产业链，善用一切资源传播推广，降低大量财务风险，提升营运及市场综效并赢得永续经营力。东海艺术街、20 号仓库、创意市集、户外圆形剧场、文化创意园等，都可窥见台中市力求转化为文化城市的用心。走在台中大马路上感受一个城市的热闹繁荣，隐身于巷弄内宁静缓慢的空间氛围，充满艺术及人文气息的各式风格的建筑物，艺廊、展演空间、主题式餐厅、人文咖啡店、艺术创作工作室、设计工作室、DIY 手创小物等，其中的人、事、物皆让人忍不住进入一探究竟。身处其中时，各种不同的故事呈现能带领大家进入不同的想象空间，让人得到新的感触体验。从台湾美术馆、勤美诚品、草悟道到科博馆整体以带状区域发展的街道巷弄里，一股强大的文化美学力量正在蔓延。

台湾行政事务主管部门"文建会"在 2002 年 6 月修订的"文化艺术奖助条例"第 9 条中提及：公有建筑物所有人，应设置艺术品，美化建筑物与环境。借由公共政策的制订，提升台湾公共空间的文化水平，创意街区成为艺术生态、文化政策、城市建设与规划、建筑与环境设计、都市社会学、文化地理学等各领域中不可或缺的一环。正因为创意街区是在公共空间的范围加以实践，创意街区的设置就成为城市形象的新表征，创造了大众对于土地视觉符号的记忆，并在改变空间结构后给予其新的文化意象，提升民众对于艺术空间的生活质量及美感的要求。

创意街区，是创意城市的重要元素。几十年来，台湾有许多高密度文化创意产业群聚的地方，这些原本隐匿在巷弄中的群聚点如今已经开始展示其自身的力量。同时，台湾不少街区陆续出现创意店家的群聚现象，创意街区逐渐成形。当然，创意街区的发展离不开台湾体验经济的兴起、文创产业从业人员的增多，以及当地主管部门对文创产业的推动。创意街区逐渐聚集了众多的艺术创作者、创意工作者，他们彼此间的交流让创意及灵感不断迸发，整个街区也因文创产业的熏染逐渐散发出文艺、清新的氛围，使得当地形成一股特殊的人文气息，因此吸引了众多居民及外地旅客的到来。

观察创意街区的形成过程可以发现，创意街区的基本要素是空间、创意（艺术）、聚集。大多数的创意街区一开始都是一个闲置空间，改造过程可能是旧建筑再利用，或新开发的区域间隔出许多各式各样的小空间，如独栋式楼房或以平方米数计算的小店面等。这样的闲置空间聚集有关创意或艺术的工作者后，才形成一个创意街区。

创意街区所应具备的特质，从创意城市的评价指标中可以清楚地得知。创意城市的核心价值在于启发城市找到自身的发展潜能，然后结合当地文化资产及地方特色，借以提高城市的竞争力，打造创意经济。创意城市相当于一个"观念城市"，它主张改变心态能激发意志、承诺与活力，能让人们重新看待城市的潜在价值，从而运用人的想象力与才华，使城市更适合居住并展现出活跃的生命力。

创意城市评价指标如下：

①创意能力：不仅在于吸引创意阶层的能力，还有将潜在的优势转化为新观点，提升创意经济的产出，推动区域经济增长的能力。

②创意环境：包括硬件、软件，通常是指整个都市、都市的某一区、某一特定区域，或几栋建筑物的创意环境。城市中硬件设施的质量、数量可利用性和多样性，是激发城市创意的基石；软件设施就如同开放的社会政治环境，市民对城市具有强烈的归属感，是城市创意能力的载体。总体而言，创意环境不仅受到硬件设施的影响，而且更多地受到软件设施的约束。

③创意活力：城市活力与生命力（urban viability and vitality），是城市天然的源泉。创意如同活力的催化剂，活力是创意过程的核心。生命力指的是永续性、适应能力、长期的自足和自我再生。对一座城市而言，城市活力需要加以聚集以形成生命力。在创意经济时代，需要透过创意的过程去开发城市的生命力与活力。

根据台湾"文建会"颁布的文化创意产业发展规定施行细则第10条，文化创意聚落是指文化创意事业高度聚集的一定的地理区域，不以同一建筑物、同一街道或行政区域等明确界线划分为限。艺术或创意工作者会因为特定区域的人文氛围、景观建筑艺术或文化资产而聚集，透过开店贩卖创意商品及服务等，使这些旧有区域注入新的生命力，即为创意街区。不同于传统文化创意园区概念，创意街区为民间创意工作者自然形成的创意聚落，无须当地主管部门投入大量资源进行整体规划。

从以上要点细则中可以发现，创意街区并不是以官方政策或都市计划强势引导形成的，而是由民间团体的商家、创意工作者通过多年的自然聚集形成的一种群聚现象。因此，它需要时间累积，需要结合多种条件，包括街区特有的外貌条件，内部空间营造，创意工作者的业态分布、经营形态，从而打造出独特的街区风貌、氛围与魅力。

城市里的街区，依据其不同的功能和特性，被塑造出不同的文化内涵，成为营造城市形象的基本元素。城市形象作为一般大众对于不同城市的发展现状、形态及未来趋势的观感和评价，日渐成为影响城市生存、竞争和发展的重要因素。创意街区是一种具有美学价值、能够突显城市形象的文化资产，也是塑造城市意象的一种符号象征系统，并反映其社会价值、意识形态及展现文化现象。创意街区具有流动性、创造性与永续发展性，不同城市的性格与其中的市民为了追求更理想的生活质量与自我提升，建立起对当地文化符号的认同，从而凝聚街区意识，形成独特的城市魅力。

台湾的创意街区已经培养出相当的能量，正要发光发热，台湾文化创意产业是以文化产业化为起点的，将社区总体营造作为主要途径，围绕地方文化而展开。创意街区就是一种区域性质的文化产业化。每个街区拥有不同的特色，更因为形成背景的不同，拥有独一无二的故事内容。只有把区域特有的风格美学推广出去，才会让创意街区更有生存的意义与内涵，而不是沦为每周双休城市人打发时间的观光景点。

路是连接街区的通道，人们对一个地区的印象往往是从路边的景观开始。城市中的建筑、街道等诸多元素，对于一座城市的兴衰与发展有相当程度的决定性。近年来，不同城市都开始进行艺术造街的规划，不管街区没落是因为城乡发展规划所引起的，还是因产业没落而发生，大家都期待借由视觉所带来的奇观，激发出观光经济的契机。艺术在城市形象中是视觉领域的文化资产，其实用意义便是以视觉环境的美学、艺术价值带动其经济价值的实现。在一味倡导美学经济的时代里，如何改变只重视形式美感的艺术造街，如何重新塑造创意街区的文化风采，以及摆脱过度商业化的枷锁，其发展过程值得我们探索和深思。

二、范特喜：用理性的方式制造小确幸

有感于台中老旧弄巷的温存记忆，2011 年初，钟俊彦与朋友共同创立了"范特喜微创文化公司"。范特喜从台中市美村路 117 巷萌芽发展，从一幢屋龄有四五十年的 1 号店开始。

台湾每家微型企业的总人数一般不超过十人，规模虽然小，但在台湾经济中非常重要。尤其在 2009 年以后，因为金融海啸带来的倒闭潮和失业潮，台湾兴起了创办微型企业的风气。目前总共约有 94 万家微型企业，台中的

微型企业更是占了总量的近 80%，它们也自然形成了一个庞大的寻租群体。同时，经济低迷让地产持有人对市场缺乏信心，无论租售都相对倾向于迅速出手。

在这种形势下，最早从事土木工程和室内装修业务的范特喜，开始从活化都市闲置空间和租赁给适合的微型企业的角度进行思考。范特喜的姿态从最开始就是理性务实的，所以从成立起就摸索设立了一个未来十年发展目标的蓝图。

范特喜成员不断提出创意，每年都有新的探索。2012 年，范特喜以素人烘焙实验室为主题拓展到中兴街与向上北路一带，完成范特喜甜点森林项目。2013 年，完成承租十二栋自来水公司的老宿舍在中兴一巷的绿光计划。2014 年，在模范街巷弄注入民艺概念，希望能更加深与社区的联结，形塑模范社区；同年二月成立绿光原创育成中心，希望透过育成中心的设置，努力用"人的故事"延续一个城市的轨迹。范特喜以"绿色觉醒""记忆延续""创作热爱""梦想的加乘"为核心概念，在 22 栋建筑物里提供 50 位以上的创作人进驻，进驻店经营类别包含复合餐饮、绘画、插花、植栽、独立书店、创意发廊、甜点烘焙、手工木作、冰激凌、咖啡等。通过更多地分享空间，让更多努力创作平民艺术的人追逐梦想，丰富城市的生活。

就这样，范特喜从 1 号店一路开到 12 号店，再加上后来承租自来水公司老旧员工宿舍执行绿光计划聚落，至今进驻范特喜的文创店家已经达到 55 个。台湾传统在地制造生产业者也来此设点开店，范特喜成为规模不小的文创聚落，逐渐在全台打响名气。结合文创与社区的范特喜绿光计划，如今也成为台中旅游的知名景点之一。

范特喜有大约三十个员工，室内设计、工业设计、商业设计和土木工程的人员占四分之一，营销人员占四分之一，育成（即孵化器）人员约占三分之一，余下的则是洽谈空间、后勤资源等的人员。时至今日，育成和空间的寻找仍然是范特喜工作中很重要的一个区块，约占每日 70% 的工作量；其次是创造体验和情景，包括绿化、装置、音乐、小型活动。另外，在行销方面会做宣传、讲座、展览；渠道方面则会和百货公司、诚品进行交流。范特喜的十年计划分为三部曲，分别是产业微型化和聚落化、育成与合作、生活聚落。

1. 产业微型化和聚落化。所谓微型化，以食品为例，就是有人专注做油，有人专注做糖，这样细分后将好的制造者、好的产品带进市场曝光。聚落的形成则是如下情景，范特喜有五十多个店铺坐落在直径一公里的大圆圈里，周围有四条大马路，车流量大，需要休息的人群一般不会立刻跨越马路走掉，正好为圈内的店铺带来人流和消费。招商时，范特喜希望是原创设计的门店，或者至少是自创品牌，比如具有独特店主风格或经营方法的买手店。此外财务测算要基本合理。第三则是看人，希望创作人能有抗压力，不容易随波逐流。最早的一批 60% 的承租人员都还在坚守，而且这五年不管多辛苦，都没更改过自己的营运项目。至于离开的 40%，部分是因为做得不好而离开，但更多的是壮大之后搬去了更大的空间，之后与范特喜再合作的也非常多。

2. 育成与合作。随着育成平台的建立，范特喜与商家的合作关系从简单的租赁合作增进为更为复杂的商业合作，从建立双方的互相信任开始，彼此消除认知的落差，商业模式的探讨也就建立在这样的互信基础上。在这种深度的合作过程中，范特喜和文创业者之间往往超出单纯的商业合作关系。曾经有位优秀的设计师面临运营困境，范特喜为他减免了房租，如今这位设计师的作品开始入围台湾金钟奖，事业有了较大起色。街区内十分之一的店铺由范特喜自营，他们打算保持这个比例，使进驻的人感觉主客两方是一起打拼的，借此也可以了解游客状况。范特喜同时试图通过和当地主管部门、学校合作，解决微型化后专业知识不够或资源不足的问题。文创业者渐渐意识到，台湾实施的在地文化决策（又称一乡一特色）可以成为创作素材，但他们往往对工厂的机器或材料限制非常不熟悉，创作时很容易在方向上就错了，要获得商业利益更是困难重重。因此，范特喜着力去寻找与地方产业的连接，希望能将地方产业加入微型化的过程中，将工厂、工匠、材料的知识传授给文创者们。

3. 生活聚落。范特喜的获利方式早已超出单纯的租金，开始通过旅行、线上线下虚实整合及空间的拓展获益，最终目的是做成一个生活聚落。旅行方面，范特喜做了房间少而精的背包客栈，同时还建设了亲子主题区。除了台中，范特喜也走出市区，挑选了一些有特殊人文、地理环境的地方建设文创聚落，如国民党在台临时居住的清水眷村，以及海拔 1400 米的赛德克人原住民部落。在郊区的运作自然比市区困难，首先面临的问题就是人口基数小，但文创产业中需要的一些农业、传统工业等元素又确实难以移动至都市，于是范特喜决定利用空间改造这个强项，依循这些商业区原有的脉络，通过资讯和商业包装的方法去推动。街区累积了一定店铺之后，需要耗时一天以上，范特喜又不失时机地开始和网站合作，建设了一个文创业者可以发布内容并募集资金的网络平台。同时，通过游戏和点数等激励手段，将线上客流导入到范特喜线下的实体空间。除了常规的商业空间，范特喜还设立了展映空间，平均约每十间店铺就会有一个共享展映空间。这些非商业性的展览、表演、讲座，成为街区中常常更换、总有新意的灵活内容，也吸引了更多民众参与。为了减少运营成本，范特喜也开始与一些街区外的设计师进行短期的活动合作。这种 pop-up 的形式既增加了街区的丰富性，对街区原有的设计师也是一种刺激，但又不会造成长期竞争。

三、2 计划 6 聚落推动范特喜成长壮大

计划 1：绿光计划

当初的自来水公司宿舍像个小社区，建于 60 年前。范特喜利用日本长屋的概念，把过去街坊邻居在马路上聊天的画面，以及原本在街上的生活方式拉到平台上，在一楼将一栋一栋的空间联结起来，在内部史以玻璃屋取代了原本的墙面，加强视觉穿透性。绿光计划的营运主题，除了延续 117 巷持续以空间扶持创业青年外，也对欲转型的传统产业伸出友善的手，希望街区中年轻人的创意以及范特喜的资源，能和拥有精湛技术的制造业融合成巨人，让某些产业的美好工艺并不因为时代变迁而消失。

范特喜团队希望绿光计划如同它的名字一样，能将绿色及阳光洒入这里的社区。荒废多年的自来水宿舍经由空间重整后，不同类型的微型创业者以及传统产业的业者得以进驻。绿光计划主要希望传统产业能与创意的设计融合，让人耳目一新，也希望能与社区居民有更多良好共生的生活，让旧有的建筑产生的感动力，再结合文化创意的加持，使进驻在此的微型工作者能发挥更大的潜力。

范特喜每年的营运主题皆有所变化，到年末会检讨整年的得失，融合新的议题，讨论出隔年的新目标。2012 年是范特喜启动绿光计划的第一年，秉

承四大主题，即记忆的延续、绿色的觉醒、创作的热爱、梦想的加乘，作为经营绿光的核心。

（1）记忆的延续：空间是有生命的，每一片砖头都积累着这里发生过的故事。因此，2012年改建绿光计划时，范特喜保留绝大多数的宿舍砖墙、局部地板复古花色瓷砖，以及生锈的铁花窗，希望不只是赋予老旧建筑一份新生命，更是将蕴藏在时间中的记忆也保存并发挥。

（2）绿色的觉醒：以绿建筑的概念进行老屋改造，让斑驳的红砖在阳光下被各式植被覆盖，盎然绿意为沉睡的老屋增添更多生机。

（3）创作的热爱：范特喜从在美村路117巷的经营经验中，发现不少前来寻觅空间者，都是创业新手，起初难以负担市中心的空间成本。为此，他们将每座场域切割为微型空间出租，降低承租人经营成本，鼓励新手维持创作的热爱。

（4）梦想的加乘：所有的创业家都是各领域的创作者，怀抱偌大梦想前来。范特喜期许自己的角色，一是能成为一个让这些创作者好好发挥能量的载体，并尽可能提供资源，与他们的热情互相加乘；二是期望范特喜场域因共处其中的承租户分别给予精彩的个性，激荡出各种经营的可能性，跨领域融合能为有限空间激荡出无限价值。

计划2：候鸟计划

候鸟计划是范特喜从前面几年的经验累积下来后，再渐渐转化出的模式。如前所述，透过空间，让资源相互交换。然而，在乡镇的人口、交通与许多配套条件都不比都市完整的情况下，拥有资源并有信心在毕业后就把在都市所学带回乡镇执行的青年并不多，领头羊的出现更是关键。因此，范特喜在各个聚落蹲点的过程中，首先落实各种商业模式与各类型活动举办的可能性，利用举办生活工作坊、讲座、市集、策展，找到一、二级产业合作，学生实习招募等，让更多观念与形态进入社区。

透过在各县市的聚落或工作站整合成范特喜的候鸟计划，让资源能够互相交换及链接，包括宜兰乌石港、桃园杨梅、新竹关西/竹东、台中西区/中区/东势、云林斗六云中街、高雄美浓等，期盼以生活聚落为基础，结合在地文化与当地传统产业资源，重现家乡的记忆与美好，发展出与地方平衡的商业模式。由此让大家看到各种可能，能参与更多乡镇的议题，进一步拥有属于自己的生活文化风格。范特喜发展至今，已形成宜兰聚落、新竹聚落、台中聚落、云林聚落、高雄聚落及神秘聚落等六个文创聚落。

（1）宜兰聚落：宜兰乌石港位于头城北端，是东北角山海交界的停船港。若仅有游客，美好的风景在被人欣赏时也会遭到污染。但一旦有人在此生活，人与环境就会产生流动，就有机会用自然创造的免费资源，换取一点在地植根的养分。位于宜兰聚落的黑潮书店，原来是乌石港游客中心的展示空间。范特喜将其建设成一个书店后，这里就变成了一个供游客阅读的开放空间，以服务区为骨架，服务地方文化建设及深度旅游。宜兰聚落未来还将引进店铺、工作室、微型展场等不同的空间形态。

（2）新竹聚落：2015 年新竹县政府文化局 "小镇 way 道—打造关西文创街区" 议案由范特喜中标，范特喜开始进入新竹关西，并选定全台湾最短的中正路为主要轴心发展。关西因人口逐渐外流，整体上居民偏向老人与孩童，中正路也因许多当地人向外县市发展，空间变得闲置下来。在数十年无人居住的情况下，老屋得以保留了原本的样貌，但同样因此而年久失修，损坏十分严重，许多空间后方屋瓦倒塌、百年土墙崩坏。范特喜以一年改善五个空间的脚步，陆续改善了十间闲置空间，以修缮的空间吸引在地人、回乡青年等进驻。后续空间将让各进驻业者自由发挥使用，借由每一位业者进驻不同性质的内容，搭配周遭原先已有的特色景点，将全台湾最短的中正路革新为一个文创街区。

（3）台中聚落：范特喜所有聚落中最早发展起来的聚落。台中市草悟道尚未开发时，附近的市民广场是这个区域的中心。位于台中市美村路一段 117 巷内的这一条特色巷道，原本是一条不起眼的小巷，两旁尽是一些破旧不堪、想出租也乏人问津的老房子，但因为范特喜微创文化的加入，塑造出崭新面貌。现在各店铺都有各自的特色，建筑外观、空间配置、橱窗摆设、商品及营销方式上的创意，在美村路一段 117 巷内随处可见。随着更多空间被整合进来，贩卖的商品及样式的多元性也会逐渐扩大。

台中聚落代表性店铺如下。117 巷 1 号店分布了 LABBITO 东京可丽饼、FFANY & FANCY 草悟道品牌选货店、WhyNot 手创等店铺。LABBITO 的老板是一位日本人，在草悟道周边一共开了三家店，早午餐、轻食料理的 LABBITO Café、LABBITO Salon 美发沙龙，以及 117 巷里的东京可丽饼（特别聘请日本师傅制作地道的日本软式可丽饼，有别于一般常见的酥脆饼皮）。FFANY & FANCY 草悟道品牌选货店贩卖数个世界知名品牌与台湾设计师品牌，混合最新流行单品，创造时尚新价值。WhyNot 手创集结了 50 位台湾文创设计师的作品，其中有 30% 都是独一无二的限量版，商品种类也非常多样化，覆盖布包类、金工饰品、插画周边创作等类型。

"路地手作り氷菓子"是 117 巷 8 号店的一家店铺，"路地ろじ"的意思是小巷弄。喧闹的街道转个弯，店铺就在台中勤美绿园道宁静的小巷里，洋溢着新鲜的鲜奶香气，是最独家的美味。不仅有浓郁绵密的口感，对于食材及质量更有严格的要求及一贯的坚持。延续这份坚持，他们接连在存中街、文心路开设了路地氷の怪物人气冰店。

117 巷 5 号店进驻了小巷爱乐芬花草铺、蔓蒂美甲花园、Minus Hair Salon 减法发务工坊等特色店铺。小巷爱乐芬花草铺的店内陈设着各式各样的花草、干燥花等材料及作品，贩卖小植栽，同时也有花艺设计、景观设计等。范特喜中有很多店家的植栽、景观设计，皆出于小巷爱乐芬。蔓蒂美甲花园专门提供可卸式凝胶指甲服务、手足保养及定制化指甲彩绘。Minus 减法发务工坊则秉持"简单，亦不简单"的执念，不仅仅是剪去发丝，更是剪破对沙龙的刻板印象、剪断旧思维的束缚。

9 号店的新手书店安静伫立在巷弄转角中，从一本盖着的书本的概念发想，书店设计了两处大片的玻璃窗，以书店内的光源与书作背景，且定期会看见一串串精选的文字呈现在玻璃面上，吸引每位经过的朋友停下脚步流连于此。新手书店的伫立，增加了人与人之间的温度，也提供了一处人与人交流接触的空间，并通过空间的分享串联起不同的思维分享。

7 号店的甜点森林是由一栋近五十二年的老房子打造而成，范特喜团队将闲置的老空间承租后，重新装修内部空间，于 2012 年以素人烘焙实验室为主题完成"范特喜甜点森林"聚落。四家甜点店铺在此烘焙自己的甜品与喜爱甜点的朋友分享，并引入古典吉他演奏，让在此品尝甜点的朋友聆听音乐的美好。

除 117 巷外，位于台中市中兴一巷 2-26 号的绿光 +marüte、藏香经典首饰、Cani 生活、富雨洋伞等店铺也十分具有文创特色。绿光 +marüte 是一个展览空间，透过这个开放空间让大家参观各式展览活动，与当地环境、附近的居民学习沟通互动以及尊重，创造出不同于时下商圈的氛围，延续着老巷弄与人之间的生命故事。藏香经典首饰店里收藏了西洋各式经典时尚首饰、服饰等设计师作品，从这里穿越到巴黎、米兰、纽约，从现代穿越到美好年代、维多利亚时代，仿佛可以任意地穿越时空，置身于欧洲的宫廷中。Cani生活有机棉通过了SGS毒物安全检测，不含甲醛、八大重金属等有毒物质，内材为日本大厂原物料，由15年以上经验的老师傅一针一线亲自制作；坚持全程台湾制造，更获得睡眠障碍协会推荐、台湾地区质量保证金像奖的肯定及欧盟规范认证。富雨洋伞是本土的雨伞制造商，老板夫妻俩皆是制造伞骨出身，初期以设计、制造伞骨为公司主要产品；2006年开始制造成品伞，夫妻俩对于这块领域是陌生的，加上在伞面设计上不懂得如何去迎合消费者的需求，起初并不受欢迎，但对于伞骨、伞布、伞头等质量、材质却是严格要求，坚持制造耐用的伞——也就是这样的坚持，让富雨洋伞持续成长，成功销售到全世界。

（4）云林聚落：又称云中街生活聚落，是由云林县历史建筑斗六警察旧宿舍群改造而成。该宿舍群约建于日据时期昭和12年（1937），提供给警察眷属居住，2005年登记为历史建筑。2015年起，出于对历史记忆保存的热爱，范特喜希望将云中街的在地特色、生活创意、社区经营与创新创业结合，提升社区居民幸福感，建置一个结合在地认同、在地特色与关怀的幸福驿站。

斗六市云林县是一座具有历史人文积淀的都市，也是县政府之所在。随着都市建设的发展，原本以斗六火车站为中心的商业活动，逐渐往云科大的方向转移。纵观过去几年，由于以文化创意或社区发展议题整合的力量较为分散，因此并没有呈现出比较吸引人的风格。

云中街位于斗六市人口较密集的区域，离车站步行约十分钟路程，在建筑风格、社区气氛及量体上可以作为斗六市的亮点。范特喜在观察及访谈一些在地朋友后认为，打造云中街生活聚落，第一步要提供空间环境，以共好、共创吸引青年力量投入；第二步以活动、商品流动建立互动体验；第三步以网络及育成机制辅助理念、信息及商品的传递贩卖；最后以旅行的概念将元素全部串联。因此，范特喜将本计划的主题定位在"社区共好共创、艺术表演、农业、数字影音网络、旅行"这五个方面。希望能够透过记忆建筑的呈现、虚实体验的整合、社区的共创发展，利用斗六市作为县制行政中心的优势，达到社区串联、发展的功能。

①社区共好、共创：由于计划区域有富有共同记忆的日式宿舍历史建筑，可以凝聚社区共同话题和情感。再加上太平老街、三小楼、战时指挥遗迹三三小栋、行启纪念馆、云林溪、西市场、火车站等，可以串连成一个足够的空间及社区体量，结合各种商业、活动、育成及旅行。除了提供在地民众一个实现想法的地方，也希望吸引愿意返乡投入者，给他们一个好的起点。先期以年轻人为主要参与投入对象，后续再做扩大战略。

②艺术表演：以乡镇美学、文化进入社区的概念，用戏剧元素作为主题，将艺术表演、文学、音乐、共好、育成的机能置入在空间里，让更多人能够欣赏到藏于乡野的艺术、民俗等。

③农业：云林以农业定位，有着非常丰富的农业资源，希望运用这个空间场域延续成功办理农业博览会所累积的成果，将农业的信息以环境教育、地产地销等概念呈现。

④数字影音网络：数字影音的引进可以增加内容的丰富性，同时不受空间和距离的限制。网络的应用，除了传统的网上购物，还有群众募资、广播、频道、各种电子商务的应用，都可以突破传统的商店、商圈的经营概念。

⑤发展旅行业：当人、商品、活动、体验、育成都建置好之后，可以再用旅行的概念连接更多的特色乡镇景点，将整个计划整合打包，做最完整的体验服务。

（5）高雄聚落及神秘聚落：这两个部落均处于初级发展阶段。高雄部落的河岸事务所旨在传递温度，找回环境和人最初相遇时的感动，兼具共享空间的概念，提供文创商品贩卖平台及交互式课程，借由课程分享创作者理念，让民众体验一件作品诞生的手感温度与用心。透过接受育成辅导以及与微创伙伴共创一个展售平台，这个共享空间里没有任何框架的局限，创作者都能有一个直接与大众进行交流的分享平台。神秘聚落的然后工作室是在成员的一次交谈中诞生，站在肥皂箱上的工程师在思考着"然后"要说什么。当我们使用土木工程所依赖的工程力学、流体力学、水文学、材料科学、工程管理，再加上生态、社会、建筑、人类行为等，每件事就都有了更深的含意。核废料埋入地底下数百米就好了吗？污水排入大海就好了吗？交通不便的两个城镇用隧道、桥梁联通就好了吗？因为都市人口涌入就要盖更高的大楼来容纳吗？工程上理所当然的答案，数十年或数百年后还是一个好的答案吗？然后呢？属于神秘聚落的"然后"工作室就这样建成了。然后工作室成员表示，他们会在不断提问"然后"的过程中找到一个方法去做自己想做的事。

在台湾地区不断深耕拓展的同时，范特喜也逐渐走向大陆，走向国际，通过合作交流模式陆续在中国江苏无锡市和浙江杭州市，以及日本香川郡北滨、卢森堡等地建立微创文化聚落，并积极规划建立越南胡志明及泰国清迈聚落。虽然在岛外的范特喜聚落规模不如台中，但在岛外设置据点使范特喜得以与全球文化创意家互动交流，开拓了国际化的文创视野。

四、文创即生活，生活即文创

品牌的独特性是创意街区能够吸引大众目光的关键。文化就是生活的内容、生活的记录、意象的内涵，如何将创意的生活与巧思点缀其中，又如何呈现打动人心的设计，进而建立起自我的风格形象？面对未来的竞争不只靠设计、艺术这些外在的创意思维，更重要的是整合各种美学的素养，提高品位，注入文化价值。

对范特喜而言，文创不是商业，而是生活。文创品牌就是以浓厚的文化底蕴及参与感、互动性和情感上的贴切，吸引消费者热捧。在商业与文创的结合中必须强调"生活美学"的宗旨，强调对生活的体验，注重对"人心"的关注与反思。范特喜跳脱出台湾把文创框起来、区隔开的思维，秉持"文创即生活、生活即文创"的理念，透过协助文化创意微型创业家顺利创业，落实生活处处是文创的核心理念。范特喜以"创意制作"类别的店铺代表其精神的发展及品牌的辨识度，希望让人们在食衣住行育乐等方面都能拥有更多的感动，让消费者在体验创作及创作的感动中感受到范特喜的生命力。

1. 旧空间改造，汇聚文化创意聚落

改造了台中117巷这条街区后，就宛如设计师有了一本作品集，范特喜接着锁定附近中兴一巷的自来水公司旧宿舍，承租下来并着手建立社区关系，为未来的空间改造及营运先行建立友好的生活互动。范特喜团队将闲置老旧建筑结合绿建筑的概念，进行空间改造，并将空间分割成13—33平方米左右的空间分租给文创业工作者，开启与巷弄生活的居民共生的联结，各类型不同产业的微型创作者进驻范特喜的聚落。在考虑不须注入太多资金的前提下，范特喜帮助这些原创工作者致力于创作，开发属于自己的原创商品。

在旧建筑改造方面，范特喜统一管理的方面有三部分，包括建筑外观、植物、围墙及铁窗。范特喜认为，旧建筑再利用并非一次性地将整条街做大规模改造，而是一间一间慢慢进行。通过招商和承租人的意见回馈，保留原房屋的部分结构，改造时并不对整个结构进行大幅改变。范特喜在对旧房子建筑外观进行改造时更重视周边环境维护，在各店前均设有植栽，起到绿化环境的作用。旧建筑中所剩的废弃建筑物如旧木板、铁窗等，经过再利用成为新建筑的装饰，把窗花或木门悬挂在天花板上，也是另一种风景。这也是情感或记忆得以保留的一种方式，能重新诠释其文化内涵，让消费者仍感觉出原有元素的存在。利用老旧房屋，展现出对文创的热情并保留老屋的历史，加上各式特色商品让氛围跳跃，塑出城市角落的另一个故事。

一个真正不朽的建筑物应该是顺应时代的变迁，并在时间轴中找到一个专属于它自己的位置，也于人的心中找到一个不朽的地位与记忆。意大利的新理性主义建筑师罗西曾说过，城市的动态发展过程趋向于演化而非保存，在演化过程中，纪念性建筑将保存下来同时形成城市发展的推进元素。那么，旧建筑再利用就是一种把旧的建筑重新整理，重新使用的规划设计行为，从而在旧建筑的生命周期内改变原有的用途使用或重新组构建筑物的关系，使之成为改造环境关系的新活力。现今台湾民众面对旧建筑再利用的态度大致分为以下三种：

①全然摧毁：如淡水老街，整个都市空间因经济因素而被摧毁

并更新，从此又是另一个历史断层，整个城市企图塑造一种前进的时间感。

②全然保存：如鹿港街区，一部分街区保存既有的风貌，然而仅是表面保存、只能永远以观光景点的角色呈现，企图塑造一种静止的时间感。

③新旧共置：如迪化街，试图在经济与文化间找寻平衡，态度较前两者更为周全，但却处于一种对立的紧张状态，甚至为对方带来负面影响。旧建筑必须能随着时代脉动而变化，任何有历史的地区在空间议题上必定面对"新加入"与"原存者"之间的相对关系，而其关系的和谐与否直接影响空间的质量与风貌。

2. 打造文创社群，推广台湾文创分享经济概念

从老屋新造出租空间给微文创企业，再发展到成立育成中心辅导更多新创公司的发展，范特喜堪称台湾唯一一家微型文创创业的一条龙服务商。在建立起这样的实力之后，范特喜持续往前推进，进一步朝虚拟空间发展。

2015 年，范特喜投资成立河洛创意科技股份有限公司，目标就是为了打造台湾独一无二的文创社群网站。执行长吕英裕说，一开始他们只是想要帮店家在网络上做营销推广，之后点子愈想愈多，于是开始规划在网络上做一个文创社群。目前，范特喜已经与 8 个文创聚落讨论合作，拟邀请 8 个聚落商家进入社群，未来目标则是联结到台湾的 16 个文创聚落。

与一般社群网站如 FaceBook 或购物商城如 PChome 商店街不同，范特喜的线上文创社群将以商家背后的创业故事为主轴，吸引对文化创意或创业有兴趣的族群。只要成为会员就可以在线上留下在商家消费的心情故事或点滴，通过审核发稿者就可获得点数，未来这些点数都可以在实体店家折抵消费。这个社群要求分享概念，不管商家或消费者都可以在这里贡献自己的力量，为台湾文化创意产业的发展建立更雄厚的资源。因此，进驻商家必须是对区域有贡献、对社会有关怀的族群，借以与消费者推广分享互利的精神。

从范特喜过去的营运布局看得出，范特喜并非以文创之名凭空弄一个空间，而是要把具备文化内涵的元素无缝接轨地注入人们的居家生活。就像走在英国街头，你不需要特意走进某个文创园区或是知名文创书店才会变成

文青，任何人所接触的一砖一瓦、一巷一弄都是文化创意。在吕英裕看来，"台湾发展文创就应该像欧洲，把文创变成生活的一部分，如此才能入味，走出属于台湾自己的文创产业"。

台湾中原大学产学营运总中心副执行长王世明指出，一般来说，非社会企业的新创公司都重视获利，范特喜虽然是非社会企业，却不会优先想到获利这件事，公司里的人都充满热情与活动力，这让范特喜尽管没有大财团资金的支持，也能在短短几年时间就打造出具备如此规模的文化聚落。更难能可贵的是，范特喜不管是商业模式的虚拟化发展还是品牌形象的国际化布局，都走得相当快。

王世明还进一步指出，范特喜以小资金创造大文创聚落的表现，是非常特别的成功案例，这也是范特喜屡获肯定的原因；相信在公司不断的创新规划之下，范特喜将持续成为台湾扩大文创产业的重要源泉，以及将持续为更多的文创新创公司带来新的能量。

3. 将乡镇作为发展第一线

"无限的竞争压力""完不成的工作任务""越来越糟糕的空气环境""不放心的食品安全"等因素，都让忙碌的都市人开始感到倦怠无措。越来越多的城市白领开始向往乡村生活，范特喜也将自己未来的目标放在了乡镇的发展上。以前人们认为都市是第一线、乡镇是第二线，但在范特喜看来，恰好相反，都市应该是支持乡镇发展的第二线。因此，范特喜更注重台湾乡镇的发展，希望引进乡镇产品，通过生态和环境的教育让消费者亲身感受乡镇的魅力。

范特喜现在的发展轨迹，第一阶段是在都市建立坚实的销售基地；第二阶段是在将基地扩大到周边乡镇后，透过工作坊、讲座、市集、策展、周边学校的学生实习计划等，开始激活社区，并联结第一级与第二级产业的生产者，将创意与之融合；第三阶段是建立在这些的基础上，再孵化当地聚落商家，提供资源与建议；最后将在乡镇产生的兼具文化底蕴及创意的商品，反馈到都市中。范特喜希望联合当地政府，除了将乡镇原本的魅力通过更多元有趣的方法激发出来以带动当地经济发展的同时，也能召回外出务工的年轻人，为台湾的文化发展注入新鲜血液。

范特喜以文创产业为基础，打造文化聚落和人文社区，同时也注重公益的发展，比如扶持大学生创业、在田野调查时支持乡镇发展等。范特喜的创始人钟俊彦坚信，一个企业只有对社会有帮助才能被人们接受和认可。

4. 创办育成中心，建立微创业辅导一条龙服务

范特喜创立六年多来，一路走来看似顺利，规模不断扩大，商业模式也趋于多元，但其实经营过程相当辛苦。微创企业家资金有限，仅靠向店家收取租金难于维持范特喜的运营，因此公司必须承接许多专案来补足资金。所幸范特喜通过加入中原大学创新育成中心，获得许多协助与资源，因而近年来的经营过程顺遂许多。比如，中原大学创新育成中心除了积极协助范特喜申请政府计划与补助专案以弥补资金缺口之外，也让范特喜取得多个专案以创造营收，包括在宜兰三星乡为益得食品设计观光工厂、为高雄美浓镇第一戏院进行改造，以及陆续在宜兰乌石港、台中清水、新竹关西等地建立特色聚落，都是在育成中心的媒合之下促成。2015 年，中原大学创新育成中心更是与范特喜共同合作，协助宏碁龙潭渴望园区转型为创新创业基地。

在创投资金的募集上，范特喜也通过育成中心的推荐，成功媒合大联大控股旗下的世友创投投资 1500 万，并提供育成大楼由三方共同经营，培育进驻微型企业。范特喜 2014 年成立绿光原创有限公司，进一步将触角延伸到文创育成领域。现在位于绿光商圈的 5 层大楼，就是绿光原创的所在地。绿光原创主要以进驻范特喜的创业家为培育对象，当然也欢迎其他文创创业家进驻。

5. 弱化自身品牌，为创客打造自由发展空间

范特喜跟诚品不太一样，它没有牌楼及大招牌，而是在经营过程中尽量弱化范特喜自身品牌，突出店家的知名度。让人们大多是因为店家的名气而来，并不是为了范特喜而来。若突出范特喜的品牌形象，一旦范特喜做出方向调整，部分店铺将无法融入进来；反之，弱化品牌形象，这些店铺就能很好地发展而不受范特喜的影响。虽然范特喜品牌弱化，但进驻的店家仍然会带动这片区域的消费以及知名度。因此，关于品牌的故事更多地是由入驻店家来讲，范特喜仅会处在后台给店家提供支持和动力，推动店家的发展。

在对进驻店的管理方面，范特喜的规范也比较简单。一家店可以是店主自己的原创作品，也可以是店主经欣赏、消化而呈现的作品。能体现出店主的一种生活品位就可独立成为一家店，因此范特喜所打造的街巷中，同一条巷子内不允许出现两间以上的同种商品店铺。

在评估方面，范特喜不以营业额为评估标准，而是以店内人员工作态度、与周边相处和睦度为评判。在招商时，范特喜便会对店家进行初步筛选，符合标准的才会被引进到范特喜街区内；在店铺经营满一年后，范特喜会对店铺进行重新评估后再续签。

在经营内容方面，范特喜引进的店铺涵盖面广，总体围绕着"文创"二字进行经营。台中市中兴街与美村路一带由范特喜打造的老屋文创街，散居在台中市民平常生活的小巷弄里，尤其范特喜绿光计划规划出的文创聚落，一整排由老旧宿舍打造而成的创意商店，与三四十年的老透天厝并排而立。这些街巷、聚落不仅丝毫没有违和感，而且淋漓尽致地表现出"文创就是生活、生活就是文创"的内涵。

在承租空间方面，将旧建筑改造后出租空间的过程中，范特喜微创文化选择了一个非常特殊的渠道。利用网络拍卖，在网络房地产分类中招租，吸引一些想创业却缺乏合适地点的人做选择。然后，范特喜微创文化依据创业者的需求，设计适当空间，在出租店铺的过程中不只给予资源，也与承租者交流意见。就整体空间规划而言，美国学者霍尔研究发现，46—61厘米属于较为亲密的私人空间，讨论个人问题时的私人空间可以延长到76—122厘米，而若想从非亲密朋友那里获得某种信息，有效的空间距离为213—366厘米——小于这一空间给人以盛气凌人的印象；大于这一空间会使别人觉得你没礼貌，也就不可能获得真实的信息。因此，微型创业适合采用合租的方式，即使每栋只有少少几平方米的空间做区分，也需要在整个规划上进行精准分析，包括人的活动范围、商品摆设陈列位置、数据空间等。既能够充分利用空间，也能提高经济效益。当然，在经营过程中也会有困难产生，利用同样空间的两间店家，因为每个经营者过去的成长背景与经历不同，对不熟识的人难免不信任或持有不同理念，对于房屋内的展示与位置也可能出现意见分歧，这时就需要双方沟通讨论。范特喜在这个方面做了很多有益的工作。

五、范特喜：路阻且长，文创一直在路上

创意所带出的经济效益，逐渐在全球各地蔓延，台湾相关的文化创意产

业也在不断学习进步。台湾目前的创意聚落、创意街区发展，根据文化创意产业发展规定第 25 条"文化创意聚落之设置要点"的要求：各级主管部门应协助设置文化创意聚落，并优先辅导核心创作及独立工作者进驻，通过群聚效益促进文化创意事业发展。其目的在于提升及强化创意聚落原创能量，鼓励独立工作及核心创作者进驻文化创意聚落，再以区域性的整体概念建立营销、管理及资源整合平台，以促进文化创意聚落发展。

目前，台湾的相关政策也不再局限于传统艺术园区的设立，而是转型成为自由艺术创作空间，将建筑出租给民间单位建设、营运，诸如台北的华山创意文化园区、高雄的驳二艺术特区，以及在台湾各地由民间单位经营或私人发想构筑成的特色创意聚落。比如，台南海安路蓝晒图、台中干城六村（又称彩虹眷村）、嘉义新港板陶窑艺术村、台北宝藏岩国际艺术村等。许多形形色色的建筑与濒临失传的传统工艺技法，伴随着历史的洪流逐渐斑驳没落，但在信息传播如此迅速的时代，在顷刻间让人们知道那一栋栋看似不起眼的老旧房舍的背后所诉说的故事，就有机会在人们心中激起为这些建筑物注入新活力的热情，将这些老旧的房舍重新规划、设计，运用新的概念、理念以及技术为老旧的房舍注入新的生命力，并使其在这变化多端的城市小巷中重新焕发光彩。

范特喜是由一群对生活充满热情的人们所组成的，他们对生活中的大小事物都很关心，对一栋栋原本老旧不堪、即使想出租也乏人问津的房舍也产生了极大的兴趣。范特喜阶段性地对原本的空间进行的改造分为三个部分，分别是承租空间、育成单位与主题式的人、事、物，最终才塑造成今日一个个独具风格的建筑及人文空间。

1. 巨人的肩膀（2013）

绿光计划通过持续招商，发现许多传统制造业如今正面临转型的压力。他们拥有良好或精密的技术，在某个领域占有丰沛的资源，却缺乏为当代所欢迎的创意。范特喜希望流动在街区里的各式创造力，能够为这些原本底蕴深厚的产业灌注设计力，使绿光的能量如同站在巨人的肩膀上一样。实际上，这也是一种"梦想的加乘"。

2. 社区的对话（2014）

绿光计划改建不久，范特喜发现自己与社区的互动不如想象中的好。虽然仅相隔一条街，许多活动的人潮中都不见社区居民的参与。为了拉近此端与彼端的距离，第一步便从观察与对话开始。初来乍到的团队必须透过与本地长期的对话与细腻观察，才能真正融入在地长久累积的气息中。访谈、影像纪录都是观察社区的常见途径，这是以旁观者的角度了解它。对话则接近于以当事者的角度进入社区生活，互动性更高。由于对一件事情的叙述与交谈，面对的往往不只是一个人，沟通能力与耐心都显得格外重要，也必须用时间累积交情。这些观察与对话是范特喜衍生出对空间如何应用的最佳根据，找出既有的社区营造主题，或由此发掘新的问题，再把街区空间与社区生活以活动或策展设计力联结起来。

以庶民生活讲座为例。在绿光计划巷口的新芳香铺已经营了四十多年，当时中兴街与中兴一巷如何延续至今日的光景，像这样的老店铺最为了解。无论是照片还是老板的口述，都是社区珍贵的记忆。如今他们不只经营香铺，也在店门口卖饮品，与他们接触的媒介更方便。只要饭后走到铺子口买一杯简单的饮料，便能有所互动，这样的聊天内容就是构成对话的基础。

然而，这些对话数据如若只是存盘，将永远只是数据。范特喜希望将这些既有的、只差人去挖掘与运用的主题，借由展览、讲座、商品合作等手法展现出来，保留其内涵。在与香铺老板讨论如何将记忆分享给更多人后，范特喜邀请她举办一场庶民生活讲座，就在中兴街与向上北路交叉口的新手书店，分享香铺创立至今四十多年里自身与街坊巷弄的转变，以及邻居与香铺互动的各种小故事。活动当天，不少原本与范特喜鲜少互动的邻居居然兴致勃勃地出现在现场，其中不乏许多不常出来走动的街坊老前辈的身影，这成为范特喜举办过的听众平均年龄最大的讲座。分享过程中，只见台下观众点头频频，在问答时间纷纷倒出自己的生活记忆，一个、两个、三个，现场几乎成了回忆大会。

从最开始与香铺的对话到讨论，再到注入活动去将对话数据转化为发表舞台，并激荡出更多历史的媒介，产生更多值得保存与发挥的主题，范特喜在做的事，就是将社区的底蕴用能被看见，尤其是能被当事人（非单数）看见与参与的方法再设计出来。

3. 城乡的交流（2015）

范特喜从起初的美村路一段 117 巷开始，到绿光计划、模范社区 12 号店，再到玩剧岛，一路让支持青年创业的微型空间、传统产业的转型扶植及儿童体验教育，在台中形成一个又一个据点，进而凝聚为一个聚落。从2015年开始，范特喜把触角延伸到台中以外的据点，宜兰县头城镇乌石港黑潮书店经营、新竹县关西镇中正路老街、云林云中街日据时期警察宿舍群历史建筑活化，都是这一年完成的扩增空间。这个时期，范特喜在积极开疆辟土。

4. exchange（2016）

2016年，范特喜已经不是一个聚落，而是多个聚落的集合。范特喜在台中所接受了多种资源与媒介刺激，尝试了各种新的商业模式，因此明白了很多的可能性。即使网络时代的信息流动打破了城乡界限，然而在乡镇里，直接性的体验毕竟不如都市，对于大量创意落地的可能性与方法仍停滞在想象阶段。于是，透过在各县市的聚落或工作站，范特喜把在都市吸收到的经验及取得的资源带到周边的聚落，让资源能够互相交换及联结。

5. 归乡的候鸟（2017）

范特喜重视乡镇的发展，并致力于将都市经验带到偏远乡镇，再从乡镇把产品引进都市，通过生态和环境的教育让消费者感受到乡镇的魅力。带动周边建立的聚落之后还不够，必须融合社会企业模式的建构、商业模式的探讨、天使资金的媒合、专家辅导的邀请，对聚落商家进行育成与陪伴。期望他们在经过范特喜如此蹲点一段时间后，会开始有自发性的服务体验、讲座举办、游程设计、商品开发等活动。带动当地经济发展的同时，范特喜也建立起方法，吸引原本外流的年轻人回来，宛如一只只归乡的候鸟。

6. 美好的生活态度（2018）

空间周遭的风土人情都是资本，当生活有了自己的价值，它就成了一个产业。范特喜希望通过开放街区和附近居民及社区生活进行有机式的发展，让大家对于自己坚持的生活态度和信仰的社会价值能够表达和延伸。用跨域整合的社会创新概念，让社区有机会看到既有或不同的生活方式，同时能置入更多对于未来的期待。除了范特喜聚落和其他的商业空间之外，社区里的美术馆、教堂、庙宇、邻里办公室、"国宅及大楼管委会"、社区公园、传统市场、其他设计公司等，都可以让点连接成线和面，形成聚落与社区融合，用社区改造的方式和内容、陪伴的态度，创造一个生态系统。形成聚落之后，与聚落中的各种店铺、工作室再整合成小的平台，发展新的商业模式。

如同一个生态系统，人们在其中有着自己的认同、共鸣和希望。范特喜让自己成为这个生态系统中的一分子，是推动生态系统的演化和成长的力量，而不是这个生态系统外随时会离开的媒合者。范特喜利用凝聚社区意识的总体营造，导入孵化陪伴机制，结合商业运营的模式，让人才及创意能源源不断累积，让区域有更全面性、系统性、多元性的发展。最后，人们就不会再用单一的经济发展的思维去污染环境、牺牲生活质量，而是生活与经济的发展两不违背，生活不再是忍耐与承担，这才是范特喜追求的美好生活聚落。

7. 回归初心的愿景

范特喜模式是否已经有人复制或模仿？钟俊彦表示，自然是有的，但因为范特喜起步早，无论政府还是民间要做类似的事情，范特喜反而会变成他们的顾问。换句话说，变成合作对象的概率其实高于变成竞争者。

当告别"唯 GDP 论"后，城市建造、城市更新更要有前瞻性的思考，要考虑百年后我们今天的选择和所作所为将会给城市和子孙后代留下什么。所以，在跨界整合的同时，要展开创新竞速，挑战传统的商业作法，注入文化、艺术元素，力求城市温度、黏度、聚合度兼而有之。在提及愿景时，钟俊彦谈道："我们这个年纪，就是看过台湾很穷的样子，可是没有吃过苦头的一代。如果真正要谈愿景，当然希望台湾变得更好。就像我们去日本，如果让你真正讲去做什么，也讲不太出，总之就是觉得很舒服。我觉得台湾也要经历这样子的过程。当文创业者的创意加上了在地的特色，它可能会影响到人的生活习惯，其实是有意无意间发展我们的生活环境。等到有一天，每个空间都很棒，每个商品都很好，人与人之间也变得很和气，大家发自内心地很想来台湾感受这种美丽的气氛，那个时候其实我们才有条件来谈文创产业更远更美的前景。"

【案例解析】

2016 年，李克强总理首先提出了"新经济"的概念，并且在 2017 年政府工作报告中给出了进一步的解读，也就是指以创新形式、创新业态来促进实体经济的发展。文化新经济就是在新经济体系下，开拓文化产业的创新之路。这里的"创新"主要体现在三个方面，包括驱动力、实施路径和发展目标。其中，以文化元素为核心，实现产业跨界融合形成的新型业态，是文化新经济的内在驱动力；以文化消费为导向，通过文化体验激发潜在的市场需求，是文化新经济的实施路径；以产业升级为手段，实现产业与城市的融合发展，也就是产城共生共荣的区域发展，是文化新经济的发展目标。

我们可以看到，城市更新是文化新经济所关注的重点方向之一。中国经济发展到现阶段，经济结构面临调整，需要通过供给侧改革对于市场资源进行优化配置、对于传统产业进行转型升级。无论是去库存、住房升级，还是城镇化、旧城改造，都将是未来相当长的一段时间内，我们不得不面对的系统性问题。在这样的背景下，文化新经济所强调的以文化元素为核心的内在驱动力，恰恰是城市更新的内生力量，同时，城市更新也将会成为文化新经济进行模式实践的最好载体之一。

在台湾，被称为台湾最幸福街区的"范特喜"，由钟俊彦和他的联合创始人创立于2010年。他们从建筑空间保留与改造、街坊邻居的观察对话、青年创业的引导与孵化开始，透过陪伴机制、地方产业衔接、社会价值寻找，逐步建立起一个街区可持续发展、共生共荣的生活聚落。在台湾，"范特喜"已经成为一种生活方式。2013年至2016年期间，"范特喜"多次获得台湾文化及经济事务主管部门、台中市政府的奖项，以肯定其在营运模式、旧街区建筑改造、社会创新、创业育成等方向上的杰出贡献。

作为一衣带水的同胞，文化同根，血脉同源。对于大陆而言，台湾的文创领域有很多可以借鉴和总结的地方。台湾经历了"亚洲四小龙"的飞速发展，但随着传统产业的衰落，势必要寻找新的经济引擎。在这样的背景下，以文化元素作为驱动，成为经济发展的最佳选择。在台湾文创领域有诚品书店等知名品牌，但范特喜却独树一帜，虽然发展时间不长，就已经得到了在地居民、消费群体以及市场的认同。其根本原因就在于围绕文化元素这个核心，进行快速的市场认知、准确的需求提炼和不断的模式迭代。

文化是一个泛化的概念，当它与产业相结合的时候，特别是传统产业，往往会成为简单的资源堆砌，文化元素更多的也只是作为营销、宣传的卖点，而不能真正转化为消费者为之买单的商业价值。但是，范特喜在实践摸索中，从文化的内在逻辑出发，找到规律性，提炼关键元素，使文化价值成为商业模式的核心。

以云林县斗六市云中街聚落为例。斗六市传统的支柱产业是农业，加之地理位置并不优越，人口仅有十万，所以商业并不发达。在这样的客观环境下，范特喜选取了日据时代的警察宿舍进行改造，转型为文创聚落，陆续引进许多本土品牌的商家，形成一个将在地特色、生活创意与社区经营相结合，以创新创业育成为特点的生活中心。通过"空间改造、聚落融合与社会观察对话、陪伴孵化"三部曲，萃取当地的文化肌理，尊重原有的商业脉络，打造共创、共享的生活聚落，形成以社区为主体的区域发展。在社区开展共好共创、艺术表演、观光农业、数位影音网络、文化旅行等，实现记忆建筑的呈现、虚实体验的整合、社区的共创发展，营造亲民且具有人文韵味的场域，实现社区串联、发展的功能。

在运营过程中，云中街聚落取得了非常好的成绩。如果从商业的角度来审视，可以说前期并不具备任何可投资的价值。然而，从文化要素驱动的角度来看，正是在地居民传统的文化习俗、生活方式与他们在当下的消费需求、生活诉求之间的不匹配成为文化元素切入的最好机遇。

萨博新经济中心所承接的国家文化新经济标准试验区共建项目，就是探索在承载文化公共服务的基础上，如何进行产业创新的模式探索，将内容、运营、产业链、组织形式等逐个模块盘活，让IP即知识产权或智慧产权资产化。特别是在商业地产领域，已经逐渐摸索出以文化元素为内在驱动的产业升级模式，也就是通过文化IP的提炼、标准化、再应用，推动商业地产开发商向功能性综合能力服务商转型，从而将重资产的土地建筑与高附加值的功能性运营能力相剥离，同时，以运营能力的增量价值为标的，通过国际级金融通道支撑，完成传统商业地产的转型升级，最终实现以文化元素为价值驱动、以金融创新为运作手段的城市更新路径。

对比大陆的市场环境，台湾市场规模偏小，资金投入不够，互联网等高科技手段与产业的结合还有一定的局限性，但仅以文化元素驱动为核心的商业模式而论，以范特喜为代表的台湾模式依旧能够给人以极大的启发。他山之石，可以攻玉。特别是文化新经济作为一个崭新的领域，更需要从业者、从业机构互通有无，取长补短。海峡两岸的优秀团队和专家，从不同方向、以不同形式都在进行着有益的尝试，希望通过思想的碰撞产生出智慧的火花，在中国历史文化深厚底蕴的沃土中，生长出具有标杆典范意义的文化新经济模式。